高校社科文库
University Social Science Series
教育部高等学校
社会科学发展研究中心

汇集高校哲学社会科学优秀原创学术成果
搭建高校哲学社会科学学术著作出版平台
探索高校哲学社会科学专著出版的新模式
扩大高校哲学社会科学科研成果的影响力

明代政权运作与文学走向

刘建明／著

The Relationships Between Different Genres and the Operation of Political Power of the Court in Ming Dynasty

光明日报出版社

图书在版编目（CIP）数据

明代政权运作与文学走向 / 刘建明著． -- 北京：光明日报出版社，2010.12（2024.6重印）

（高校社科文库）

ISBN 978-7-5112-0963-4

Ⅰ.①明… Ⅱ.②刘… Ⅲ.①政治制度—历史—研究—中国—明代②文学史—研究—中国—明代 Ⅳ.①D691.2②I209.48

中国版本图书馆 CIP 数据核字（2010）第 238754 号

明代政权运作与文学走向
MINGDAI ZHENGQUAN YUNZUO YU WENXUE ZOUXIANG

著　　者：刘建明	
责任编辑：刘　彬　苑　琛	责任校对：王才友　郑　巧
封面设计：小宝工作室	责任印制：曹　净

出版发行：光明日报出版社
地　　址：北京市西城区永安路 106 号，100050
电　　话：010-63169890（咨询），010-63131930（邮购）
传　　真：010-63131930
网　　址：http://book.gmw.cn
E - mail：gmrbcbs@gmw.cn
法律顾问：北京市兰台律师事务所龚柳方律师
印　　刷：三河市华东印刷有限公司
装　　订：三河市华东印刷有限公司
本书如有破损、缺页、装订错误，请与本社联系调换，电话：010-63131930

开　　本：165mm×230mm
字　　数：267 千字　　　　　　　　印　张：15
版　　次：2010 年 12 月第 1 版　　　印　次：2024 年 6 月第 2 次印刷
书　　号：ISBN 978-7-5112-0963-4-01
定　　价：68.00 元

版权所有　　翻印必究

目 录

引 言 /1

第一章 明代政权运作与政府公文走向 /10
第一节 朱元璋对公文书写规范的改革 /10
第二节 朱元璋推行公文书写规范之措施及其效果 /17
第三节 明代后期公文写作风气之转变与政权运作 /23

第二章 明代政权运作与科试经义文走向 /46
第一节 明初朝廷对科试经义文书写规范的确立 /46
第二节 明代前期朝廷推行科试经义文规范之措施及其效果 /51
第三节 明代科试经义文风气之转变与政权运作 /59
第四节 考官割裂经旨的出题方式对明代后期戏曲的影响 /98

第三章 明代政权运作与诗文走向 /101
第一节 朱元璋确立的正统诗文观 /101
第二节 明代前期朝廷推行正统诗文观之措施及其效果 /107
第三节 正统诗文观淡出文坛主导地位与政权运作 /132

第四章　明代政权运作与戏曲走向　/ 143
　第一节　洪、宣年间朝廷对戏曲行业的整治　/ 143
　第二节　洪、成年间之曲坛　/ 150
　第三节　明代戏曲走向之转变及其政治原因　/ 152

第五章　明代政权运作与小说创作　/ 179
　第一节　洪、弘年间政权运作与文言小说创作　/ 179
　第二节　明中后期施政者行为导向与宣欲文言小说创作　/ 183
　第三节　明代中后期政权运作与亵渎帝王小说创作　/ 190
　第四节　通俗演义繁荣的政治原因及其表现情态　/ 195

结束语　/ 202

附　录　明代朝廷文艺法令史料表年　/ 206

主要引用书目　/ 224

引 言

一、概念的界定

为了避免因概念内涵与外延使用的不同可能产生的误解，开篇之前，有必要对本论著涉及的一些重要概念做出相应界定。

（一）文学

中国古代文学，有一个杂文学传统，不能简单地以有韵与否来区分文与非文，也不能片面地以审美与否来划分文与非文。古往今来，发生过形形色色的文笔之争，但均以不了了之而告终。而对于什么是文学、什么不是文学的问题，始终没有明确的界说，因而，在古代文学理论家、批评家的眼中，几乎所有的文体都可称为"文"。① 本论著即以中国古代传统的杂文学为研究对象，而不局限于当今所风行的纯粹审美的文学样式。它包括诏、诰、敕、题、奏、疏、表、笺、经义文、传奇、杂剧、小说、诗、赋、辞、颂、乐府、歌、记、序（叙）等诸种文体。

（二）明代后期

对于明代的历史分期，以往学者由于依据的标准不同，有过多种说法，有二分法、三分法、四分法、五分法、六分法、七分法和八分法。② 本论著将以弘治（1488~1505）末、正德（1506~1521）初为界，将有明一代276年的历史划分为前、后两个时期。弘治末、正德初以前的130多年称为明代前期，余下的130多年称为明代后期。主要有如下四个方面的理由：

第一，从政权运作的状况来讲：明洪武至宣德年间（1368~1435），君主励精图治，如朱元璋、朱棣、朱高炽、朱瞻基等；臣工自律勤政，如黄淮、胡

---

① 罗宗强：《释〈章表〉篇"风矩应明"与"骨采宜耀"》，《文学遗产》2007年第5期，页10；《工具角色与回归自我》，《文学评论》2007年第5期，页120。
② 傅璇琮等主编：《中国古代文学通论》（明代卷），辽宁人民出版社，2005年版，页22~24。

广、金幼孜、"三杨"等。正统至弘治期间（1436～1505），由于王振专权、万贵妃干政等事件的发生，朝政开始震荡，好在此一时段的君主大多还比较清醒，还有是非之分，所以在这70年当中，朝政虽不及洪、宣时期清明，但未至大坏，整体上仍处于稳定、有序的运作状态之中。从正德朝（1506～1521）始至崇祯十七年（1644）崇祯帝自缢止，由于朱厚照、朱由校的昏愦，朱厚熜、朱翊钧的废政，朱由检的刚愎自用，臣工党争接连不断，宦官与权臣刘瑾、严嵩、魏忠贤长期擅权害政，皇明朝政形势发生急转，迅速跌入失控的漩涡之中。除万历（1573～1620）初张居正柄政期间有过短暂起色外，此一时段的绝大部分时间，朝政一直处于极度恶化的境况之中。可以说，正德朝是皇明政权运作从有序到失序的一个转折点。

第二，从思想史发展的情形来看：洪武至永乐时期（1368～1424），随着《五经大全》、《四书大全》和《性理大全》的颁行，程、朱理学正式被确立为国家的主流意识形态。为了维护程、朱理学的一统地位，明王朝除了对破坏程、朱义理者进行严惩外，还通过建立僧录司、道录司等机构对佛、道施行严格管制。从洪武朝一直到宣德朝（1368～1435），整个思想领域相对比较单一，程、朱理学占据着绝对主导地位。到了正统（1436～1449）之后，随着朝廷对佛、道控制的减弱，佛、道教徒的规模迅速扩大，开始突破明初朝廷禁令规定，游走民间、结交官府。随着这股风气的日渐兴盛，从弘治末、正德初开始，佛、道义理广泛向士人阶层渗透。与此同时，阳明心学迅速崛起，在社会上广泛传播。思想领域多元化、学派争衡、彼此渗透的局面至此基本形成。

第三，就商业发展与世风变化的情况而言：从弘治（1488～1505）末期以后开始，明代的商业进入了全速发展期。各类商品快捷地流转于全国各地："凡福之绸丝，漳之纱绢，泉之蓝，福延之铁，福漳之橘，福兴之荔枝，泉漳之糖，顺昌之纸，无日不走分水岭及浦城小关，下吴越如流水。"① 商人们纷纷外出经商。汪道昆（1526～1593）记载了新安商人四处经商的情形：黄钟随"兄贾婺（源）、贾台（州）、贾甄（温州）、贾括（处州）、贾姑（苏州）、贾熟（常熟）、贾淮海（两淮）、贾金陵……居数几十年，累巨万"②。《河间府志》记载了嘉靖十九年（1540）各地商贩云集河间之情状："河间行

---

① 王世懋：《闽部疏》，明万历纪录汇编本。
② 汪道昆：《明故新安卫镇抚黄季公配孺人汪氏合葬墓志铭》，《太函集》卷五十六，明万历刻本。

货之商皆贩缯，贩粟，贩盐、铁、木植之人。贩缯者，至自南京、苏州、临清；贩粟者，至自卫辉、磁州，并天津沿河一带。间以岁之丰歉或籴之使来，粜之使去，皆辇致之。贩铁者，农器居多，至自临清、泊头，皆驾小车而来。贩盐者，至自沧州、天津。贩木植者，至自真定。其诸贩瓷器、漆器之类，至自饶州、徽州。至于居货之贾，大抵河北郡县。"①

在这股商人外出经商风潮的推动下，许多一度萧条的小市镇迅速发展了起来：

  平望镇，在二十四都。……明初居民千百家。……自宏（弘）治迄今，居民日增，货物益备。而米及豆麦尤多，千艘万舸，远近毕集，俗以小枫桥称之。……双杨市，在十一都。去县治西南五十里。明初居民止数十家，以村名。嘉靖间始称为市，民至三百余家，自成为市。……严墓市，在十七都。……明初以村名，时已有邸肆，而居民止百余家，嘉靖间倍之。货物颇多，始称为市。……梅堰市，在十九都。去县治西南六十五里。明初以村名，嘉靖间居民五百余家，自成市井，乃称为市。②

  盛泽镇，在二十都。……明初以村名，居民止五六十家，嘉靖间倍之。以绫绸为业，始称为市。……（吴江）县市，旧自县治达于四门内外。元已前无千家之聚。明成、弘间居民乃至二千余家，坊巷开络，栋宇鳞次，百货具集，通衢市肆以贸易为事者，往来无虚日。嘉、隆以来，居民益增，贸易与昔不异。……八斥市，在三都。……明初居名仅数十家，嘉靖间乃至二百余家，多设酒馆，以待行旅，久而居民辐辏，百货并集。……庵村市，在二十七都。……明初以村名，有前后二村。嘉靖间始称为市，时居民数百家。③

与此同时，还涌现出大量新兴的墟市，如：广东顺德县在嘉靖（1522～1566）年间有11个墟市，至万历（1573～1620）年间发展到86个；东莞县由12个发展到29个；南海县由19个发展到25个；新会县也由16个发展到了25个。④

商业的发展催生出一批巨商大贾。张瀚记述了毅庵家族发迹的过程："成

---

① 樊深（嘉靖）：《河间府志》卷七，明嘉靖刻本。
② 陈和志（乾隆）：《震泽县志》卷四，清光绪重刻本。
③ 《吴江县志》卷四，乾隆十二年修，石印重印本。
④ 蒋祖缘：《明代广东水陆交通建设及对商贸发展的作用》，《广东史志》2001年第3期，页9。

化末……购机一张，织诸色纻币，备极精工。每一下机，人争鬻之，计获利当五之一。积两旬，复增一机，后增至二十余。商贾所货者，常满户外，尚不能应。自是家业大饶。后四祖继业，各富至数万金。"① 沈瓒《近事丛残》载：吴江商人缪富"以枲枲为业，积资至五六万金"②。《庄氏史案本末》载：湖州朱佑明之兄"为商于楚中，及景德镇卖碗，遂积资至八千余金。明崇祯间，其兄死，将赀交与佑明，盖兄弟同居爨者也。到明末，朱佑明家有十余万矣。"③ 沈思孝对晋商占有财富一事说："平阳、泽、潞豪商大贾甲天下，非数十万不称富。"④ 与徽州商人相比，晋商可谓相形见绌，徽州商人"藏镪有至百万者，其它二三十万则中贾耳"⑤。

巨额财富流入到商人手中，而朝廷的财政状况又如何呢？正德元年（1506）十月，署内承运库事太监秦文上奏告急："内府财用不充"⑥。明朝太仓有老库、外库之分，"老库扃钥惟谨，外库以便支放"。嘉靖二十三年（1544），老库贮银仅 1136480 两，隆庆三年（1569）再降至 1008769 两⑦。万历十一年（1583）十二月，户部尚书王遴等言："太仓银库岁入银三百六十七万六千一百有奇，岁出银四百二十二万四千七百有奇。……今太仓存积除老库外，仅三百余两，不足当二年抵补之资。"⑧ 万历十五年（1587）十二月，巡视光禄御史王九仪言："自万历十四年十二月初一日至万历十五年十一月终，用过并钦取银共三十万九千八百二十七两一钱一厘七毫四丝九忽，贮库实在银四万四千五百五十两一钱四厘九毫六丝二忽九微二纤。"⑨ 万历十七年（1589）十二月，户部言："万历十七年正月起至十二月初十日止，除旧管外，岁入太仓银三百二十七万有奇，岁出太仓银三百四十六万有奇，计岁出之数，浮于岁入，今太仓见在外库银止三十一万有奇。"⑩ 万历十九年（1591）闰三月，"太仓银库岁入三百七十四万五百两有奇，岁出京官俸商价等银六十三万两，

---

① 张瀚：《松窗梦语》卷六，中华书局，1985 年版，页 119。
② 沈瓒：《近事丛残》，转引自韩大成《明代社会经济初探》，人民出版社，1986 年版，页 170。
③ 傅以礼：《庄氏史案本末》卷上，清抄本。
④ 沈思孝：《晋录》，清道光学海类编本。
⑤ 谢肇淛：《五杂俎》卷四，上海古籍出版社编《明代笔记小说大观》（二），上海古籍出版社，2005 年版，页 1556。
⑥ 《明武宗实录》卷十八，中央研究院历史语言研究所校印本，页 538。
⑦ 《明神宗实录》卷四十六，同上，页 1027。
⑧ 《明神宗实录》卷一百四十四，同上，页 2684。
⑨ 《明神宗实录》卷一百九十三，同上，页 3632。
⑩ 《明神宗实录》卷二百一十八，同上，页 4084。

各边年例等银三百四十三万五千余两，所出已浮于所入，而银库各项济边止收有七十余万"①。万历二十一年（1593）七月，总督仓场户部右侍郎锗铁题："一年所入止四百五十一万二千有奇，所出至五百四十六万五千有奇。"② 万历四十六年（1618）六月，户部尚书李汝华言："太仓岁入仅三百八十九万，岁出边饷三百八十一万，一应库局内外等用又约四十万，出悖于入。"③ 这些统计数字表明，明代后期朝廷的财政已经陷入极度危机的境地。此一局面的出现，极大降低了朝廷政权运作的经济基础，降低了朝廷的社会公信力，削弱了朝廷的影响力。

这些巨商富贾拥有巨额财富之后，开始将关注的目光转向个人的生存状态，大肆挥霍钱财，疯狂追求生活享受。归有光在《白庵程翁八十寿序》中称："今新安多大族，而其地在山谷之间，无平原旷野可为耕田。故虽士大夫之家，皆以畜贾游于四方。倚顿之盐，乌倮之畜，竹木之饶，珠玑、犀象、玳瑁、果布之珍，下至卖浆、贩脂之业。天下都会所在，连屋列肆，乘坚策肥，被绮縠，拥赵女，鸣琴跕躧，多新安之人也。"④ 叶权《贤博编》载："今天下大码头，若荆州、樟树、芜湖、上新河、枫桥、南濠、湖州、瓜州等处，最为商贾辏集之所，其牙行经纪主人，率赚客钱。架高拥美，乘肥衣轻，挥金如粪土。"⑤

商人对巨额财富的占有，极大地提高了他们的社会地位，在一定程度上，他们成为了引导世风的指向标。他们奢靡的生活风尚成为了士人争相效仿的对象。何乔远《货殖记》载："今士大夫家宾饗逾百物，金玉美器，舞姬骏儿，喧杂弦管矣。"⑥ 何良俊在《四友斋丛说》中说："余小时见人家请客，只是果五色、肴五品而已。惟大宾或新亲过门，则添虾蟹蚬蛤三四物，亦岁中不一二次也。今寻常燕会，动辄必用十肴，且水陆毕陈，或觅远方珍品，求以相胜。前有一士夫请赵循斋，杀鹅三十余头，遂至形于奏牍。近一士夫请袁泽门，闻殽品至百余样，鸽子斑鸠之类皆有。"⑦ 以此同时，浪子光棍、市井小民、衙门胥役也加入了效仿行列，他们"往往拉入肆中，欢歌畅饮，一食万

---

① 《明神宗实录》卷二百三十三，同上，页4333。
② 《明神宗实录》卷二百六十二，同上，页4857。
③ 《明神宗实录》卷五百七十一，同上，页10775。
④ 归有光：《白庵程翁八十寿序》，《新刻震川先生全集》卷十三，四部丛刊景清康熙本。
⑤ 叶权：《贤博编》，中华书局，1987年版。
⑥ 何乔远：《货殖记》，《名山藏》卷一百〇一，明崇祯刻本。
⑦ 何良俊：《四友斋丛说》卷三十四，中华书局，1959年版，页314。

钱,虽至典衣借债而不顾"①。王廷相对弘治末年世人追求奢靡生活享受的风气说:"盖承平日久,天下争以靡丽相高。居室服用率多僭越,婚姻丧葬不计其费;甚至宾主一会而日费万钱,婢妾一饰而价酬无算。靡然成风,不以为异。"②

第四,就文学发展的态势而论,从弘治朝开始,从事文学创作的士人规模迅速扩大,并因此而导致的结社之风开始变得异常火爆:从元至正十二年(1352)左右开始,历明洪武(1368~1398)、建文(1399~1402)、永乐(1403~1424)三朝,约70年,结社可考者16例;洪熙(1425)、宣德(1426~1435)、正统(1436~1449)、景泰(1450~1456)、天顺(1457~1464)、成化(1465~1487)六朝,历时60余年,各类文人社团粗略统计有25例;弘治(1488~1505)、正德(1506~1521)、嘉靖(1522~1566)、隆庆(1567~1572)、万历(1573~1620)五朝,历时110余年,涌现了150多家文人社团;天启(1621~1627)、崇祯(1628~1644)历时20多年,各种文人社团近130家。③ 也就是从这一关节点开始,文学创作与理论批评出现了新的动向:政府公文文风表现出了与此前的明显不同,科试经义文内容一改程、朱理学独尊之局面,在诗文领域,歌功颂德、粉饰太平文风淡出文坛主导地位,宣扬情欲、色情的戏曲、小说开始出现。凡此种种皆在说明,弘治末、正德初之后,文坛已经与此前表现出了明显的不同,预示着明代文坛从此一时刻开始,将要发生逆转。

无论是就朝廷政权的运作状况、思想史的发展情形而言,还是就商业发展、世风变化的情况、文学发展的态势而论,它们作为构成明代社会的主要层面,从弘治末、正德初开始,均表现出了与此前的明显不同,故而以此为界将有明一代分为前、后两个时间段落,应该是较为合乎情理的。

二、论题的研究对象、意义、现状、方法与可行性

论题研究的对象:"明代政权运作"是一个包括很多方面的范畴,诸如制度、法律、行政结构、意识形态、政令执行情况以及当政者的行为和爱好等,皆在其列。这是一个与"明代政治"既相关联又有所区别的范畴。由于论题

---

① 王国材:《下车异绩录》,转引自王利器《元明清三代禁毁小说戏曲史料》,上海古籍出版社,1981年版,页95。
② 《明孝宗实录》卷二百二十二,中央研究院历史语言研究所校印本,页4189。
③ 何宗美:《明末清初文人结社研究》,南开大学出版社,2003年版,页18~22。

所限，本文无法做到全面顾及，只能顾及到它与文学走向有关联的这一部分，与文学走向无关联的部分不作为本论题研究的对象。

此外，由于本论题研究的是政权运作与文学走向的关系，在研究的过程中，必然会涉及到诸多的文体，如政府公文、经义文、戏曲、诗文、小说等。当涉及这些文体的时候，本论著不是研究诸种文体的作家和作品，不是研究诸种文体的发展史，也并不是研究诸种文体的艺术表现，而只是研究诸种文体走向和政权运作的关系。比如说，当政权运作涉及小说，本论著并不是研究小说家和小说作品，不是研究小说史，也不是研究小说的艺术表现，而只是研究小说走向（发展趋向）与政权运作的关系；当政权运作涉及戏曲，本论著并不是研究戏曲家和戏曲作品，不是研究戏曲史，也不是研究戏曲的艺术表现，而只是研究戏曲走向与政权运作的关系。

与此同时，影响文学走向的因素有多种，除了朝廷的政权运作外，其他的还有社会思潮的转变、社会风气的变化、文学自身发展的内在规律（如文体的演变、艺术经验的积累等）等，这些因素都与政权运作有着多多少少的关系，所以本论著在论述政权运作时，难免会涉及这些因素，但是当涉及这些因素的时候，本论著只论述它们与政权运作的关系，比如说，当涉及思潮对文学走向影响的时候，本论著不是研究思潮史与文学的关系，而是研究思潮与政权运作的关系对文学走向的影响；当涉及社会风气对文学走向影响的时候，本论著不是研究社会风气与文学的关系，而是研究社会风气与政权运作的关系对文学走向的影响。

论题研究的意义：作为中国古代文学的研究，学术界已经涉及了很多方面的问题，诸如文体论研究、文学批评研究、作家与作品研究、文学流派研究、文学与思潮关系研究、文学与士人心态关系研究，等等，但是有一个问题学术界至今仍未充分加以注意，这就是朝廷政权运作与文学走向关系的问题，而事实上这个问题非常重要。入仕是明代士人重要的人生出路，政权是他们生存的主要依托。这决定着他们的荣辱，决定着他们的命运。从这一点来说，明代士人缺乏独立性，仍然是依附于政权的。而明代文学活动的主体主要是士人，所以明代政权与文学之间的关系极为密切。这是一个客观存在而又无法回避的问题。在当下，无论是对深入研治明代史、明代文学，还是从事政治学研究，这都是一个无法绕开的论题。本选题研究旨在理清明代政权运作与文学走向之间相互作用的条件、方式、效果及其文学思想史意义。

1. 理论意义

（1）研究明代皇帝及政权核心的重要人物的文学观念，研究明代列朝所推行的文化政策，是深入了解明代文学思潮发展、把握明代文学思想走向的一条有效途径。

（2）探析明代政权运作与文学走向之间相互作用的条件、方式和效果，是明代政治学与文学交叉研究的一项新课题，具有开拓意义。

2. 实践意义

（1）细致疏理明代政权运作与文学走向之间的必然关联，描述其相互作用的条件、方式和效果，这可以改变当前只关注政权运作对文学之影响，而忽视文学走向对政权反作用的单向研究模式。（2）此项研究的若干认知与结论对当今中国建设和谐社会具有重要的借鉴与启发意义。

论题研究的现状：与本课题相关的研究，大致可分为两个阶段：

第一阶段（20世纪50年代至20世纪末），有关研究成果主要探讨明初政权运作对文学的影响。这只是将政权运作作为文学活动的背景来考察，如北京大学中文系1955级集体编著的《中国文学史》第七编《明代文学》认为，明代中央集权的统治稳固以后，统治者日趋保守和腐化，企图垄断文学，使之成为歌功颂德、粉饰太平的工具。1996年郭预衡先生发表《朱元璋之为君与宋濂之为文》，亦持同样观点。

第二阶段（本世纪初以来），有关成果探讨明代政权运作对文学影响时，已突破了第一阶段的背景考察模式，而深入探寻政权运作影响文学的内在关联。如王毅《明代通俗小说中清官故事的兴盛及其文化意义——兼论皇权制度下国民政治心理幼稚化的路径》一文认为，皇权专制在明代发展到空前强横贪婪的程度，迫使人们通过彰显或塑出上忠天子、下爱子民的清官，以使弱势国民群体在现实中遭受的巨大压迫和心理创伤得到宣泄抚平，并通过这种廉价的喜剧而重新幻化出仁爱和谐的宗法伦理秩序。再如黄卓越先生《明永乐至嘉靖初诗文观研究》一文认为，庶吉士制度与明确的政府意图联系在一起，除了各种日常的公务需求之外，其中之一即敷饰太平，特别是反映了君主文治思想的企图。还如罗宗强先生《论明代景泰之后文学思想的转变》一文认为，朱元璋通过政策导引和日常言行，规范了文学走向；在政权力量的干预下，自然也便形成了颂美、追求平和雅正、表现雍容典则开国气象的文学思想主流。

本论题现有研究成果存在的不足：

1. 从研究的时段来说，主要集中在明初，而对明中、后期探讨甚少；

2. 只集中在政权运作对文学影响的探讨,而忽略了文学对政权运作的反作用;

3. 只探讨政权运作对单一文体的影响,而未对比研究政权运作对不同文体影响的差异性;

4. 只集中在对主流作家、作家群和文学流派的研究,而未展开对同时代其他非主流作家、作家群和文学流派的研究;

5. 尚未将作家的政治地位、政治作为及所属地缘纳入研究视野;

6. 未对权力集团进行层次划分,未探索不同权力阶层影响文学走向的条件、方式和效果之差异性;

7. 探寻明代政权运作影响文学走向的内在关联有待进一步拓展。

论题研究的方法:本书充分注意到朝廷政权运作的史料(包括正史、野史)和诸种文体的发展变化情况,充分利用了各种文体研究的已有成果,在研究方法上打通了文、史。与此同时,本书运用实证的论述方法,以翔实的史料为基础,有多少史料说多少话,力求描述出明代朝廷政权运作与文学走向关系的真实面貌。

论题研究的可行性:明代存世的史料很多,有大量的材料可以利用。除此之外,各种文体研究已有丰富的成果问世,它们同样可以成为本论题研究利用的对象。可以说,这些存世的史料与已有的研究成果,共同构成了考察明代朝廷政权运作与文学走向关系的依据。当然,由于此一课题牵连极广,而前此学术界又没有充分认识其意义,尚未展开必要的研究,因此,本论著带有初次探究的性质,不可能做到很深入、很彻底,只能初步描述出它的面貌的。更为深入的研究,还有待于学术界的共同努力。

第一章

明代政权运作与政府公文走向

公文作为朝廷传达政令、处理政务的载体,具有极强的实效性、时效性和严肃性,与朝政有着甚为密切的关系。有鉴于此,明代朝廷无论是对此类文体书写规范的确立,还是推行,均表现得极其细致、严格、不遗余力。在本论著中,"公文"是指从事朝政事务使用的公用文书,具体包括诏、诰、敕、题、奏、疏、表、笺等。

第一节 朱元璋对公文书写规范的改革

制度往往具有一定的延续性,元代的公文制度并没有随着元朝政权退出中原立即消失,而是在元明鼎革之后,进入了明代朝廷的施政机构。事实上,元朝遗留下来的这种公文制度并不尽如人意,明人对此是这样评价的:"元末官府文移案牍最为繁冗,吏非积岁莫能通晓,欲习其业必以故吏为师,凡案牍出入,惟故吏之言是听,每曹自正吏外,主之者曰主文,附之者曰贴书,曰小书生,骫文繁词,多为奸利。"① 这样的公文制度不仅极大降低了朝廷的办事效率,还会产生奸利害政的后果。为了革除这些弊端,朱元璋便着手开始对公文制度进行改革,其中一项很重要的内容就是重新确立公文书写规范。他除了对这一文体的书写内容做出规定,还对其语言与风格的使用做了多重限制,试图使这一文体在朱明王朝的朝政事务中发挥积极作用。

一、公文书写内容的改革

朱元璋是位极其务实的皇帝,凡事皆以实效为前提。培养选拔人才时,很注重实际才能。洪武二年(1369)六月,他召国子生问道:"尔等读书之余习

---

① 《明太祖实录》卷一百二十六,中央研究院历史语言研究所校印本,页2010。

射否？"国子生回答说："皆习。"朱元璋又问："习熟否？"国子生回答说："未。"朱元璋便说："古之学者，文足以经邦，武足以戡乱，故能出入将相，安定社稷。今天下承平，尔等虽专务文学，岂可忘武事？"① 明初国子监开设的课程主要有《四书》、《五经》、《说苑》、律令、御制大诰等。由此看来，朱元璋此处所说的"文学"，并非现代意义上着重于审美的文学，而是指治世安邦的经世之术。他希望学校培养出的人才文治武功样样精通，而不是只会读书的腐儒。他曾就此出敕问题："朕观上古圣贤之言，册而成书，智者习而行之，则身修而家齐，为万世之用不竭，斯良之至也。今之儒不然，穷经皓首，理性茫然，至于行文流水，架空妄论，自以善者矣。及其临事也，文信不敷，才愈果断，致事因循，将何论乎？请论之。"② 洪武六年（1373），朱元璋诏停科举考试，究其原因，恰是在于当时及第的考生缺乏处理政务的实际能力，不能为朝廷所用，所谓"朕设科举以求天下贤才，务得经明行修、文质相称之士，以资任用。今有司所取，多后生少年，观其文词若可与有为，及试用之，能以所学措诸行事者甚寡。朕以实心求贤，而天下以虚文应朕，非朕责实求贤之意也！"③

培养才能之士是实现兴邦的前提，而如何有效使用才能之士则是实现兴邦的重要保证。为了防止这些进入朝廷政权机构的才能之士空言废政，朱元璋对他们的言论行为提出了具体要求：

> 自汉以来，惟贤志者得与君同游，稽其所任之事，则宰国朝之典章。凡侍左右，必慎容仪、致礼节于上。若言则阐先圣之威德、尧舜之道统，无稽之言不语，故职名曰五经博士。以今言之，则翰林院官之职是也。于斯之职，非博通今古，己身己修，己家己齐，善恶之人美恶，口无择言，行无颣迹。古人以此数事而能之，乃得升是任而辅君弼仁，以踵先圣先贤之事，若否，安得居此任而同君游乎？朕今特以尔某为翰林某官，尔当一前人之道，助朕未知，则扬名者矣。④

他要求臣工要以圣贤之道作为言论之准则，以达成辅弼君主治世的目的，切不可以毫无根据的奇谈怪论、阿谀之辞欺蒙害政。对于言论与王朝兴衰之间的关

---

① 娄性：《皇明政要》卷十二，明嘉靖五年戴金刻本。
② 朱元璋：《敕问文学之士·敕》，钱伯城主编《全明文》卷一〇，上海古籍出版社，1992年版，页137。
③ 《明太祖实录》卷七十九，页1443。
④ 朱元璋：《翰林承旨诰》，钱伯城主编《全明文》卷四，页47。

系,朱元璋有着十分清楚的认识:"责难之词,人所难受,明君受之为无难;谄谀之语,人所易从,昏主信之为易入。朕观唐虞君臣,赓歌责难之际,气象雍容。后世以谄谀相欢,如陈后主、江总持,污秽简策,贻笑千古。"① 规劝的话虽然不好听,但可以兴国;阿谀之辞虽然悦耳,却可以导致亡国。正是鉴于此种认识,他特意告谕侍臣:

> 朕观前代人君,多喜佞谀以饰虚名,甚至臣下诈为瑞应,以恣矫诬,至于天灾垂戒,厌闻于耳。如宋真宗亦号贤君,初相李沆,日闻灾异,其心犹存警惕。厥后,澶渊既盟,大臣首启天书以侈其心,群下曲意迎合,苟图媚悦,致使言祥瑞者相继于途,献芝草者三万余本。朕思凡事惟在于诚,况为天下国家而可以伪乎?尔中书自今凡祥瑞不必奏,如灾异及蝗旱之事,即时报闻。②

朱元璋此番言论意在阻绝空言之风,扫除害政之患。在此基础上,他对明代朝廷公文书写提出了严格要求:

> 今后笺文,只令文章平实,勿以虚辞为美也。③

他要求公文书写要做到内容平实,不可铺陈空言。为了使臣工真正能够做到这一点,洪武五年(1372)七月,朱元璋专门颁布诏令,废除了中国历史上沿袭已久的臣工向君主进贺圣节、冬至表笺的传统。④

二、公文书写语言的改革

在朝政事务中,用浅显直白的语言形式表述施政方略,更容易被多数民众接受,也更容易收到良好的施政效果。对此,朱元璋有着极为清楚的认识。

早在建国前夕,即元至正二十六年(1366)的十月份,朱元璋把熊鼎和朱梦炎两位儒士征募到建康(今南京),让他们改编《公子书》与《务农技艺商贾书》,理由是:

> 公卿贵人子弟虽读书,多不能通晓奥义,今集古忠良奸恶事实,以恒词直解之,使观者易晓,他日纵学无成,亦知古今行事可以观戒。民间商贾子弟亦不读书,宜以所当务者直辞解说,作务农技艺商贾书,使通知大义,可以化民成俗。⑤

---

① 余继登:《典故纪闻》卷四,中华书局,1981年版,页71。
② 《明太祖实录》卷六七,页1255。
③ 余汝楫:《笺文勿用虚词》,《礼部志稿》卷六十四,文渊阁《四库全书》本。
④ 《明太祖实录》卷七五,页1390。
⑤ 徐学聚:《国朝典汇》卷二十二,北京大学出版社,1993年版,页1551。

明代政权运作与政府公文走向

朱元璋的目的非常明确,他试图借助浅显直白的语言形式,最大限度地将书中的内容传播开来,最大范围地影响民众、教化民众,进而达到治世的目的。或许是他的这一举措确实收到了不错的效果,建元之后,他继续积极推行此项政策:洪武六年(1373)正月,他命令孔克表、刘基、林温等"取诸经要言以恒言释之,使人皆得通其说而知圣贤之旨意"①。洪武二十年(1387)前后,他又"以将臣于古者善恶成败之事未能通晓"为由,"特命儒臣编集申明,以钼䴙、樊哙、金日䃅、张飞、钟会、尉迟敬德、薛仁贵、王君廓、仆固怀恩、刘䦚、王彦章等所为善恶为一编",定名为《武士训诫录》,"释以直辞,俾莅武职者日亲讲说,使知劝戒。"② "恒言",常言、通俗的话,"直辞",直白的语言,都是指明白通俗的表达形式。

与此同时,朱元璋还将这一原则运用到了公文语言的改革当中,规定说:

> 古人为文章,以明道德,通事务。典谟之言,皆明白易知。至如诸葛孔明《出师表》,亦何尝雕刻为文,而诚意溢出。至今诵之,使人忠义感激。近世文士,立辞虽艰深,而意实浅近,即使相如、杨雄,何裨实用。自今翰林为文,但取通道理,明事务者,无事浮藻。③

他要求公文能够以直白的语言形式为朱明王朝的统治服务,而不至因为语言障碍影响朝廷政策的实施。洪武时期的《律令直解》就是在这种指导思想下产生的。当时,朱元璋就该书的编撰宗旨对周祯说:"律令之设,所以使人不犯法,田野之民,岂能悉晓其意?有误犯者,赦之则废法,尽法则无民。尔等所定律令,除礼乐制度、钱粮、选法之外,凡民间所行事宜,类聚成编,直解其义,颁之郡县,使民家喻户晓。"④ 在他看来,律法是用来约束和保护民众的,只有在民众完全懂法的前提下,这一目标才能实现。如果没有浅显明晰的语言形式,文辞古奥,百姓看不懂,完备严整的律法,不仅不能起到保护民众的作用,还会产生害民害政的恶果。

朱元璋自己的公文严格遵循了这一写作原则。如《免宁国府税粮诏》:

> 朕自淮右渡江,驻兵太平,开基建业,继克镇江,下宣城。赖天之灵、将士之力,西征北伐,罔不平定。朕念创业之初,军国所给,

---

① 徐学聚:《国朝典汇》卷二十二,同上,页1557。
② 徐学聚:《国朝典汇》卷二十二,同上,页1562~1563。
③ 中华书局编辑部编:《历代纪事本末》,中华书局,1997年版,页2173。
④ 余继登:《典故纪闻》卷一,页17。

皆取办四郡，供亿繁重，未尝一日忘之。今天下之势十定其九，南北混一有期。朕欲四郡之民次第甦息，故先太平，次及应天、镇江，俱已蠲免税粮一年。其宁国府洪武二年夏秋二税，亦与蠲免。有司其体朕意，益加存恤。故兹诏示，咸使闻知。①

此文作于洪武二年（1369）正月二十日，语言极其平实省净，既没有用典，也没有生词僻字，更没有华丽的词藻。从审美的角度来讲，这样的文章难免过于直露，但从处理朝政事务的角度看，其优越性又是不言而喻的。他将蠲免的理由、蠲免的对象和时间交代得十分直白明了，这样的政令绝对不会因为语言障碍而难以执行。

三、公文书写格式的改革

在庞杂繁忙的朝政事务中，大大小小的案件日以万计，准确高速的办事效率对提高朝廷的执政能力显得尤为重要，公文简洁与否是其中一个十分重要的影响因素，显然是不容忽视的。而洪武初期的公文情况又是如何的呢？陆容是这样描述的：

> 职方掌边务，复奏封事颇多事，必引援经史，断以大义，比诸司章奏，稍涉文墨，盖故事因袭如此。至何行宜掌司时，一奏之中，引经大半，而处置事体处，反欠精神。②

公文重在陈述存在的问题和提出解决问题的方案，不必旁征博引进行道义阐说。引经据典、阐说道义不仅会掩盖事实，还会因篇幅繁冗浪费大量的写作、阅读时间，致使朝廷的办事效率严重降低。朱元璋对这种书写形式甚为不满，对侍臣詹同说：

> 六经之文简奥，《史》、《汉》之文太繁，至于唐、宋愈加繁矣，所以后人不如古人也。予于文不喜其繁，唯爱简直。孔子曰："辞达而已矣。"卿当辞命，宜以简古为尚，不以艳丽为工也。③

他认为，在公文的创作中，只要以简短文字把问题说清楚就够了，不必繁文缛词。为了明确公文这一写作要求，朱元璋专门颁布了上书陈言之法，诏示天下：

---

① 钱伯城主编：《全明文》卷一，页5。
② 陆容：《菽园杂记》卷十，中华书局，1985年版，页121。
③ 王弘：《文贵简直》，《山志》二集卷五，中华书局，1999年版，页267。

若官民有言者，许陈实事，不许繁文，若过式者问之。①

诏令规定，官民进言要就事论事，不得枝蔓衍说，必须省去不必要的言辞，所谓"如问钱粮即言钱粮，如问水利即言水利，孰得孰失，务在典实，不许敷衍繁文。遇当写题处，亦止曰云云，不必重述"。②

四、公文书写风格的规范化

华美的辞采能够给人以娱情悦性的审美享受，这对纯粹审美的文学作品来说本无可厚非，如果将这种华美文风带入到公文写作中，显然就有点不合时宜了。公文是用来处理朝政事务的，而不是用来娱乐休闲的。华美的文辞不仅会转移读者的注意力，还会喧宾夺主，遮蔽文章内容，使事理不明，给朝政事务的处理带来不便，这显然是朱元璋无法容忍的。建国初期，他开始着手于对元朝遗留下来的这种华而不实的文风进行整治。

洪武六年（1373）九月，他对群臣说：

唐虞三代典谟训诰之辞，质实不华，诚可为千万世法。汉、魏之间，犹为近古。晋、宋以降，文体日衰，骈俪绮靡，而古法荡然矣！唐、宋之时，名儒辈出，虽欲变之而卒未能尽变。近代制、诰、章、表之类，仍蹈旧习。朕常厌其雕琢，殊异古体，且使事实为浮文所蔽。其自今，凡告谕臣下之辞，务从简古，以革弊习。尔中书，宜播告中外臣民，凡表、笺、奏、疏，毋用四六对偶，悉从典雅。③

朱元璋以唐虞三代典谟训诰为法，反对晋、宋以来的骈俪绮靡文风，因此下令，要求公文以质朴为尚，不得使用华丽的骈体文。洪武十四年（1381）七月，礼部再次颁布政令："表笺文词不得用骈丽，务在典雅"。④

如果说质朴的文风有利于公文内容的传达，那么庄重的风格则对政令的有效执行是非常重要的，公文作为用以处理朝廷政事的媒介，与朝廷的形象有着甚为密切的联系。朱元璋对此相当重视。洪武六年（1373）九月，他对礼官说：

朝廷，礼法之所自出，天下之所瞻视。凡文武官于朝班奏对之际，言辞当详雅切实，勿为浮溢之语。若莅事临下，须有惠有威，使

---

① 朱元璋：《建言格式序》，钱伯城主编《全明文》，页194。
② 申时行等：《明会典》卷七七，中华书局，1989年版，页448。
③ 《明太祖实录》卷八十五，页1512~1513。
④ 《明太祖实录》卷一百三十八，页2171。

人畏服，切戒忿怒及恶言加人。先圣云："非礼勿言"。《礼》云："君子恶言不出于口"。卿等为礼官，当致谨于此，庶无忝于尔职也。①

"有惠有威"、"不忿不怒"，即是要求文章在语气平和的同时，又不失其作为官方文书所应该具有的威慑效力。在朱元璋看来，以这种语气来书写公文，不仅可以树立朝廷威严、垂范礼治，还有利于朝廷政令的顺利执行，对于维护王朝的稳定显然是积极有益的。他的《谕元臣纳哈枢诏》就是一篇这样风格的文章：

> 人生天地间，机变造化得宜、时势不失者，乃为杰丈夫。古人有云：活千人者，其后必封。尔为元臣，忠则忠矣，何苦违人事而失德有若是耶？昔者尔被获于江东，朕特生全尔归，此朕顺人心之所好。所以好者，人人凡有患难，谁不欲脱患难而身安者乎？当时在俘囚之中，果愿死乎？生乎？若以尔己心度之，凡两军之间，有力不及尔者，被尔拘囚，而乃尽杀之甚不少。当是时，若以己受患难之心推及俘囚者，尔必大昌，福及后嗣，必有日矣。如去年冬尔将兵寇我辽界，彼回军之日，凡弃下者皆生全于我处，朕未尝轻杀一人。曩者黄绸万户奉朕命令而往尔处，非己愿行，实差不由己也。本人于尔，颇有恩惠，何期尔不思好生恶死之情，一旦杀之。其尔之患难，为黄绸所生，其黄绸之命，尔独故意杀之。天心神鉴，祸将归焉。今尔与朕守边将士旌旗相望，略较胜负，则彼胜我负，已两经矣。为尔所害者将及八千人，皆无生全，诚可惜哉。然已往之事不咎，未来者可不思乎？自今以后，若能与我通一介之使，则前日之仇，必成冰解火焚矣。谕至之后，不然朕言，彼必就缚，生见朕面，恐无言可对。尔思之。②

纳哈枢作为元朝世臣，曾遭朱元璋擒获，后被放归。在战场上遭逢这样一个对手，朱元璋在文中并未对他进行羞辱奚落，而只是有理有节地谴责了他滥杀俘虏的行为，平和的语气背后，威慑的锋芒丝毫不减。该文用词虽略嫌朴拙，但可以说是篇书写相当成功的外交公文。

综上所述，平实的内容、浅显的语言、简洁的形式、质朴庄重的风格，是

---

① 《明太祖实录》卷八十五，页1509。
② 钱伯城主编：《全明文》卷二，页14。

朱元璋本着实用的态度确立起来的公文书写规范,并在全国范围内推广开来。

第二节　朱元璋推行公文书写规范之措施及其效果

为了有效推行这套公文书写规范,朱元璋采取了一系列措施。

一、申明禁令

洪武十三年(1380)罢除中书省后,朱元璋的公务非常繁忙,据孙承泽说:朱元璋在洪武十七年(1384)九月十四日至二十一日八天之间,"内外诸司奏札凡一千六百六十,计三千二百九十一事",平均每天要处理四百余件事情。① 所以,在洪武九年(1376)之后,他又曾多次下令禁繁词:洪武十六年(1383)十一月,令"内外奏札宜减省繁文"。② 洪武二十五年(1392),刑部尚书开济上奏:"钦惟圣明治在复古,凡事务从简。今内外诸司议刑奏札动辄千万言,泛滥无纪,失其本情,苟非禁革,习以成弊。"朱元璋说:"虚词失实,浮文乱真,朕甚厌之!"随即命刑部会诸司官吏讨论成式,并榜示中外。③ 为了使此一规定发挥长久的约束效力,朱元璋还令人将它写入了《大明律》:

陈言事理并要直言简易,每事各开前件,不许虚饰繁文。④

二、严惩违禁者

洪武九年(1376),朱元璋大开言路,诏告天下臣民向朝廷进言。当时的刑部主事茹太素上了一份篇幅为17000字的奏疏。待奏疏呈上之后,朱元璋让中书郎中王敏读给他听,当读到6370字时,还没有进入正题,这让朱元璋极其愤怒,不等王敏念完,就派人把茹太素召来痛责了一顿。待到次日深夜,朱元璋躺在榻上,让人继续给他读茹氏的这封奏疏,当读到16500字以后,所言内容方才进入正题。在剩下的500字当中,茹太素共谈了5件事情,其中有4件事情切实可行,当日早朝朱元璋就命令中书都府御史台将茹氏所言的4件事情执行了。⑤

在处理茹氏的这件事情上,朱元璋的触动很深,他感言:

---

① 孙承泽:《春明梦余录》卷二十五,北京古籍出版社,1992年版。
② 《明太祖实录》卷一百五十八,页2447。
③ 雷礼:《皇明大政纪》卷三,明万历刻本。
④ 刘惟谦等:《上书陈言》,《大明律》卷一二,明嘉靖范永銮刻本。
⑤ 朱元璋:《建言格式序》,钱伯城主编《全明文》,页193。

古今上书陈言者，未尝不为国为民而为君，而言者虽有，责人以难，故要其名者亦甚不多。今朕厌听繁文而驳问忠臣，是朕之过。有臣如此，可谓之忠矣。呜呼！为臣之不易，至斯而见。惜哉。①

朱元璋在为茹氏满腔忠诚感动的同时，也对他的这种建言形式深感厌恶。

三、颁行范文

为了让臣工遵守公文书写规范，朱元璋令身边的儒臣"择唐、宋名儒表笺可为法者"进呈，经过其亲自裁选，最后将柳宗元的《代柳公绰谢上表》、韩愈的《贺雨表》做为模仿的范式，颁行天下。② 兹将二表顺次摘录如下：

肃恭休命，晨夜趋程，祗荷宠私，不遑寝食，以月日到所部上讫。臣闻古之制爵禄者，爵以居有德，禄以养有功。臣本书生，官不期达，值某皇帝，文明抚运，大阐玄猷，搜采众材，幸忝甄录。历践中外，星霜屡移，曾无涓尘，上答鸿造，忘其薄陋，委以雄藩。顾无绥驭之能，谬忝澄清之寄，将何以敷宣皇泽，普谕天慈？唯当察廉以为防，视俗而为教，蠲除细故，务安黎献，庶几清静无扰，以慰远人。臣不胜忝冒荷恩之至。③

臣某言。臣闻圣人之德与天地通，诚发于中，事应于外。始闻其语，今见其真，臣诚欢诚喜，顿首顿首。伏以季夏以来，雨泽不降，臣职司京邑祈祷实频，青天湛然，旱气转甚，陛下闵兹黎庶，有事山川中，使才出于九门，阴云已垂于四野，龙神效职，云雨应期，嘉谷奋兴，根叶肥润，抽茎展穗，不失时宜，人和年丰。莫大之庆，微臣幸蒙宠任，获睹殊祥，庆抃欢呼，倍于常品，无任踊跃之至，谨奉表陈贺以闻。④

这两篇表文皆以散体铺写而成，文辞质朴古雅，说理恳切，丝毫没有炫耀辞采之嫌。两文一为谢表，一为贺表，感恩颂扬为题中应有之义；用词虽非骈四俪六，然亦并非言说实事。以意推之，当时以此二文为表式，大概意在提倡简洁，去除此类表章之长篇大论。但是，或许是这两篇表文的虚词颂美给模仿者留下了太多的发挥空间，事实表明，当时的骈丽文风并没有随着这两篇样表的

---

① 朱元璋：《建言格式序》，钱伯城主编《全明文》，页194。
② 《明太祖实录》卷八十五，页1512。
③ 柳宗元：《柳宗元全集》，上海古籍出版社，1997年版，页317。
④ 韩愈撰，文谠注：《详注昌黎先生文集》卷四十，宋刻本。

颁行而立即消失。23年之后，也就是洪武二十九（1396）年，这种绮靡文风仍然鼓荡不止，史称：当时"天下诸司所进表笺，多务奇巧，词体骈俪。"①

鉴于此种情状，朱元璋特命刘三吾和王俊华撰拟了一种固定格式，颁行到各个行政机构，② 兹摘录这一格式如下：

> 某衙门某官臣某，某年月日，钦蒙（给赐某物、升授某职），谨奉表称谢者。臣某诚欢诚忭，稽首顿首。上言，伏以圣恩敷布，广大如天，凡在臣民，均霑雨露，恭惟皇帝陛下，圣神文武，治同百王，春育海涵，兆民忻戴，是以天心永眷，而基业愈昌也。臣某等，深蒙恩宠，补报是图，惟坚葵藿之诚，上祝万年之寿。无任瞻天仰圣、激切屏营之至。谨奉表称谢以闻。③

臣工在使用这种文体时，只要将致谢事宜填入括号内即可。可以说，这种格式极大地限制了作者自行组织语言的自由，以如此手段遏制绮靡文风确实能够起到立竿见影的效果，不过这一文体也会因此而失去活力，成为了一种毫无生气的固定套式，丧失了文章的说服力和感染力，失去了文章的生命力。

四、公文写作规范列入教学科目

洪武二年（1369）十一月十八日，朱元璋对各地社学的课程设置做了明确规定：

> 侵晨，讲明经史、学律；饭后，学书、学礼、学乐、学算；未时，学习弓弩、教使器棒、举演重石。学此数件之外，果有余暇，愿学诏、诰、奏、笺、疏、议、碑、传、记者，听从其便。④

为了对乡村实施有效管理，明代朝廷设有里甲制度，以110户为1里，推丁粮多者10户为长，其余100户为10甲，甲首1人，董1里1甲之事。而社学即指设于里中的学校，基本属于私学性质。洪武时期，朱元璋要求里中建立社学的目的是"明伦敬身"⑤，"导民为善，乐天下之乐"。可以说，这种机构虽然也参与国家人才的培养，但不是致力于直接选拔人才，所以从社学设置的课程来看，诏、诰、表、笺等公用文体只是选修课目，不做为学生学习的硬性

---

① 申时行等：《明会典》卷七六，页440。
② 《明太祖实录》卷二百四十六，页3576~3577。
③ 申时行等：《明会典》卷七五，页439。
④ 《官政类·庙学》，《嘉靖尉氏县志》卷二，《天一阁藏明代方志选刊》，上海古籍书店，1963年版。
⑤ 林希元：《钦州十八社学记》，《林次崖文集》卷十，清乾隆十八年陈胪声诒燕堂刻本。

规定。

与社学的课程设置相比，公文写作训练在国子监中则显得尤为重要。元至正二十四年（1364）的"博士厅"是明代国子监的前身。至正二十五年（1365）九月，朱元璋将集庆路学改为"国子学"。洪武十五年（1382）三月，正式将国子学更名为"国子监"。在国子监的学规教条中，朱元璋规定：

> 每旦，祭酒、司业坐堂上，属官自监丞以下，首领则典簿，以次序立。诸生揖毕，质问经史，拱立听命。……所习自《四子》本经外，兼及刘向《说苑》及律令、书、数、《御制大诰》。每月试经、书义各一道，诏、诰、表、策论、判、内科二道。……六堂诸生有积分之法，司业二员分为左右，各提调三堂。凡通《四书》未通经者，居正义、崇志、广业。一年半以上，文理条畅者，升修道、诚心。又一年半，经史兼通、文理俱优者，乃升率性。升至率性，乃积分。其法，孟月试本经义一道，仲月试论一道，诏、诰、表、内科一道，季月试经史策一道，判语二条。每试，文理俱优者与一分，理优文劣者与半分，纰缪者无分。岁内积八分者为及格，与出身。不及者仍坐堂肄业。如有才学超异者，奏请上裁。①

在国子监中，公文写作是学生学习的必修科目和积分做官的主要依据。究其原因，主要是由这一机构的培养目的所决定的。明初朱元璋制定的人才培养政策，可大体概括为作养于学校、简拔于科举、抡升于岁贡三个步骤，而国子监则通储广蓄人才，待学生业精行成，即可依次擢应时需②，任"行省布政、按察两使，及参政、参议、副使、佥事等官"③。当时虽然间行科举，但监生与荐举人才参用者居多，其时布列中外者，太学生最盛，④ 国子监堪称是培养和选拔朝廷官员的重地。在朱元璋看来，写出符合规范的公文是这些官员的必备技能，如果这些准官员不能熟练掌握公文写作规范，日后势必无法很好应付朝政事务。与此同时，朱元璋还将公文写作作为科举考试选拔人才的主要依据之一。洪武三年（1370），设科取士诏中规定："第二场试礼乐论，限三百字以上，诏诰表笺。"⑤ 洪武十七年（1384）颁布的科举考试成式又规定：第二

---

① 张廷玉等：《选举一》，《明史》卷六十九，页1677~1678。
② 陈宝良：《明代儒学生员与地方社会》，中国社会科学出版社，2005年版，页98。
③ 张廷玉等：《选举志》，《明史》卷六十九，页1678。
④ 陈宝良：《明代儒学生员与地方社会》，页101。
⑤ 转引自王世贞：《弇山堂别集》卷八十一，中华书局，1985年版，页1540。

场试论一道，判语五条，诏、诰、表、内科一道。①

五、朱元璋推行公文书写规范的效果

在朱元璋大力推行如上措施之后，在永乐前后，明代的公文一改元末遗风，被纳入到了朱元璋制定的书写规范中。此一结论当基于两个方面的认识：第一，在永乐之后、正德之前的这一段时期内，不论是在朝廷的政令中，还是臣工的言论中，基本看不到申明公文书写规范的政令了，这在一定程度上说明明初公文写作存在的弊端有所扭转；第二，从不同权力阶层官员的公文写作实际来看，也的确如此，如杨士奇《开经筵疏》：

> 伏惟皇上肇登宝位，继承列圣，统御万邦，必明尧舜禹汤文武之道，以兴唐虞三代之治，然其根本在致力于圣学，自古圣贤之君，未有不学而能致治者也。去年十月内，宣宗皇帝御左顺门，召臣士奇论之曰："明年春暖，东宫出文华殿读书，凡内外侍臣俱用慎择贤良廉谨之臣。"不幸宣宗上宾，中外哀戚，臣未敢遽言，然此事至重，不敢久默，臣闻《尚书》曰："王人求多闻时，维建事学于古训，乃有获经筵侍讲之官，实为学之资本。"皇上进学养德，当预择讲官，必得问学贯通，言行端正，老成重厚，识达大体者数人以供其职，庶以上副先帝之意，乞预命吏部、礼部、翰林院公同推荐，具名陈奏，取自上裁，如或其人学术不正，立心行巳素无□誉者，不得滥预。盖师友之臣即他日辅道之臣，不可不择也。又闻《书》曰："仆臣正，厥后克正，仆臣谀厥后自圣，后德惟臣，不德惟臣。"盖言仆臣贤否，系君德重轻如此，自古圣贤之君，左右使令公用正人本，皇上富于春秋，凡起居出入，一应随侍，及使用之人，皆宜选择行巳端庄，立心正当者，使在左右庶不正之言，不正之习皆屏远，不得以上惑聪明，如或其人举动轻佻，语言亵慢，立心行巳不正者，皆宜早去之，若随侍既久，言听计从，后来欲去其势，难矣。古语云："与善人处如入芝兰之室；与不善人处，如入鲍鱼之肆。"盖言慎所渐染也。此在常人尚须谨择，何况天子之左右乎？②

该文写于正统元年（1436），在当时，杨士奇以内阁重臣的身份主持朝政。观此文章，并无阿谀虚饰之辞，语言极其平实，既没有用典，也没有生词僻字，

---

① 申时行等：《科举通例》，《明会典》卷七七，页448。
② 张瀚：《皇明疏议辑略》卷五。

更没有华丽的词藻，尽显公文端庄典雅之气，这对于朝政事务的处理而言，是不无裨益的。

再如王恕《选用进士疏》：

> 照得每科第三甲进士，前七、八分多选在外知县等官，后二、三分俱选京职，所以进士该外选者，或告养病，或因公差□家延住，俟不选外任，方才赴部，希冀京职之除，若不处置，诚恐递相仿效，非唯有坏选法，抑且有坏士风。今后除丁忧、起复进士，仍照常例，遇缺随众选除外，其余养病、公差回还者，上下各除选给事中、御史、中书舍人，并王府官外，如已选外任，亦选外任；已选京职，亦选京职，庶人心得平，而选法不坏矣。①

王恕为正统十三年（1448）进士，由选庶吉士授大理寺左评事，进左寺副，后任扬州知府、江西右布政使、河南巡抚、南京刑部左侍郎、左副都御史、南京兵部尚书兼左副都御史、吏部尚书加太子太保，官至少傅兼太子太傅等，并没有攀到杨士奇那样显赫的帝位。他的这篇疏文极为省净，在短短一百多字的篇幅中，将当时朝廷选用进士存在的弊端、原因、可能导致的不良后果、以及所应采取的具体措施都一一作了交代，可谓文词简洁，言之平实。不论是书写，还是阅读，都十分省时便捷。他的类似公文还有《议覆公选法疏》、《选用进士疏》、《选任运司官疏》、《议工完升赏疏》等。

在遗存至今的明代前期公文当中，还可以举出许多这样的文章，如永乐十九年（1421）进士，历任御史、山东提学佥事、大理左少卿、大理寺丞、南京大理寺卿、礼部右侍郎、翰林学士、左侍郎的薛瑄写的《缉熙圣学疏》；永乐十九年（1421）进士，历官监察御史、兵部侍郎、兵部尚书的于谦写的《乞止渔猎疏》；五朝元老马文升写的《乞停送武当神像疏》；正统七年（1442）进士，历官吏科给事中、南京刑部右侍郎、左侍郎、礼部尚书、礼部尚书的姚夔写的《弭灾修德疏》；正统十三年（1448年）进士，历任编修、太子侍讲、太常卿、侍读学士、吏部左侍郎、翰林学士、吏部尚书等职的刘珝写的《开言路疏》；成化十一年（1475）进士，历任吏部侍郎、翰林学士、户部尚书、文渊阁大学士等职的王鏊写的《史官议》；历任吏司主事、贵州龙场驿丞、江西庐陵知县、南京太仆寺少卿、鸿胪寺卿、都察院左佥都御史、南京兵部尚书等职的王守仁写的《宥言官以章圣德疏》，等等。可以说，经过朱元

---

① 张瀚：《皇明疏议辑略》卷十一。

璋的整治，其制定的公文书写规范在明代前期得到了有效推行。

第三节　明代后期公文写作风气之转变与政权运作

值得注意的是，到了明代后期，公文书写之走向并没有沿着朱元璋苦心制定的规范延续下去，不仅洪武初期整治过的公文书写弊端卷土重来，还滋生出了一些新的问题。

一、公文文风之转变

（一）内容敷衍不实

到了嘉靖时期，敷衍不实之文风忽然兴盛起来，不论是身居高位的内阁辅臣，还是一般的官员，无不深染此习，如高拱《贺白兔疏》：

> 奏为庆贺瑞应玉兔事。惟月七日，恭遇皇上景命之辰。该南京锦衣卫指挥徐继勋进献玉兔，应时而至，玄锡非常，实兆皇上无疆之寿。臣等诚欢诚忭，稽首顿首称贺者。伏以宝度迎禧，玉衡荐瑞，生而异禀，应盛德之在金；来若有知，协吉日之惟卯。显彰神告，增衍圣龄，自非昭格之素深，何致眷歆之愈笃。钦惟皇上德配二仪而裁成，则妙心涵万类而茂对。以时显比，以用三驱，祝解而宽，四纲武夫，向化歌肃，肃于中林，耆耇衔恩，乐嬉嬉于寿域。太和充盎上瑞，骈蕃凡在身车，所通皆应。图牒而至，惟兹神物，本谓星精，爱会昌期，特呈雪彩。盖通灵变化，越五百岁则然，乃引类来仪。在四三年者，屡映明蟾于月窟，偕素鹿于天廷，捣药还丹，仰效长生之助；忘蹄得道，明昭久视之征。天惟申命用休，地故不爱其宝。臣等叠逢盛事，倍切忭私。拟赋梁园，才有惭乎脱颖；书祥文囿，技欲效于濡毫。伏愿佑命弥纯，保定孔固。鸟兽鱼鳖，咸若溥沾率育之仁；龟龙麟凤，来游永洽时雍之治。臣等无任。①

张四维《白兔贺表》：

> 伏以紫度钟祥，景命茂迎于百福；玉衡毓彩，祯符式兆于千龄。惟天眷圣而申休，故物应时而荐祉。奇增文囿，庆叶尧年。恭惟皇上德契元精，神凝太素。中孚发志，赞二气以成能；无妄对时，合万物

---

① 高拱：《献忱集》，《高文襄公集》卷四，明万历刻本。

而并育。骏烈丕昭于四表，鸿猷卓冠乎百王。文义立而武功宣，内宁外谧；川效珍而岳修贡，月异日新。睠此仙都，寔兴神物天诱其至，当四十年熙皞之春；神降厥祥，具五百载纯明之色。汇精月窟，夺采霜华。不角不牙，秀出中山之裔；如珪如璧，皎同舞镐之辉。餐禁苑之琼芝，爱爱自得；侣仙宫之玉鹿，濯濯不惊。且卯位司灵，既合符于圣诞；而金精献寿，益显示于天休。是以昔岁自星港而双来，正值瑶光之旦；今兹由凤山而再至，重临宝度之辰。昭万寿之无疆，祥集紫蘖；信一人之有庆，欢洽黄舆者也。臣等叨侍清光，忻瞻上瑞，恩惭拔颖摸拟，莫效于雕虫；心切倾葵祝颂，率先于舞兽。伏愿仙算日增，圣躬天保，日月合明，四时合序。八千岁以为春秋，天下一家，中国一人，亿万载永膺历数。①

事实上，嘉靖朝已非永、宣时期的太平盛世了，政局已经陷入风雨飘摇之中：

第一，府库空虚，连年亏空。隆庆元年（1567）十二月，户部尚书马森盘查内库太仓粮银时说："太仓见存银一百三十万四千六百五十二两。岁支官官俸银该一百三十五万有奇，边饷二百三十六万有奇，补发年例一百捌十二万有奇，通计所出须得银五百五十三万有奇。以今岁抵算，仅足三月。京粮见存粮六百七十八万三千五百五十一石，岁支官军月粮二百六十二万一千五百余石，遇闰月又加二十二万余石，以今数抵算，仅足二年有余。"②

第二，战事频仍，内外交困。嘉靖元年（1522），"山东矿盗起，掠东昌、兖州，流入畿辅、河南境"③。三年（1524），大同兵变。④ 七年（1528），山西潞城县青阳山陈卿等"作乱"⑤。十二年（1533），"大同五堡军叛"⑥。十四年，辽东兵变。⑦ 三十一年（1552），俺答"四犯大同，三犯辽阳，一犯宁夏"⑧。三十二年（1553），河南柘城师尚诏"作乱"⑨，俺答犯宣府、延绥、

---

① 张四维：《条麓堂集》卷六，明万历二十三年张泰徵刻本。
② 《明穆宗实录》卷十五，中央研究院历史语言研究所校印本，页414~415。
③ 张廷玉等：《汪应轸传》，《明史》卷二百八，页5487。
④ 《大同叛军》，《历代纪事本末》，中华书局编辑部编，页2353。
⑤ 夏燮：《明通鉴》卷五十四，清同治刻本。
⑥ 夏燮：《明通鉴》卷五十六。
⑦ 夏燮：《明通鉴》卷五十六。
⑧ 张廷玉等：《鞑靼传》，《明史》卷三百二十七，页8482。
⑨ 夏燮：《明通鉴》卷六十。

甘肃和大同等地。① 三十三年（1554），俺答犯宣府、宁夏等地。② 三十四年（1555），俺答犯宣府、蓟镇。③ 三十五年（1556），俺答犯宣府。④ 三十六年（1557），俺答犯"大同边"。⑤ 三十八年（1559），俺答犯蓟镇、大同、宣府。⑥ 三十九年（1560），南京振武营"军变"⑦，俺答犯大同、延绥、蓟镇、辽边等地。⑧ 四十二年（1563），俺答犯宣府。⑨ 四十五年（1566），浙江开化、江西德兴"矿贼作乱，"⑩ 俺答屡犯东西诸塞。⑪

如上两篇以"白兔"为题材的公文全然不关时局，不言实政，只是一味地向世宗大献谄媚之词，以圣治有德来美饰一个纵欲废政的昏愦皇帝，荒唐至极！这种敷衍不实的文风，严重背离了朱元璋要求公文写作须要做到内容平实的规定。类似这类敷衍不实的作品还可以举出很多：张治《贺雨疏》、《贺白鹿疏》、《贺灵雪疏》，徐阶《贺伊世子奏进黄白兔各一》、《贺瑞雪》、《贺雨》、《贺瑞谷》，曹大章《进白鹿贺表》、《进白鹿表》、《贺灵雨表》、《贺进瑞谷表》、《贺瑞雪表》、《贺瑞应玉龟表》、《瑞应玉鹿表》、《玉兔表》、《贺灵雨应祈表》⑫，高拱《贺雨疏》、《贺玉龟仙芝疏》、《圣节恭贺疏》、《贺冬至疏》、《贺雪疏》、《贺元旦疏》、《贺白鹿疏》、《又贺雨疏》、《贺白雁疏》、《贺龟生卵疏》、《贺白鹊疏》、《贺雪疏》、《贺瑞芝疏》等，皆属此类。

这股敷衍不实的文风在嘉靖朝极为兴盛，朝臣王得春就此批评说："近年以来，献瑞者不一，而凡形诸表疏、见诸歌诵者，备极谀美之词；间有灾异，则多所忌讳，匿不以闻，甚非所以忧治世而危明主也。"⑬ 嘉靖政局的衰落，这种敷衍不实的文风着实难脱干系。

---

① 张廷玉等：《鞑靼传》，《明史》卷三百二十七，页8482。
② 张廷玉等：《鞑靼传》，明史》卷三百二十七，页8482。
③ 张廷玉等：《鞑靼传》，《明史》卷三百二十七，页8482。
④ 张廷玉等：《鞑靼传》，《明史》卷三百二十七，页8482。
⑤ 张廷玉等：《鞑靼传》，《明史》卷三百二十七，页8482。
⑥ 张廷玉等：《鞑靼传》，《明史》卷三百二十七，页8483。
⑦ 夏燮：《明通鉴》卷六十二。
⑧ 张廷玉等：《鞑靼传》，《明史》卷三百二十七，页8484。
⑨ 张廷玉等：《鞑靼传》，《明史》卷三百二十七，页8484。
⑩ 夏燮：《明通鉴》卷六十三。
⑪ 张廷玉等：《鞑靼传》，《明史》卷三百二十七，页8485。
⑫ 曹大章：《曹太史含斋先生文集》，明万历二十八年刻增修本。
⑬ 张卤：《皇明嘉隆疏抄》卷二，明万历刻本。

(二) 文辞晦涩不明

嘉、万之际,文坛流行着一股以晦涩为美的审美趣尚,"文体则耻循矩矱,喜创新格,以清虚不实讲为妙,以艰涩不可读为工,用眼底不常见之字谓为博闻,道人间不必有之言谓为玄解。"① 曾有人拿一篇时文让叶向高看,向高看后说:"文甚佳,但难解耳。"此人回应说:"公误矣,可解则非文矣。"② 此种以晦涩为高的审美趣尚,在这一时段的公文中同样十分盛行。如王世贞《荐举贤能方面官员疏》:

> 题臣待罪鄖镇,垂及二载,其于三方藩臬之长,九道守巡之官,颇以职业粗知梗概。缘圣明宰极,百度惟贞,自铜墨而上,皆精心奉法,职业多称。臣不敢索垢指瑕,仰累荡平之度,谨举其贤能尤著者,以备采择。

> 切见陕西布政使司左布政使刘曰材,博大老成,精详慎密。编徭议驿,三秦之凋劾为苏;计吏辨材,百邑之纲维自整。武略与文谟并美,年资共物望俱隆。

> 河南布政使司左布政使周锱,才华畅茂,学行渊淳。握篆而精神一新,清戎而克诘有体。晶矣壶水之莹,蔼然握璧之温。

> 河南按察司按察使郑云鋆,志行峻洁,学识精明。持大体则不激不随,辨庶物则有伦有要。提衡属城之吏,俨若神明;弹压都会之豪,凛如霜日。

> 湖广按察司按察使胡邦奇,淬刃新硎,斫轮老手。谳庶狱,则火山之明慎;考群察,则衡鉴之空平。宪纪一清,公望推重。

> 河南布政使司分守汝南道右参政李廷龙,古貌古心,实德实政。激扬清浊,居然揽辔之风;克诘戎兵,允矣杖钺之选。四民畏志,真如春雨秋霜;二纪历官,不愧飧冰啮蘖。

> 湖广布政使司分守下荆南道右参议李日强,苦节奉公,刚肠疾恶。政存节省,岁计渐见其有余;时切惠鲜,冬日自征其可爱。岂惟无染指于腥釜,抑亦能树节于权珰。

> 湖广按察司屯盐道副使马顾泽,悃愊而中有甲兵,坦夷而不为城府。公勤既着乎宦迹,孝友尤重于乡评。近委清屯,裨益匪浅。

---

① 王世贞:《弇山堂别集》卷八十四,页1596。
② 叶向高:《孙子长制义序》,《苍霞续草》卷五,明万历刻本。

河南按察司分巡汝南道副使杜辂，行履清修，器识温美。严赏罚而兵防允赖，精谳断而讼狱攸归。声实卓乎可观，勘报雅非其咎。

湖广按察司兵巡上荆南道副使马文炜，以循吏中兴之尤，当江防上游之寄，积骤具举，李临淮之精采改观；卓立不移，朱南阳之强直自遂。江堤屯务，惟怀永图；吏弊官邪，瞭若指掌。

以上诸臣，皆廉能称职。内李廷龙近报升江西按察司按察使，尚在地方；周鉴繇右布政使转今官，原系臣属；俱当荐扬者也。伏乞，敕下吏部，查访无异，将刘曰材等各论资擢用，庶几贤哲彙升，治理攸赖。缘系荐举贤能方面官员事理，未敢擅便为此。①

王世贞为嘉靖二十六年（1547）进士，历官刑部主事、南京刑部尚书、员外郎、郎中、青州兵备副使、浙江右参政、山西按察使、广西右布政使、太仆寺卿、右副都御史、应天府尹、南京刑部右侍郎、南京兵部右侍郎、南京刑部尚书等职。他的这篇疏文全用骈体，辞藻雕琢，有的还用典，如文中的"斫轮老手"乃取典于《庄子·天道篇》"轮扁斫轮"之寓言；"李临淮"指唐代名将李光弼，谓其善战改变了安史之乱的战局；"朱南阳"指后汉临淮太守朱晖，谓其刚直决断有惠于民。用这两个典故只是为了说明马文炜有军事才能和刚直不阿。典故虽然有增加话语蕴藉的功能，但文义也会因此而变得隐晦难懂，在公文写作中尤其不合适。此外，"藩臬"（按：布政使与按察使的并称）、"铜墨"（按：县令）等称谓在当时并不习用，这种滥用生僻称谓的做法只能使文义晦涩不明。嘉靖时期的户部尚书韩文曾对此种文风纠正说："疏词不可多，又不可文，可为疏法矣。"② 叶权（1522～1578）亦云："今士夫好古，专以古官代今衔。如都御史则称明御史大夫。既云明矣，明安得有御史大夫官哉？我朝洪武初，有宰相则有此官，既不置丞相，此官亦废久矣。若以古官名于文字中泛称今人犹可，乃署卷首尾以自称，甚至杂于郡县乘志中，使初学不知此为何官，是谓生今反古，于心何安哉？"③ 万历四十三年（1615）十一月，南京都察院右都御史蔡应科在正疏体中提出了申戒：

如称辅臣，不曰王家屏、沈鲤，而曰山阴、归德；不曰高拱、张居正，而曰新郑、江陵；又或称官及地，不曰吏部尚书、礼部侍郎，

---

① 王世贞：《弇州山人四部稿》卷一百七，伟文图书出版社有限公司，1976年版，页5042~5046。

② 《明神宗实录》卷五三九，页10243。

③ 叶权：《贤博编》，页36。

而曰大冢宰、少宗伯，不曰户部郎中、工部员外，而曰度支、郎将，作官属不曰北直、南直，江、浙、云、贵，而曰燕、吴、豫章、越、滇、黔，诸如此类，沿袭已久，毕竟当以为戒。①

对于朝政来讲，如此晦涩的文风有百害而无一利，而对于审美来讲，则另当别论。在某种程度上，这种文风的兴起也标志着士人对这类文体有了一种别样的认识，即公文不单单具有处理朝政的实用功能，还要求有审美功能。

这种以晦涩为高的审美趣尚也波及了其时的文风，如刘凤的游戏之作《为蚆谢上表》：

> 臣蚆言，伏见除书，以臣为长水将军曹丘校尉，行醴泉令，醯如故。臣闻命踢跼麋颁知惧，筐颁衹辱，缄口何辞？念臣介族卑品，么腐陋质，劣惭蚌蛤之微；琐负蜗蠃之议，轮菌无奇，安能磊砢；蜛蝂徒尔，岂曰闭藏？是以转侧污渎，分绝清垄；缩朏泥沙，诡言犷縠。不意过私，猥加渐植，溉其种类，曲蒙渗滼，含育逮兹。顾外有水稜，中殊混沌，惟多襞积，诚何气味？而得滥预八珍，叨陪五隽。腹腴焉取，骨体奚堪。方当泔以醢沸，柔以挫糟，僭调羹于辛樳，窃借箸于盐豉。耴斯蚳醯，以间腳臕。未忍腥菹，去同乙醜。擘江珧之房，膏流食指；齎紫贝之胃，饫厌车螯。衔泽及肤，噬恩灭顶。固将腐烂为期，非复糜碎，所答輒不胜战栗，重躬蓰盤匦，拜表以闻。诏答曰：卿著姓会稽，策名海错，脂韦所便，肥甘是悦。故斯简授，以待和滋。尔其折冲樽俎，毋避鼎镬，勿庸让也。②

这是一篇以表之体式写的游戏文字，文中有很多古僻的怪字，如"腐"（má，骨）、"蜛蝂"（jiéqū，木中蛀虫）、"樳"（dǎng，花椒）、"腳"（xiāng，香）、"臕"（xūn，香）等。刘氏喜为诘屈聱牙之文在当时是出了名的，史载："刘侍御子威好为诘屈聱牙之文，吴人推服之无敢后，袁卜士景休……每向人抉摘其字句钩棘、文义纰缪者以为姗笑。子威闻之怒，诉于邑尉。摄而笞之。尉数之曰：'若复敢姗笑刘侍御文章耶？'景休仰而对曰：'民宁再受笞数十，终不能改口咠舌，妄谀刘侍御也'"③

---

① 《明神宗实录》卷五三九，页10243~10244。
② 刘凤：《刘子威集》卷二十三，明万历刻本。
③ 永瑢等：《四库全书总目》卷一七八，中华书局，1965年版，页1597上。

(三) 表达繁富冗长

兹以方逢时《陈虏情以永大计疏》为例：

　　臣闻言天下之事非难，而知天下之事为难，知天下之事非难，而任天下之事为难，故知之而后可任，任之而后可言。苟言之者不知，而任之者不言，则所言非所任，所任非所言，群疑异趋，众虑殊途，国是所由以不定，而事功所由以不立也。（引者按：点明主旨）

　　今天下之事，惟夷狄为大，而夷狄之害，惟北虏为最。盖西北之地，高寒荒堉，虏生其间，凶顽桀骜，茹血衣毛，与虎狼无异。接壤中土，岁时窥伺，大则侵陵，小则寇掠，自生民以来为患久矣。以二帝三王之盛，卒未有能臣服而诛灭之者。秦始皇筑塞却胡，终贻身祸。汉武帝穷征远讨，海内虚耗。以汉祖之雄杰，而有白登之围。以唐宗之英武，而有渭桥之急。然则封疆之事，安壤之计，岂易言哉？（引者按：补充上文，引起下文）

　　下自晋宋迄于金元，而祸乱极矣。迨我皇明太祖高皇帝，神武肇命，迟扫腥膻，廓清寰宇。成祖文皇帝，法驾亲征，荡平沙漠，保安黎元。二祖圣武，规划创制。西自甘宁，东抵辽阳。巨镇强兵，环列屏翰。秦、晋、燕、赵之境，始得安息，二百年来猗欤盛矣。然也先首祸于土木，哈密搆乱于西陲，小王子火节花当之属，相继为害，及今俺答益称雄桀，纠其弟兄，率其子侄，攻克诸部，雄据朔庭，东连察罕，西胁番回，虎视三关，蚕食九镇。五十余年，致我中土之民困于征输，边鄙之民死于锋镝。嘉靖之季，骚扰益甚。世宗皇帝宵旰四十余年，思欲讨其凶暴，诛其狂肆，而事有未逮。遇我穆宗皇帝之初，天眷明德，厌彼凶顽，孽孙搆衅，慕义来降。盖天降启太平之机，而再造边人之命也。臣时巡抚大同，适当其事。窃料胡运将衰，首谋受降，为国弥祸。先遣鲍崇德赍咫尺之书谕俺答，以纾平虏之急。继遣龚喜等持一箭之令诒黄台吉，以解大同之围。晓以祸福，申以信义。盟约既定，二酋既从。乃咨会督臣王崇古审计协谋，倾心竭力，以共图弘济。列疏上请，伏荷先帝圣哲洞烛机宜，二三元臣协心一德，替裹庙谟，折衷群议，授以成算，使臣等得效犬马之力，以驯豺虎之心，叛人斯得贡市用成。继臣以忧归，王崇古独任其事，请封议贡，约会定期。劳心苦志，克有成绩，而孔昆之禄父子疑二，未即就约。巡抚都御史吴兑训谕有机，招徕无倦，遂致东西联属，反侧渐消，封疆遂宁，比及三年。蒙陛下特恩，起臣草莽之中，来代崇古之任。臣才智庸浅，力孱气懦，而区区为国，一念之诚，不敢自负。宣布仁威，恢张国体，申明约信，通行晓告，群酋素皆知臣，莫不倾心听服。赖陛下神武，元臣忠良，克忠愚忠，不坠前人之美。八年以来，九边之外，以生齿则日繁，以修守则日固，以兵马则日练，以刍饷则日积，以田野则日闢，以商贾则日通。穷边僻堡，跕危残□之民，始知有生生之乐。此今日边事可知，而可言者也。（引者按：交代论题背景）

虏自顺义而下，有黄台吉，有兀慎，有摆腰，有永邵卜，有河西襖儿都司，有青把都、白洪大、满五素、满五大哈、不慎、打剌明安免，有撦力银五路、青把都、雅黄多、罗巴林、松木儿等部，寔繁有徒，大小远迩，错杂不一。然其向化怀惠，心倾志靡，输诚效贡，久而益笃，莫敢有渝盟叛约、显然悖逆生乱者。岁时请求，随宜与之，即欣然知感。间有讲事卖马之使经过城堡，投见守操官员，求讨食物，苟得一饼一果之与，即稽首而谢，欢笑而去。盖犬羊之性，不顾廉耻，不识法度，不知礼义，乃其恒态，非敢有所侵侮，而豢交兽畜，驭之得宜，益足以坚彼归向之心，于国体何伤？于贡市何玷？即有无狀捉人索赏，如打剌明安免者，告之俺答，严加罚治，即委首听命，服罪知悔，此今日虏情可知而可言者也。

夫今日之边事如此，虏情如此，臣等之处置如此。中外之不然者或曰"夷使成群，充斥城市，为害将不可制也"。或曰"财货日益耗费，虏欲终不可足也"，或曰"与虏益狎，隐忧叵测，将不知所终也"。为此言者，心则忠矣，而事机或有未达，一时风闻，疑之太甚、计之太深者也。夫夷使之入，三镇皆有。多者八九人，少者二三人。朝至而夕去，夕至而朝发。守贡之使，赏至即归。有舍馆以安之，有卒徒以防之，有饩廪以养之，何有于充斥？财货之费，有市本，有抚赏。画有定规，给有定数，通三镇而计之，每岁约费银二十六七万两，出户部者一十三万有奇，出兵部者四万有奇，三镇所自措办者十余万两。较之先年征战岁费，户部客饷银至七十余万两而不足，兵部太仆之马价亦且十数万两者，才十之二三，而虏心厌矣。至于民间耕获之入，市贾之利不与焉，所省不亦多乎？以为有隐忧者，有之而不隐也。方虏之未疑贡也，庚午以前，每岁大举九边之地，必有被其毒者，而雕抢鼠窃，无处无之。致我三军战斗，暴骨满野，万姓流离，横尸载道，城郭丘墟，刍粮耗尽。外罹惨祸，内虞他梗。边臣首领不保，朝廷为之旰食，忧孰大焉？款贡以来，七八年间，无此事矣！设使臣等处置乖方，羁縻失策，怯小费而亏大信，贡不至而市不通，虏一旦肆行侵略，则前者之忧即见，何隐之有哉？其所不可知者，虏中之权，悉属俺答。今衰且老矣。诚恐数年之后，此酋既死，诸部无所统一，号令不齐，其中狡黠，互相争搆，言贡而贡或有不至，言市而市或有所挟，假托异辞，遂行侵扰，此则时变之，或然而不可预料者。在我处之，亦惟停贡罢市，闭关绝使，严丘固垒以御之。禁边军之私行赶马，禁边将之轻举悻功。既不示以易与之情，亦不启以可乘之衅，使曲常在彼，而直在我而已，于彼贡市何赖焉？然夷情贪鄙，思我之饵，怀我之利，强弱异势，远近异情，去就顺逆，势必有变，因机而处，随宜而应，以为弥乱息患之图，此又于不可知之中而大有可为者在，顾在彼之人作为何如耳？夫封疆之事，既无定形，亦无定机，惟朝廷任用得人，处置有方，则贡市可也，战守可也。盖战守之事，非由于贡市而致，而贡市之举，实于战守有裨，又何必拘拘于贡市之非，战守之是，而谓终不可保哉？臣又闻之：御戎无上策，狃战祸也，和亲辱也，赂遗耻也。今日贡非和亲矣，曰市则非赂遗也。既贡而市，则无征战矣。夫虞周之世，诗书所称，来格咸宾之盛，臣不知其何如？诚使秦汉而下，得此机会而处之，则汉室何至于和亲，宋人何至于赂遗，武帝太宗何至劳师万里之外，卫霍之将何所立其勋名，而宋臣何由争献纳哉？臣职任封疆，身承委托，仰藉陛下神武，得效驱驰，竭其心力，制伏强虏，保全边氓。上纾宵旰之忧，下息战事之祸，臣亦得免斧钺之诛，实云幸矣！臣今受命边朝，不复与闻阃外之事，诚恐议者谓贡市非可久之事，谓虏情无效顺之诚，泥于近代之迹，以较今日之事。甚者或谓臣等数年羁縻绥缉之劳，皆属掩饰弥缝之计，过为疑虑，多所敷陈，或致国是摇惑，内而边臣畏缩，外而虏酋携二。内外乖违，事机错忤，于贻后悔，噬脐无及。臣虽得去，而犬马之心实有不能一日忘者，所有一得之愚，虽皆已陈之刍狗，庶几可为善后者之一助，忘其鄙陋，列为五事，冒昧上渎圣聪，伏乞敕下该部，再为详审。如有可采款复施行，臣下情无任惓惓，慌悚之至。计开：

敦信义。臣闻之，言忠信，行笃敬，虽蛮貊之邦行矣。臣始以为圣人即理以垂训耳。今益信其言之有征也。盖夷狄之人虽非我族类，此心之良未始不同。今虏自顺义而下，东西诸部受我羁縻，七八年以来，罔敢或二。训之以言即听，喻之以事即从，岂有他哉？亦惟吾信义有以感动之耳。夫虏之服从既坚，则我之信义当益笃，彼有向我之心而固疑之，以为不可，必从者非信也。信之矣而不发于中心之实，使彼得而窥之，非信也。发于中心矣，而不裁之以义，不喻之以礼，不示之以法，非信也。裁之以义矣。当机执滞而无变通之权，非信也。权矣，而居之不宽，待之不恕，持之不固，非信也。信以行义，义以成信，信义既孚，豚鱼可感，金石可贯，况于虏人乎？伏惟圣明，敦崇大信，申明大义，严饬文武诸臣，毋忽犬羊，毋轻举措，毋设机穽而悻小利，毋惑诡诀而略远图，毋作聪明而喜奇绩，使群丑纷纷常在吾范围之内，而潜消其疑二之心，则贡市可久，封疆永宁矣。伏乞圣裁。

重抚赏。臣闻之远人不服，则修文德以来之。既来之则安之。夫所谓文德者，信义之谓也，信义孚而远人来矣。其饥寒之情，犹夫我也，不有以安之，何以能久？而抚赏之者固安之事也，其要在于重之而已。今之抚赏有程式矣，谓夷性贪饕，惟其欲而与之，不为节制，非重也。谓夷欲无厌，过为节制，近于悭啬，非重也。侈以奇异，以倾炫歆，动于彼而阴致其响慕，非重也。必察其情，度其事，因其人可以与则与，可以多则多，可以少则少。彼以贫而求也，则因其贫而周之；彼以劳而求也，则因其劳之大小而酬之；彼以马来市也，则因其马之高下而偿之。其贡也，则有贡使之赏；其市也，则有入市之赏。非理而索奇异之求，非我土产后不可继者，一切以情告之，以义晓之，以礼止之，必使予夺厚薄之柄常在于我，而感激冀望之心常存于彼。辟之荞虎豹然，时其饥饱，达其喜怒，则骄悍之性可驯，而吾之抚养于是为重矣。群虏有不怀服者哉？伏乞圣裁。

审机宜。臣闻之《易》曰："几者，动之微，吉凶之先见者也。"又曰"几事不密则害成"，言几之当审也。今兹北虏服矣，贡矣，市矣，然狼子野心难驯，□□其顺逆叛服之机，甚微而速，一有不审，其祸立至。且吾与虏非爱其贡也，非利其市也，羁縻之而已。彼若守之而不变也，贡也，吾受之不至者，即不之屑也，市也，吾与之不至也,即不之强也。彼有慢言,吾以大义责之。彼有疑志,吾以大信晓之。彼有叛迹,即闭关以拒之,严备以防之。彼若感悟悔罪而复求,则又略其往过,示以慈惠而许之。豕交兽畜不怒不狎,惟以靖吾封疆,保我边民而已。此今日机宜之当审者也。臣又闻之,俺答老矣,黄台吉亦衰病不支,套虏远在西镇,切庆黄台吉颇称恭顺,兀慎摆腰人寡力弱,永邵卜远去边鄙,惟青把都兄弟五人各拥千兵,而满伍大哈、不慎二人密迹察罕,世代联姻,在彼恒有东西约助之情,在我当思沉机预待之计。然犬羊之性,贪我市利,惟恐失之,非有昔年纠合大举入寇之志。惟俺答一日殒绝,则把汉与黄酋诸子势或有争,诸部观望,贡市必有不至。而其争者,抑或有借我为援,而请求兵助者矣;抑或有倚我为重而举部来归者矣。事机至此,处之为难,拒之则生衅,许之则召祸,察其强弱之势,度其诚伪之心,因其去就顺逆,以为推亡固存之术,非有真见定力,不能继而定矣。此将来机宜之当审,非臣愚之所能预及者也。伏乞圣裁。

  慎招纳。臣闻春秋之法,夷狄而中国,则中国之;中国而夷狄,则夷狄之。治以不治,万世不易之道也。今之板升,皆我中国之人,或以亡命而自全,或以掳掠而忘反,首于丘富,继以赵全,招呼诱引,寔繁有徒,外附强虏,内搆边患,逃避天诛,为日久矣。议者忿其背逆,恐其滋蔓,倡为招纳解散之说,意非不善,计非不可行也。而其势则有不可易者。盖奸凶之党已甘心于虏,而黠亦厚结之以自殖,取之之策,必先有以制虏之死命而后可以有为,譬之逐鹿者,然虎方据鹿,吾当先制其虎,不然鹿且走而虎方来,不惟不能得鹿,而或无以御虎矣。方虏之未服也,其机尚有可为。臣昔任大同,半岁之间,招而来者九百余人。今虏服矣,与之约矣,而复招之,是自示以不信而启虏以乘衅之事也。且自赵全等诛,而群奸破胆矣,虽有凶人,不敢复逞。今虏且为我臣子矣,况此辈皆吾赤子,则其地即我之地,人即我之人,又何必得其地,反其人而后为快也。若当此之时,因而抚之,明示以圣朝不杀之仁,使之自生自养,则反侧之心亦将自销。且使我御虏有道,自治有方,恩信既昭,武备亦固,即虏且稽颡屈服,又何患于此辈哉!若不致慎,或设间以诱之,或潜计以招之,或轻兵以袭之,亏中国之体,而结丑虏之怨,渠魁必不可得,所得者皆其老弱饥羸之人,虽千百辈,曾不足以损虏之毫毛,而奸人反得以藉口而搆祸矣。臣愚以为当慎者也。况其中有二三黠者，虽为虏用，皆受我官职，志在图归，数年之后，事机一变，将必有率众归附我邦族者，开其生路，嘉其顺志，因时抚养，辑其心而藉其力，其权略在后来诸臣加之意也。伏乞圣裁。

　　养士马。臣闻天下虽安，忘战则危，故卒不服习，兵家所忌，而军政之急，以马为先，况防边御虏，骑马为最，可一日而忘所事乎？自北虏疑贡，三军忘战，七八年于此矣。夫兵以气为主，不战则惰，虽日训练之，犹惧其不振也。今三镇之兵堪备行伍者，各仅五万，其操戈乘骑者二万五千余而已。加以入卫之抽补，工役之繁兴，屯粮马价之兑扣，日就疲困，臣虽再经建议，以为当加意蓄养，而事体不一，尚属虚言。臣虽屡行申饬，修工不得役使马军，而各该将领私派工役，隐而不言者，往往有之，臣实恨焉。夫防边之政有三，足兵足食与设险而已，三者之中，以兵为急，今食亦足矣，修城堡，修边墙，修墩台，无非为设险计也。乃徒务设险，驱此有数之军，任不息之役，终岁勤动，人逃马瘦，营伍空虚，皆不之虑，而惟曰：吾边墙之完固，墩台之坚密而已。设使虏一旦渝盟入寇，臣恐墙非不高，台非不固，而弱兵瘦马，守则不可，战则不能，此孟轲所谓地利不如人和也。臣愿陛下深思大计，俯察臣言，敕下该部严行各镇巡等官，先将各营士马加意蓄养，亡故者补之，老弱者汰之，马匹于市马中选用，老瘦不堪者易之，免其扣兑，足以刍饷，利其器械，分营训练，各因其地，各随其长，务求实用，毋务虚文，一切徒饰军容无益边备者，悉为罢革，僻远之墙，营无用之墩台，徒劳人力，无益防守者，悉为停止，使三军之士晓然知在上之意，惟专务战守，无畏工苦差赔粮之患，则心志自固，家室得宁，勇气自倍，而威武自振矣。至于大小将领，尤望陛下慎选才勇，责成久任，杜其谗毁之醵，宽其文法之诛，使豪侠瑰杰之士得以自奋自效，又养士马之要道也。伏乞圣裁。①（引者按：以上详细衍说）

方逢时为嘉靖二十年（1541）进士，历官宜兴知县、户部主事、宁国知府、工部郎中、兵备副使、右佥都御史、兵部尚书、右副都御史。此处之所以繁引全文，意在说明方氏的这篇疏文是按照经义文破题、承题、起讲、分股论

---

① 吴亮：《万历疏钞》卷三十八，明万历三十七年刻本。

说的行文方式叙写的。在分股论说部分，虽然没有完全采取两股一比的文字结构，但在文理上多处沿用了两股一比的正反论说法。作为用以处理政务的公文来说，这样的行文方式无疑会因过于繁富而不切实用，不仅破题、承题、起讲部分可以略去，而且在分股论说部分，只要单面言说即可，不必衬以反说予以补充，除此之外，文中引经据典的内容同样是可以删除的。可以说，这篇疏文采取分股阐释、引经据典的论说方式，正是经义文体式定型后在公文写作中的具体运用。①

明代后期，类似这样的公文十分普遍：朱吾弼《请祛邪录直疏》、耿定向《劾吏部尚书吴鹏疏》、吴文华《剿平上下四屯捷音疏》、周世选《整饬营务疏》、杨时乔《三几九弊三势疏》、张养蒙《纪纲轻重渐乖疏》、萧彦的《竭

---

① 洪武时期，朱元璋设科取士，经义文之体式"略仿宋经义"。宋经义之具体体式又是什么样子的呢？清人梁章钜就此说："自宋熙宁四年始，以经义取士，当时如张才叔'自靖人自献于先王'经义，学者称为不可磨灭之文，吕祖谦编次《文鉴》，特录此一篇以为程式。元仁宗皇庆间，复行科举，而体式视宋为小变。综其格律，有破题、接题、小讲，谓之'冒子'。冒子后入官题，官题下有原题、有大讲，有余意，亦曰'从讲'，又有原经，亦曰'考经'，有结尾。承袭既久，以冗长繁杂为可厌，或稍稍变通之，而大要有冒题、原题、结题，则一定不可易。"（梁章钜《制艺丛话》卷一，上海书店出版社，2001年版）可见，明初经义文之体式虽然破题、承题、起讲已经具备，但对八股之式未作要求。到了成化年间，经义文之体式发生了变化，顾炎武谓："经义文，流俗谓之'八股'，盖始于成化以后。股者，对偶之名也。天顺以前，经义之文不过敷演传注，或对或散初无定式，其单句亦甚少。成化十三年会试'乐天者保天下'文，起讲先提三句，即讲'乐天'四股，中间过接四句，复讲'保天下'四股，复收四句，再作大结。每四股之中，一正一反，一虚一实，一浅一深。其两扇立格，则每扇之中各有四股，其次第之法复如之，故今人相传谓之'八股'，若长题不拘此限。"（梁章钜《制艺丛话》卷一）事实上，成化年间形成的八股之式，是在考官重视经义文章法技巧、逐步完善这一文体形式的过程中形成的，此后便成为了一种没有正式立法，但在取士中又发挥着实际效用的文体形式。八股文之固定体式由破题、承题、起讲、入题、分股、收结等六部分构成。破题指点破文题的要义。承题是指承接破题的意思进一步说明题义，并根据所破题义指明作者文章主意。破、承之后是起讲，主要内容仍是进一步发挥题意。破题、承题和起讲都是在解释题意上做文章，不要求作者发挥，文章还没有讲到正题，按照程式要求，这三个部分之后有几句过渡的话，把文章引入正题，这几句话就是入题。以上几个部分作完，文章就进入正题了。正题要求作者根据题意加以具体发挥，阐述自己对题意的理解与认识，表现自己对经典的看法，要用古人口吻阐发儒家思想，所谓"代圣人立言"主要体现在这一部分。比数的多少因文、因人而异，少则一比，多则二十九比，每篇经义文的比数虽有不同，但每比中的两股却是反正、虚实、浅深对照的关系。分股之后，经义文的末尾仍须有一两句话收束全文，即所谓的收结。经义文各部分之间有着严密的逻辑关系，通常概括为"起承转合"。破题是"起"，承题、起讲、入题是"承"，分股部分是"转"，收结是"合"。（参看王凯符《八股产概说》中国和平出版社，1991年版；龚笃清《八股文鉴赏》岳麓书社，2006年版）这些没有经过严格的公文写作训练、却经过严格的经义文写作训练的考生，一旦进入朝廷的管理机构，就会将经义文的叙写方式运用到公文的写作中，致使明代后期的公文变得繁冗不堪。正德十六年（1521），礼部首次下令申斥："凡臣民奏题章疏，务要据实敷陈、切要简实，不许援引剽窃，粉饰虚文。"（徐学聚《国朝典汇》卷一百十，页5364）这说明当时朝廷公文的写作已受到经义文八股写法的影响。

愚忠陈三议以备圣明采择疏》、邹元标《敷陈吏治民瘼恳乞及时修举疏》、项应项《敬陈八事以挽弊政疏》等均属此类。隆庆四年（1570），高拱对这种繁冗文风提出了批评："臣惟尚实之世不多言，守法之臣无曲说，况君上日有万几，岂宜烦渎；而人臣进言当谨，安不虚浮。查得先朝章奏俱各简实，不敢繁词。近自三二十年来，率务为支叶，铺缀连牍，日新月盛，有增无减，曾不思蔓延长语，徒劳圣览。且言多意晦，绪理难寻，翻可窜匿事端，支调假饰。人臣奏对之理不当如此。"① 天启（1621～1627）时，熹宗朱由校说：近来"章奏条陈"，"斗靡冗长，披览不暇"。②

（四）骈俪文风兴盛

骈俪文因在明初遭到朱元璋的严令禁革而淡出文坛，以致在此后很长一段时间里士人"概讳不言"③。然而到了嘉靖时期，这种骈俪文风在公文写作中再度兴盛起来如林希元《到任谢恩疏》：

……臣生逢盛世，忝窃贤科，初拜一官，更历二寺。思欲任事，期不负于君亲；智不审机，辄自致于机穽。落秩州倅，抱病林居；壮志久，后功奚望。况刑狱民命，所寄廷尉。天下之半，畏途方怯于覆车，渑水敢图于奋翼。伏遇皇帝陛下英明盖世，神武当天，敩学得千圣之传，典礼稽百王之谬。存心至道，锐志中兴。立贤远匹于成汤，泣罪有同于神禹。故拔臣散地，处以外台，遂长旧司，实超常格。岂曰老马谙故道，可任以前驱，亦以使过胜，使功易责其后效。臣闻无德不报，佳会难逢，故壮士感恩以捐躯，贤者因时而建事。况君臣义根天地，明主志在唐虞，再造殊恩，曷忍负焉？千载一时，岂忍失也；恨臣贤不如戴尚，有愧唐人妙选之荣；才远谢皋，又何赞虞帝协中之化。惟当益坚夙志，勇奋愚忠。犬马之齿未衰，尚竭力图以补报；人臣之职甚大，谨夙夜奉以周旋。伏愿圣德与日月俱新，继明照于四国；圣寿与天地同久，永治化以万年。④

再如唐汝辑《庆贺元旦表》：

嘉靖四十一年正月初一日，恭遇正旦令节，臣等诚懽诚忭，稽首顿首。称贺者，伏似律旋太簇，弘开首祚之祥；序正孟陬，丕迓长春

---

① 高拱：《请禁章奏繁词以肃朝廷疏》，《高文襄公集》卷三，纶扉外稿。
② 徐肇台：《甲乙记政录》，明崇祯刻本。
③ 沈德符：《四六》，《万历野获编》卷十，页270。
④ 林希元：《林次崖文集》卷二。

之庆。宝历更五壬于夏朔，璿玑肇四戌于周年。岁华偕帝载咸熙，国运与天时共泰。百嘉邕达，率土懽忻。恭惟皇上元德冲和，至诚悠久。抚五辰以凝绩，与日俱新；齐七政以授时，法天行健。龙飞凤纪，四旬再衍；皇图海润，星辉九叶。益光先烈，坐握灵长之运，敬承保定之祯。皇帝王伯，道在一人，禄位名寿，福隆万世。兹者当斗柄道寅之候，正农祥届戌之辰，淑气潜回，青帝敷葩于物类；虹光浮动，苍昊吐秀于人文。云楼笼细雾之氤氲，列骑接长庚之灿烂。条风淡荡，人与物皆育春台；化日舒长，君与民同登寿域。黄钟和韵，绵区庆阳道之方亨；紫极繁禧，匝宇贺乾元之正始。太平有象，至治无虞。况水盛于壬而土旺于戌，二德俱长生之妙用，三灵协滋至之天麻。此诚圣寿万龄之五十六龄，而景运千载之四十一载也。臣等叨班近列，幸际熙朝，歌舜旦以飏言，蹈忭呼同于嵩岳，仰尧天而效祝，瞻依喜倍于华封。伏愿保合贞元，大明终始。卜七百年而过历，弥坚夷夏之亲；以八千岁而为春，永作神明之主。臣等无任云云。①

两公文皆骈体，对仗工整，而空言连篇。

从嘉靖朝始，以骈体形式书写的公文很多：孙居相《因滇变请停摧税疏》，唐汝辑《庆贺元旦表》、《贺灵雪表》、《状元率诸进士谢恩表》、《贺千秋节表》、《进讲章表》、《庆贺圣节表》，徐阶《贺瑞雪》、《贺获逆贼王三》、《贺冬至》、《贺正旦》、《贺东宫冠礼成》、《贺万寿》、《贺冬至》、《贺元旦》、《贺瑞雪》、《贺圣诞》、《贺万寿宫成》、《贺皇极殿成》、《明堂礼成贺表》等，皆属此类。从现有的资料来看，明代后期以骈体书写公文最多的当属夏言，《夏桂洲先生文集》所收的这类文章有：圣节躬祝文8篇（《祝香》、《奠玉帛》、《献茶》、《初献》、《亚献》、《终献》、《献枣汤》、《彻馔》）、圣节代祝文8篇（《祝香》、《奠玉帛》、《献茶》、《初献》、《亚献》、《终献》、《献枣汤》、《彻馔》）、圣诞文9篇（《香》、《灯》、《帛》、《供斋》、《茶》、《酒》、《果》、《寿显》、《八洞神仙》）、元旦报岁文8篇（《祝香》、《奠玉帛》、《献茶》、《初献》、《亚献》、《终献》、《献枣汤》、《彻馔》）、岁报8八篇（《祝香》、《奠玉帛》、《献茶》、《初献》、《亚献》、《终献》、《献枣汤》、《彻馔》）、祈岁足民文8篇（《祝香》、《奠玉帛》、《献茶》、《初献》、《亚献》、《终献》、《献枣汤》、《彻馔》）、金□地腊醮坛用文2篇（《献香文》、《献土帛文》）、皇

---

① 唐汝辑：《小渔先生遗稿》卷二，明万历四十三年刻本。

妣几筵舟中文 4 篇、中元报荐二圣文 10 篇、中元追报二圣文 10 篇、皇八子祈谢文 6 篇、为民祈禳文 15 篇、祈雨文 5 篇、祷雨文 3 篇、谢雨文 3 篇、谢雨文 9 篇、元旦祷雪文 5 篇、祷雪文 7 篇、为民祷雪消疫文 6 篇、应制事神表 21 篇、应制意词 11 篇、启蛰祈岁赞馔文偈 5 首、清明追荐二圣赞馔文偈 5 首。

对于在嘉靖朝兴起的公文骈俪化之写作倾向，户科左给事中张国彦说："迩来内外举劾章疏，专一驰骋四六。"① 李维桢说："四六之文，其体备于六朝而其用繁于今，今之用莫若表启，而启为最。"② 徐学谟还说："成化以前，诰敕之体尤为近古"，"庆、历以来，更用四六"。③

这种骈俪化倾向，致使明代公文之娱乐审美特性一度遭遇抑制之后，重新焕发起来，成为了明代后期文苑中的一个亮点。

（五）语气有失平和

兹以王锡爵《辨论科场诬奏疏》为例：

>……若知子莫如父，臣男之才不才，臣知之矣。果才耶，而臣为之曲避嫌疑，是以鬼魅待世界也；果不才耶，而臣为之营求进取，是以盗贼自待也。……夫科场之事，所以纷纷至今日者，坏之自张居正始，然必居正之时，皇上冲年，尽委之国柄。处居正之地，百官之命尽悬掌握，而后可以颐指考官，无不如意也。……今高桂谓科场坏尽，臣亦谓国体坏尽，有志之士将来断有掉头发愤，耻由是途以进者，而臣等阁臣与考官将来断有不敢可否一事、去取一人，以避狗鼠盗贼之嫌者。……皇天在上，后土在下，臣亦何颜可以龊龊琐琐，苟恬荣利，重使书生弄其文墨，妻子嗤其苟贱，不亦辱乎？④

明代后期，科场秩序混乱，作弊之风甚炽。在这样的环境中，辅臣子弟屡中高第自然会引起旁人议论，尤其是张居正出任首辅时，他的两个儿子张嗣修、张懋修连科鼎甲之后更是如此。在万历十六年（1608）的顺天乡试中，三辅王锡爵的儿子王衡即在中举之列，礼部郎中高桂以"疑信相半"为由，上疏朝廷对王衡进行复试，这一要求无疑激怒了王锡爵。在王氏看来，这种要求简直是奇耻大辱。在这份《辨论科场诬奏疏》中，无论是"鬼魅"、"盗贼"的比况，还是对张居正的攻击，王锡爵的忿怒之情溢于言表，作为内阁辅臣所应具

---

① 张国彦：《参进太平四札以竭愚衷、以隆盛治事》，张卤《皇明嘉隆疏抄》卷一。
② 李维桢：《四六效颦序》，《大泌山房集》卷十三，万历三十九年刻本。
③ 徐学谟：《世庙识余录》卷五，明许光祚活字印本。
④ 王锡爵：《王文肃公集》卷三十三，明万历刻本。

备的沉稳、朝廷公文书写规范所应遵循的平和之气在此荡然无存。

二、公文文风转变之政权运作原因

就公文写作风气转变之政权运作原因，主要有如下几个方面：

（一）君主引导

明代后期的皇帝大都失去了励精图治的决心，其行为方式与祖训已是格格不入。嘉靖皇帝非常喜欢华美的文辞，史载他每每遇到词藻华美的句子，就让内官摘录下来，以备日后欣赏。侍臣为他奉玄所作的青词大多为词藻华美的骈体文，如陆深《应制拟撰荐皇妣献皇后青词》：

> 伏以慈灵厌代，载逢讳日之临；寒序凝冬，弥切履霜之感。念劬劳之莫报，顾怆恻以何伸。世隔仙凡，目极蓬山之路；寝留风木，泪添楚水之波。肃启皇坛，恭陈醮事。伏愿上帝垂仁，群真敷鉴。词通悃愊，开函于玉宸之前；思布祥光，弥节于金庭之内。蕊珠夜诵，侍飚御以同游；青雀西飞，导慈兴而运至。庆流丽祚，介麟趾千亿之祥；福被家邦，鞏金汤万年之固。①

这首青词不仅对仗工整，而且音韵也十分圆润。正是因为嘉靖皇帝的提倡，才使得公文之骈俪化死灰复燃，正如沈德符所言："四六虽骈偶余习，然自是宇宙间一种文字。今取宋人所搆读之，其组织之工，引用之巧，令人击节起舞。本朝既废词赋，此道亦置不讲，惟世宗奉玄，一时撰文诸大臣，竭精力为之，如严分宜、徐华亭、李余姚，召募海内名士几遍，争新斗巧，几三十年。"②据说，胡宗宪（1512~1565）总制南方时，每当报捷献瑞，即以骈文为表，以博天颜一启。③

在万历时期，臣工已经失去了做人的基本尊严。万历三十三年（1605）六月，朱吾弼上了一份《请祛邪录直疏》，万历皇帝看后非常恼怒，在文末御批："朱吾弼这厮党救同类，逞臆狂妄，揣拟君上，诬诋辅臣，好生可恶！"④"厮"是一种对人的蔑称，他甚至在御批中还有称臣下"这畜"的，以如此轻蔑的言辞称呼臣工，不仅失掉了一个君主应有的自我尊重，也严重破坏了公文应有的庄严典雅之风，这种导向无疑是极为深远的。

---

① 陆深：《陆文裕公行远集》卷一，明刻清康熙六十一年补修本。
② 沈德符：《四六》，《万历野获编》卷十，页270。
③ 沈德符：《四六》，《万历野获编》卷十，页270。
④ 朱吾弼：《皇明留台奏议》卷五，明万历三十三年刻本。

由此可见，明代前、后期的皇帝对公文写作均具有重要的导向作用，只因个体行为的不同，其最终产生的结果自然也就不一样了。

（二）公文在教学中被边缘化

有明一代发展至后期，国子监虽然仍发挥着培养人才的功能，但不再是朝廷选拔高级人才的主要场所了，选拔高级人才的重任由科举考试承担了起来。这种人才选拔模式，严重影响了教官的教学和学生的学习，何景明说："今之师，举业之师也。执经授书，分章截句，属题比类，篡摘略简，剽窃程式。传之口耳，安察心臆，叛圣弃古，以会有司。是故今之师，速化苟就之术，干荣要利之媒也。"① 谢肇淛亦说："今之号为学者，取科第为第一义矣，立言以传后者百无一焉，至于修身行己则决不为意矣！"② 应付科举考试成为了教师教学和学生求学的唯一目标。而当时科举考试的情况又怎样呢？《五杂俎》云：

> 弘、正以前，书义三、经义二，亦有中式者，诏、诰与表，惟人所择，今则俱榜出不收矣。然论、策、判皆无用之物，士子亦不甚究心，即阅卷者亦以初场为主也。③

朱元璋在明初制定的三场取士之制，"虽有先后，而无重轻"，④ 到了明代后期，三场取士变成了一场取士，士子的命运，完全取决于第一场的经义文测试，第二场的公文写作已经变得无足轻重了。在当时的考官看来，只要能作好经义文，公文则不学自通。⑤ 明代后期的朝廷曾对考官一场取士的行为进行过多次申斥，然而收到的实际效果并不明显，这种取士行为并没有因朝廷的申斥而立即消失，一场定命运的取士模式也因此而一直延续到了明王朝灭亡。

切身利益决定着世人的行为趋向。主司的这种取士模式严重削弱了士子对公文的接受，万历三十二年（1604）会试主考唐文献透露了这一实情：

> 一年须作经书文三百余篇，后年亦如之，只是三、六、九更不废缺一次，则文字自然多矣。至第三年，则止可作一百五十篇，但不可苟且塞责，亦不得自作稿，令人抄誊。作文全在自誊、自改，改之得力，远胜于作。我甲申年在白氏馆中，全得此力，有一题誊至三四通

---

① 何景明：《师问》，《何大复集》，中州古籍出版社，1989年版，页587。
② 谢肇淛：《五杂俎》卷十三，《明代笔记小说大观》（二），页1767。
③ 谢肇淛：《五杂俎》卷十五，《明代笔记小说大观》（二），页1832。
④ 顾炎武：《日知录》卷十六，清乾隆刻本。
⑤ 嵇璜：《选举志》，《钦定续文献通考》卷三五，文渊阁《四库全书》本。此一观念导致的最终结果是：经义文对公文的写作体式产生了深刻影响，在写作形式上，公文成为了经义文的仿制品。

者。近来膏粱子弟都是写一稿令人誊真,此最恶习也。四书本经必须一年细看一遍,粗疎之人,但以为经书无甚解不出者,何必又看。若肯细看,其中自有意味。一题到手,其中脉络意旨自然分明。若不看书之人,题到茫然,然后悔其平日之不看,则已晚矣。①

这是唐氏嘱咐他几个儿子备考的一段话,这段话仅谈到了准备经义文的相关事宜,而对公文则只字未提。由此可见,公文基本上不再成为科考士子刻意关注和训练的内容已是事实。这些没有经过严格公文写作训练的士子,是根本无法写出符合要求的文章来的,与此同时,他们也很难抵制其他文体风气或社会不良风气的侵扰,最终使得他们的公文写作与朱元璋制定的规范无法取得一致。

(三) 言路受阻

明世宗崇奉道教,即位不久,就在宫中设起了斋醮。嘉靖元年(1522),"建醮乾清、坤宁诸宫,西天、西香、汉经诸厂,五花宫两暖阁、东次阁,莫不有之"②。"或连日夜,或间日一举,或一日再举"③。三年(1524)二月,世宗召道士邵元节进京,让他住在宫中掌管祈祷祭祀事务。十一年(1532),世宗在钦安殿设醮祈嗣,宫中一时烟雾缭绕。十二年(1533)十二月,"皇子诞生,命真人官道于玄极宝殿修建祇答洪庥金箓大醮七昼夜"④。十七年(1538)二月,世宗在玄极宝殿为他的母亲设坛祈祷,分命各辅臣祈于各个神坛。十八年(1539)九月,嘉靖皇帝准南京道录司为蒋太后建斋醮。十九年(1540)八月,世宗生日,在朝天宫建醮三昼夜。二十年(1541)二月、九月,在朝天宫建春祈、秋报大斋。二十一年(1542)四月,西苑大高玄殿建成,举安神大典等。同年十月,嘉靖皇帝遭遇宫婢之变后,移居西苑,潜心修道,从此不再上朝。⑤

与此同时,嘉靖皇帝还甚喜祥瑞。上有所好,下必甚焉。有明一代献瑞之风由此而达到极盛。沈德符说:"嘉靖中叶以后,大小臣工进白鹿、白兔、白雁者固多,而后乃以芝草为重,下至细民亦竞上献。"嘉靖四十一年(1562)会试,考官为投世宗所好,竟以"灵台"命题,"鹊、鹿悉登于闱牍"⑥。因

---

① 唐文献:《唐文恪公文集》卷十六,明刻本。
② 张廷玉等:《郑一鹏传》,《明史》卷二百○六,页5437。
③ 《世宗崇道教》,《历代纪事本末》,中华书局编辑部编,页2328。
④ 《明世宗实录》卷一百九十四,页4103。
⑤ 林延清:《嘉靖皇帝大传》,辽宁教育出版社,1993年版。
⑥ 沈德符:《白鹿》,《万历野获编》卷二十九,中华书局,1959年版,页734。

进献祥瑞而获世宗赏赐、遇世宗拔擢之人不在少数：陕西鄠县王金，"进芝山一座，聚芝一百八十一本，名曰仙应万年芝，以祝圣寿。其间径一尺八寸者凡数本。上悦，赉以金帛"。胡宗宪进灵芝与白龟，"上以之谢玄坛告宗庙，赐宗宪鹤袍"。陕西抚臣程轨、按臣李秋献白鹿芝草，二臣"各拜币钞之赐"①。汪铉以右副都御史之职巡抚南赣，"首进甘露以媚上，得召为刑部侍郎，会修明伦大典。（张）璁、（桂）萼等标铉所献甘露于卷末，以为此上孝感之应。寻进掌院吏部尚书，兼兵部尚书，宠眷几与张（璁）、桂（萼）等"②。

嘉靖皇帝的这种行为引起了一些正直臣工的不满，开始进谏阻拦。臣工的这一阻拦行为让嘉靖皇帝深感不悦，对于直言阻拦者，他经常予以严厉惩处。嘉靖十一年（1532）十月，翰林院编修杨名请求嘉靖皇帝斥逐邵元节，放弃斋醮，疏云："真人邵元节猥以末术，过蒙采听。尝令设醮内府，且命左右大臣奔走供事，遂致不肖之徒有昏夜乞哀出其门者。书之史册，后世其将谓何？"③奏疏进呈后，嘉靖皇帝异常愤怒，随即逮杨名入狱拷打。事后杨名被罢官，发戍到了边地。嘉靖十九年（1540），世宗听信道士段朝用蛊惑，宣布要深居内宫专事静摄，太仆卿杨最阻拦说："陛下春秋方壮，乃圣谕及此，不过得一方士，欲服食求神仙耳。神仙乃山栖澡炼者所为，岂有高居黄屋紫闼，衮衣玉食，而能白日翀举者。臣虽至愚，不敢奉诏。"④疏入，世宗立即下令将杨最逮捕入狱，活活杖死。

在嘉靖皇帝的严厉打击下，臣工们不敢再行阻拦。他们不愿或不敢切中时弊，转而敷衍塞责，纷纷进呈谀词，沈德符记此，称："世庙居西内事斋醮。一时词臣，以青词得宠眷者甚众，而最工巧最称上意者，无如袁文荣（炜）、董尚书（份）。然皆谀妄不典之言，如世所传对联云'洛水玄龟初献瑞，阴数九，阳数九，九九八十一数，数通乎道，道合元始天尊，一诚有感。岐山丹凤两呈祥，雄鸣六，雌鸣六，六六三十六声，声闻于天，天生嘉靖皇帝，万寿无疆'⑤，词中阿谀奉承之语可谓无耻至极！在这些进献谀词的朝臣当中，既有内阁辅臣，也有朝廷九卿，还有翰林院学士：太师翊国公郭勋、太师成国公朱希忠、太保驸马都尉崔元、太傅咸宁侯仇鸾、驸马都尉邬景和、少师大学士夏

---

① 沈德符：《献芝》，《万历野获编》卷二十九，同上，页733。
② 沈德符：《甘露瑞雪》，《万历野获编》卷二十九，页732。
③ 张廷玉等：《杨名传》，《明史》卷二百〇七，页5471。
④ 张廷玉等：《杨最传》，《明史》卷二百〇九，页5516。
⑤ 沈德符：《万历野获编》卷二，页59。

言、少师大学士严嵩、少保大学士顾鼎臣、少保尚书费宏、少师大学士徐阶、尚书欧阳德、少傅大学士袁炜、宫保大学士严讷、少保大学士李春芳、少保大学士郭朴、尚书大学士高拱等，皆在其列。① 青词写得好的官员往往晋升很快：袁炜在嘉靖三十五年（1556）被提拔为侍讲学士，两个月后晋升为礼部右侍郎，嘉靖三十九年（1560）又晋升为左侍郎，四十年（1561）升为礼部尚书，后又入直内阁。严讷为嘉靖二十年（1541）进士，因"所撰青词皆称旨"② 被拜为翰林学士，历太常少卿、礼部左、右侍郎、吏部尚书等职，嘉靖四十四年（1565），世宗命他兼武英殿大学士入参机务。李春芳为嘉靖二十六年（1547）进士，因所撰青词"大被帝眷"，"自学士至柄政，凡六迁，未尝一由廷推"，而皆出嘉靖皇帝特旨。③ 其后的万历皇帝与崇祯皇帝更是如此，臣工稍微让其不悦，就会遭到杖责与贬谪的重处。

可以说，臣工不敢切中时弊进言，转而敷衍塞责，这应该是从嘉靖朝开始敷衍不实文风兴盛的一个主要原因。

（四）政令无法贯彻执行

为了遏制背离公文书写规范风气的盛行，明代后期的朝廷多次下令申斥。

嘉靖三年（1524）十二月，朱厚熜下令："自今不许烦词，第宜明白，开陈要旨，庶易省阅。都察院晓示内外，咸使知之。"④

四十五年（1566），礼科都给事中辛自修疏："迩来题奏章疏竞为缛艳，不惟九重清览难于偏详，而事体处分反以文晦。"世宗随后下令："以后章奏俱务简明切实，有如前欺，肆者，科臣以闻。"⑤

隆庆二年（1568），穆宗下旨："今后诸司章奏务词语简明。"⑥

四年（1570），穆宗下诏："近来章奏委多繁词，且语涉肆慢，甚非人臣奏对之礼。着便通行严禁，有违的，部院该科参来处！"⑦

万历四年（1576）十月，神宗朱翊钧下诏："凡章奏俱要恪遵旧式，明白简直，如草率违式、及故为深文隐语，欺上不知，部科指实参处。"⑧

---

① 胡凡：《嘉靖传》，人民出版社，2004年版，页204~205。
② 张廷玉等：《严讷传》，《明史》卷一百九十三，页5116。
③ 张廷玉等：《李春芳传》，《明史》卷一百九十三，页5119。
④ 徐学聚：《国朝典汇》卷一百十，页5370。
⑤ 徐学聚：《国朝典汇》卷一百十，页5374。
⑥ 徐学聚：《国朝典汇》卷一百十，页5376。
⑦ 高拱：《请禁章奏繁词以肃朝廷疏》，《高文襄公集》卷三。
⑧ 《明神宗实录》卷五十五，页1279。

十六年十一月,"禁章奏浮冗"。①

三十年(1602)十二月,礼部下令禁止骈体文:"参劾但指其贪鄙昏谬之实,止用散文开列,不得牵合对偶文。"②

崇祯(1628~1644)时期,朱由检颁诏:"近来章奏相习冗长,不便省览。苟论事切当可行,何必摭拾浮词。以后务宜简明,其字不过一千。如词意未尽,不妨另本再奏。着通政司饬行。"③

申斥次数虽然频繁,事实上,在这一时段,朝廷政令已经无法推行下去了,所谓"朝廷诏旨,多废格不行,抄到各部,概从停阁。或已题奉,钦依一切,视为故纸,禁之不止,令之不从。至于应勘应报奉旨行下者,各地方官尤属违慢,有查勘一事而十数年不完者,文卷委积,多致沉埋,干证之人,半在鬼录。年月既远,事多失真,遂使漏网终逃,国有不伸之法,覆盆自苦,人怀不白之冤。是非何由而明,赏罚何由而当"④?此种情状的出现,当源于三方面的原因:第一,朝廷没有了对政令推行情况的跟踪监督措施,往往是在政令颁布下去之后,对最终的执行情况如何,朝廷一概不闻不问;第二,朝廷对违反公文书写规范的官员缺乏严厉的惩治措施,在这一时期,已经很难看到官员因违反公文书写规范而遭遇惩处的案例了;第三,这一历史时段的官员大多失去了治国、平天下的政治信仰,他们考虑更多的是个人私欲的满足,贪污腐化、纵情纵欲之风也因此而大盛。

一般来讲,政府公文作者大多为朝廷官员,与其他文体的作者相比,这是一个非常特殊的群体,也正是因为这一特殊性,才使得明代近三百年间政权运作对公文写作走向影响的方式十分直接,影响的效果十分明显。所不同的是,嘉靖之前朝廷纲纪严明,人心向政,使得政权运作将公文引向了为公的一面,作为有效处理政务的媒介;此后由于朝廷纲纪废弛,人欲泛滥,使得政权运作将公文走向引向了利己的一面,成为了官员明哲保身、炫才使性的工具。此处需要另外提到的是,一种文风兴起之后要绵延很长一段时间,即使是引起这种文风兴起的诱因已经完全消失。嘉靖之前公文写作能够就范于朱元璋制定的书写规范,着实得益于洪武时期的严厉整治;此后公文走向发生转变,并一直延续到明王朝灭亡,当归咎于嘉、万之际政权运作的引导。然而这种对明初公文

---

① 张廷玉等:《明史》卷二十,页272。
② 《明神宗实录》卷三七九,页7140。
③ 孙承泽:《申饬章奏》,《山书》卷一,清抄本。
④ 余继登:《典故纪闻》卷十八,页330。

书写规范的偏离所产生的实际效应往往又具有两面性：一方面，书写规范的失去约束影响政权运作的效率，乃是明王朝迅速衰落、政权运作诸种因素失衡之一种反映；自朝廷而言，此种文风之失范，于朝廷不利。另一方面，这种文风的失范，也使得公文审美特质历经多年的抑制之后，重新凸显了出来，这对于文学发展趋向的影响又是有益的。

明代政权运作与文学走向

第二章

明代政权运作与科试经义文走向

朱元璋历经多年的马上征战,取得了君临天下的最高统治权。虽然周边的主要军事威胁不存在了,但当时的政局并没有因之走向平稳,在新的历史时期,皇明王朝的内部矛盾变得日益突出,随时都有一触即发引起社会动荡的可能。为了守住已有战果,朱元璋本着"文足以经邦,武足以戡乱"① 的执政理念,十分注重对文臣的选拔和任用。洪武三年(1370)的设科取士诏就是在这一背景下颁布的。

第一节 明初朝廷对科试经义文书写规范的确立

洪武三年(1370)五月初一,下《设科取士诏》:

> 朕闻成周之制,取才于贡士,故贤者在职,而其民有士君子之行,是以风俗淳美,国易为治,而教化彰显也。………今朕统一华夷,方与斯民共享升平之治,所虑官非其人,有殃吾民,愿得贤人君子而用之。自今年八月为始,特设科举,以起怀材抱道之士,务在经明行修,博通古今,文质得中,名实相称。其中选者,朕将亲策于廷,观其学识,第其高下,而任之以官,果有材学出众者,待以显擢。使中行文臣,皆由科举而选,非科举,毋得与官。②

对于乡试、会试的文字程式,作了规定:

> 一、乡试会试文字程式。第一场试《五经》义,各试本经一道,不拘旧格,惟务经旨通畅,限五百字以上。《易》程、朱氏注、古注疏,《书》蔡氏传、古注疏;《诗》朱氏传、古注疏;《春秋》左氏、

---

① 娄性:《育人才第二十四》,《皇明政要》卷十二。
② 《明太祖实录》卷五十二,页1019~1020。

公羊、谷梁、胡氏、张洽传；《礼记》古注疏。《四书》义一道，限三百字以上。第二场试礼乐论，限三百字以上，诏诰表笺。第三场试经史时务策一道，惟务直述，不尚文藻，限一千字以上。第三场毕后十日面试，骑观其驰骤便捷，射观其中数多寡，书观其笔画端楷，律观其讲解详审。殿试时务策一道，惟务直述，限一千字以上。①

……

朱元璋开设科举考试意在选取经世安邦之才，而经义文测试则是出于强化思想统治考虑的。在首场的经义文测试中，考生必须根据指定的儒学读本以简洁的文辞（经义500以上、书义300以上）敷衍成文。在本论著中，"经义文"是指《四书》义和《五经》义，仅包括士子科举考试中的此类文章，科举考试之外的习作不包括在内。

对于儒学的治世功能，朱元璋多有表述。他在《礼部尚书诰》中说："昔圣人之驭天下也，必先彝伦而攸叙，立条置目，纲以张维之，册书曰令，颁布臣民，使遵守之，则富贵贫贱有别，长幼咸安。若去此道而欲天下安，未之有也。故重其礼者，盖为国之治道，非礼则无法，若专法而无礼，则又非法也。"② 洪武十五年（1382）五月，他在《谕太学生》中还说："仲尼之道，上师天子，下教臣民，始汉至今，曾有踰斯道而久于世者乎？"③ 儒学的人伦观念对促进王朝统一、维护社会稳定是十分有益的，朱元璋对此显然有着十分清晰的认识。

洪武十七年（1384）三月，朱元璋对经义文的写作规范作了进一步修订。首先是在思想内容上作了明确规范：

> 乡试八月初九日，第一场试《四书》义三道，每道各二百字以上，经义四道，每道各三百字以上，未能者许各减一道。《四书》义主朱子集注；经义：《诗》主朱子集传；《易》主程、朱传义；《书》主蔡氏传及古注疏；《春秋》主左氏、公羊、穀梁、胡氏、张洽传；《礼记》主古注疏。④

较之洪武三年（1370）的规定，朱元璋此次修订以减少古注疏、增加朱子学所占比重的方式，大力强化了朱子学的正统地位。

---

① 转引自王世贞：《科考试一》，《弇山堂别集》卷八十一，页1540。
② 钱伯城主编：《全明文》卷四，页44。
③ 钱伯城主编：《谕太学生》，《全明文》卷八，页109。
④ 《明太祖实录》卷一百六十，页2467。

朱元璋对经义文之思想导向做如此修订，实与洪武中期政局的变化有很大关系。当时，官吏贪污腐化之风甚炽。早在洪武十二年（1379），此种贪污腐化之风就已引起了朱元璋的警觉。这一年，他下了诏谕，告诫群臣："设官分职，各务所司，终未见人，但见身受重名，怀私在职；或忘理众务，心在贪商；或贿赂公行，不知身名之重、俸禄之优，以致杀身。"① 洪武十九年（1386）十二月，他颁布《大诰三编》，在"进士监生不俊"条的惩处名单中共有364人，其中因贪赃致罪的竟达287人，占获罪人总数的78.8%。面对如此众多的贪欲之徒，朱元璋不能不感到忧心。在他看来，要革除这种"顽疾"，就必须推行一套具有针对性的思想来规范士人的行为。富有强烈禁欲色彩的程朱理学恰好能够承担这一使命，朱元璋此时对它特别关注显然是顺理成章的事情。朱元璋思想上发生的这种转变，在他与侍臣论治身之道时的言论中也有明显体现：

> 人之害莫大于欲，欲非止于男女宫室饮食服御而已，凡求私便于己者皆是也。然惟礼可以制之，先王制礼，所以防欲也，礼废则欲肆。为君而废礼纵欲，则毒流于民；为臣而废礼纵欲，则祸延于家。故循礼可以寡过，肆欲必至灭身。②

就此段言论来看，无论是他对"人欲"的理解，还是对"礼"与"欲"此消彼长的认识，均表现出了与朱学的一致性。朱熹曾说："礼即天之理也，非礼则己之私也。"③"人之一心，天理存则人欲亡，人欲胜则天理灭。"④ 我们从中可以看出，朱元璋把程朱理学贯彻到经义文考试中的明确意图。

其次，朱元璋对经义文的表述方式也作了明确规定，可谓对有明一代经义文的形制在政令上做了定型，即士子所作的经义文必须要文辞简洁，遵循书文200字以上、经文300字以上的字数限制。为了使这一文体尽量简练，洪武二十四年（1391），他又提出了更为细致的要求："凡作《四书》经义破承之下便入大讲，不许重写官题。"⑤ 考生作文不得在文中抄录考官出的题目。至于此一文体内容上依据的标准，此后的朱棣又作了进一步修订。

永乐十二年（1417）五月，朱棣命胡广、杨荣、金幼孜等人编撰《五经

---

① 钱伯城主编：《谕群臣务公去私》，《全明文》卷七，页93。
② 《明太祖实录》卷一二六，页2009。
③ 朱熹：《颜渊》，《四书或问》，上海古籍出版社、安徽教育出版社，2001年版，页295。
④ 黎靖德：《朱子语类》卷十三，中华书局，1986年版。
⑤ 俞汝楫：《凡文字格式》，《礼部志稿》卷二十三。

四书大全》和《性理大全》。① 《性理大全》卷一至卷二十五中有周敦颐的《太极图》（朱熹注）、《易通》（朱熹注），张载的《西铭》（朱熹注）、《正蒙》（杂取诸说为注，非全出朱熹注），邵雍的《皇极经世书》（邵伯温注）、朱熹的《易学启蒙》，《家礼》、蔡元定的《律吕新书》、《洪范皇极内篇》等，卷二十六至卷末是有关性理的语录。记录的门目，大体仿照《朱子语类》的门目，而语录的内容则取自程朱及朱熹门人后学之说，很少是其他学派的；《四书大全》引用先儒之说106家，其中绝大多数是程朱学派中人，朱熹的学生及后学占绝对多数；《五经大全》所依据的经注，都是朱熹的著作：《周易大全》依据《伊川易传》及朱熹《易本义》，《书传大全》依据蔡沈《书集传》，《诗经大全》依据朱熹《诗集传》，《春秋大全》依据胡安国《春秋传》，《礼记大全》主陈浩《云庄礼记集说》。胡安国私淑程门，蔡沈乃朱熹学生，陈浩之父大猷师饶鲁，鲁师黄榦乃朱熹学生。② 由此可见，三部《大全》基本是以程朱理学为内容的。

永乐十五年（1417），当三部《大全》编成仅一年之际，朱棣下令将它颁发到了"六部并两京国子监、及天下郡县学"③，还为三部《大全》作了序文：

> ……朕缵承皇考太祖高皇帝鸿业，即位以来，孳孳图治。怕虑任君师治教之重，惟恐弗逮。功思帝王之治，一本于道。所谓道者，人伦日用之理，初非有待于外也。厥初圣人未生，道在天地；圣人既生，道在圣人；圣人已往，道在六经。六经者，圣人为治之迹也。六经之道明，则天地圣人之心可见，而至治之功可成。六经之道不明，则人之心术不正，而邪说暴行侵寻蠹害，欲求善治，乌可得乎？联为此惧。乃者命儒臣编修《五经》、《四书》，集诸家传注而为大全。凡有发明经义者取之，悖于经旨者去之。又辑先儒成书及其论议、格言，辅翼《五经》、《四书》，有裨于斯道者，类编为帙，名曰《性理大全》。……遂命工锓梓，颁布天下，使天下之人，获睹经书之全，探见圣贤之蕴，由是穷理以明道，立诚以达本，修之于身，行之于家，用之于国，而达之天下。使家不异政，国不殊俗，大回淳古之

---

① 编撰之初只分为《五经四书大全》和《性理大全》两种，经过后世的发展，最终才被分为《五经大全》、《四书大全》和《性理大全》三种。
② 侯外庐：《宋明理学史》下卷，人民出版社，1984年版，页15~33。
③ 徐学聚：《国朝典汇》卷二十二，页1576。

风，以绍先王之统，以成皞雍之治，将必有赖于斯焉。遂书以为序。①

朱棣意在用三部《大全》统一世人的思想，最终实现"家不异政，国不殊俗"，天下有序而治的目的。

可以说，三部《大全》颁行之后，朝廷推崇程、朱理学的思想倾向进一步强化，而以程朱理学为正统的理念也已形成。此时，朝廷的主流意识形态完全归于一统，程朱理学成为了世人立身行事必须恪守的唯一理念。朱棣的思想统制远远严酷于他的父亲。明人黄佐就此评论说："先王（朱棣）之制，一道德以同俗，其有造言非圣者，必刑无赦。"②当时饶州有个叫朱季友的士人，献其所著之书于朝廷，朱棣览之，以其"谤先贤，毁正道"为由，当即下令："押季友还饶州，会布政及府州县官与其乡士人明谕其罪，而笞以示罚，考索其所著书焚之。"③永乐皇帝定程、朱于一统的行为，在积极维护朱明王朝统治的同时，也消除了洪武以来思想领域仅存的一点自由空间，使儒学内部仅存的一点分歧和一线生机遭到了扼杀，明代前期思想领域萧条之现状，着实与此有着极为密切的关系。

随着程朱理学独尊地位的确立，科试经义文在内容上依据的标准也相应发生了新变，尽弃古注疏不用而专主程、朱，明人对此多有言及。郑晓说："洪武开科，诏《五经》皆主古注疏。及《易》兼程、朱；《书》蔡；《诗》朱；《春秋》左、公羊、穀梁，程、胡、张；《礼记》陈。乃后尽弃注疏，不知始何时，或曰始于颁《五经大全》时。"④顾起元说："洪武三年（1370）五月初一日，初设科举……兼用古注疏及诸家传，圣制彰明后，不知何缘，遂斥古注疏不用"⑤。何良俊说："太祖时，士子经义皆用注疏，而参以程、朱传注，成祖既修《五经四书大全》之后，遂悉去汉儒之说。"⑥

可以说，时至三部《大全》颁定之后，科试经义文的内容与形制最终被定型为：理宗程朱，辞尚简洁。

事实上，朱氏父子对经义文规范不断完善过程中所做的每一项修订，均是

---

① 《明太宗实录》卷一六八，页1873～1874。
② 黄佐：《禁异说》，《翰林记》卷十一，文渊阁《四库全书》本。
③ 黄佐：《禁异说》，《翰林记》卷十一。
④ 郑晓：《今言》卷一，中华书局，2004年版，页16。
⑤ 顾起元：《客座赘语》卷一，中华书局，1987年版，页1。
⑥ 何良俊：《四友斋丛说》卷三，页22。

本着维护朱明王朝统治展开的：理宗程、朱，意在规范所选官员的思想，让他们以程、朱义理作为立身行事的准则，以便实现社会有序而治的目的。文辞简洁，意在灌输程、朱理学的前提下，同时提高朝臣的办事能力，为建立高效机敏的权力机构服务。朱氏父子对经义文做出的这些规定，从维护王朝稳定的角度来讲，应该是积极有利的。与此同时，这一文体也会因这一苛刻的规定，思想失去生机；影响所及，也将使文学失去了思想的创造力和审美的多样化特征。

第二节　明代前期朝廷推行科试经义文规范之措施及其效果

为了保证建立起来的这套经义文规范得以顺利推行，明初朝廷采取了相应的配套措施。具体言之，主要有如下三个方面：

一、抑制佛、道

明代前期，朝廷对佛、道施行了严格的抑制措施。洪武二十四年（1391），朱元璋下令："自经兵之后，僧无统纪。若府若州，合令僧纲司、僧正司验倚郭县分，僧会司验本县。僧人杂处民间者，见其实教，于见有佛刹处，会众以成丛林，守清规以安禅……令之后敢有不入丛林、仍前私有眷属、潜住民间，被人告发到官，或官府拿住，必枭首以示众，容隐窝藏者流三千里。"① "凡僧人不许与民间杂处，务要三十人以上聚成一寺，二十人以下者听令归并成寺。"② 朱元璋除了禁止僧人潜住民间外，还对僧、道教徒交结官府的行为予以禁绝："僧尼、道士、女冠，敢有不务祖风，混同世俗，交结官吏，为人受寄生放，有乖释道训愚之理，若非本面家风，犯者弃世。"③ "僧寺道观，凡归并大寺设砧基道人一人，以主差税，每大观道士，编成班次，每班一年高者率之。余僧道俱不许奔走于外及交构有司。"④

永乐、宣德年间，朝廷继续推行洪武以来抑制佛道的政策，如永乐十年（1412）五月，朱棣命礼部揭榜申明："佛、道二教本以清净利益群生，今天下僧多不守戒律，民间修斋诵经，动辄较厚薄，又无诚心，甚至饮酒食肉，游

---

① 葛寅亮：《钦录集》，《金陵梵刹志》卷二，明万历刻天启引本。
② 葛寅亮：《钦录集》，《金陵梵刹志》卷二。
③ 朱元璋：《大诰·僧道不务祖风第三十》，钱伯城主编《全明文》卷二九，页599。
④ 《明太祖实录》卷二三一，页3372。

荡荒淫，略无顾忌。洪武中俱有严禁，即揭榜申明，违者杀不赦。"① 宣德六年（1431）五月，能仁寺僧孤纳芒葛辣以游方为名，拜访诸王，被辽王上奏法司后处斩。② 朝廷对佛、道发展的这种抑制行为，在很大程度上净化了思想领域，保障了程朱理学的主导地位。

二、严把教职关

为保证所选士子的素养，不断完善考官选取的标准。考官的德才决定着所选士子的素养，而所选士子的素养又与国家的前途命运息息相关。为此，朱元璋在洪武十七年（1384）下令："考试官皆访明经、公正之士，于儒官、儒士内选用。"③ 考官"明经"才有能力辨别士子学养之好坏；"公正"才能做到不偏私而为国家选出德才兼备的优秀人才。朱元璋认为这两个方面缺一不可。

科举考试是有明一代最高级别的考试，考官不仅承担着为国用良才的重任，其形象还代表着国家的威严。或是洪武十七年之后考官中多有老弱及举止不端之士，在正统六年（1441），朱祁镇颁布诏令："考试必求文学老成，行止端庄者，不许将六十岁以上、及致仕养病与署事举人、并年少新进学力未至者举用。"④ 考官不仅须学养精良、德行要好，端庄的外在形象亦不可少。

为更加有效地保证考官内在的学养与德行，景泰三年（1452），朱祁钰颁诏："凡科举布、按二司，会同巡按御史公，同推保见任教官，年五十以下、三十以上，平日精通文学，持身廉谨者聘充考官。"⑤ 天顺朝之前，教官的选用非常严格，在洪武六年（1373）的时候，朱元璋就曾立下过规矩，即教官一职须满足"天下名士"、"通今博古"、"才德兼备"三个方面的要求。⑥ 景泰帝颁行的这一标准，意在从根本上保障考官的综合素养，使考官为国家选出满足需要的人才成为现实。

明代前期的这些皇帝希望被精挑细选出来的教职人员，能够为朝廷的人才培养、选拔发挥积极作用。

三、倡导重理轻形的评文观念

明代前期，皇帝大都讲求实用，对士子经义文的品评亦是如此，他们极力

---

① 徐学聚：《国朝典汇》卷一百三十四，页 6443。
② 徐学聚：《国朝典汇》卷一百三十四，页 6450。
③ 俞汝楫：《凡考试官》，《礼部志稿》卷二十三。
④ 俞汝楫：《凡考试官》，《礼部志稿》卷二十三。
⑤ 俞汝楫：《凡考试官》，《礼部志稿》卷二十三。
⑥ 俞汝楫：《凡考试官》，《礼部志稿》卷一。

倡导重理轻形的经义文写作观念，如宣德七年（1432）四月，朱瞻基对礼部尚书胡濙说："考官取士，但据文章不悖经意即可充选"。① 在他看来，只要文理与经意相合即可充选，至于其形式已变得无关紧要。这一观念在成化朝被说的更加明确。成化十三年（1477），少詹事黎淳上疏："士子有文理差错行文有疵表失平仄字画差错者，皆宜究治。"礼部复议："平仄不顺，字画差错，与文理差谬者不同，宜仍令会试。"② 平仄属于对文章审美层面上的要求，从礼部的答复可以看出，朝廷施行经义文考试追求实用、摒弃审美之意图已表露得十分明确。此种过于强调经义文义理而对其形制听之任之的做法，在保障这一文体内容受到约制的同时，也为其形制的发展留出了广阔空间，明前期分股论说体式的形成着实与此有着密切关系。影响所及，在整个明代，经义文总体上并未严格遵循文辞简洁之规定，大多超过了朱元璋定下的字限，尤其是到了嘉靖中期之后，这一文体变得更加繁冗不堪。

四、明代前期朝廷推行科试经义文规范的效果

从现有的文献来看，明代前期朝廷采取的上述规范科试经义文写作措施是行之有效的，在内容上能够严格尊崇程朱义理，如成化年间进士蔡清以"吾十有五而志于学"一章为题，作文如下：

> 圣人希天之学，与时偕进也。夫学与天为一，学之至也。然而有渐也，故与时偕进。圣人且然，况学者乎？若曰：人生之初，浑然天也。少长而趋于物欲，则丧其天。故吾于成童之时，用志不分，以其全力而向于学，务求纯乎天德而后已，志学固知所用力矣。犹未得力也，加以十五年之功，三十而壮，则天德为主，而人欲不能夺之矣。立则固守之也，非固有之也。加以十年之力，四十而强，则心源澄彻，而渣滓为之浑化矣。不惑，固明诸心也，未及一原也。又十年而五十，而义理之所自来，性命之所自出，一以贯之而无遗矣。知天命，固与天通也，或未合一也。又十年而六十，则声入心通，若决江河，莫之能御矣。吾未七十，犹未敢从心也。从之，犹未免于踰矩，未与天一也。自六十而又进焉，然后天即我心，我心即天，念念皆天则矣。吁！始而与时偕行，终而与时偕极，圣人之学，盖如此。③

---

① 《明宣宗实录》卷八九，中央研究院历史语言研究所校印本，页2037。
② 余继登：《典故纪闻》卷十五，页271。
③ 方苞：《钦定四书文》卷二，文渊阁《四库全书》本。

该文阐述了圣人进学之过程,在《四书集注》中,程子注曰:"孔子生而知者也,言亦由学而至,所以勉进后人也。立,能自立于斯道也。不惑,则无所疑矣。知天命,穷理尽性也。耳顺,所闻皆通也。从心所欲不逾矩,则不勉而中矣。"① 可以看出,蔡氏的阐述与程氏的思想基本是一致的。

再如唐寅以《大学》中"苟日新日日新又日新"一句为题所作之文:

  《传》者引圣人自警之词,著新民之本也。夫自新而不已其功,圣人所以自警者至矣,新民之本不既立矣乎?今夫所谓新民者,岂假刑驱而势迫哉!亦本诸身而已。汤之盘铭,有曰"苟日新,日日新,又日新"者,岂不以德之当明,犹身之当洁也!人患迷而不悟耳,有能感触于夜气之清而奋发于一日之际,知天理为吾之固有,而人欲为吾之本无也。静以存之,使虚灵之不昧者,有以复其本然之正;动以察之,使利欲之相攻者,有以去其旧染之污。则心之奋发者,此为之机而功之黾勉者,已有其地矣。但理本难明而易晦,功病锐始而怠终,又必心有常主,而一念不容于少懈。力有常存,而一息罔敢以或忘。日日存养,又日亦此存养也。凡求复,夫天理之正者,亹亹乎惟日之不足矣。日日有察,又日亦此省察也;凡求胜,夫人欲之私者,凛凛乎若检之不及矣。是日之继今而来者无穷,而功之与日俱敏者亦无穷。功之与日俱敏者亦无穷,而德之与日俱新者亦无穷。圣敬所以日跻,而九围所以用式者,皆是道也。②

朱子注曰:"盘,沐浴之盘也。铭,名其器以自警之辞也。苟,诚也。汤以人之洗濯其心以去恶,如沐浴其身以去垢,故铭其盘,言诚能一日有,以涤其旧染之污而自新,则当因其已新者,而日日新之,又日新之,不可略有间断也。"③ 唐寅此文显然是根据朱熹注解展开的。

这种恪守程朱义理作文的例子还可以举出很多,如吴宽以《论语》中"子在齐闻韶"一节为题所作之文、顾鼎臣以《论语》中"陈司败问昭公知礼乎"一章为题所作之文、李东阳以《论语》中"欲罢不能"一节为题所作之文等。从正德朝开始,经义文内容一改独宗程朱义理之局面,开始变得庞杂起来,徐阶就此说:"在宣德以前,场屋之文虽间失之朴略,而信经守传,要之

---

① 朱熹:《四书章句集注》卷一,文渊阁《四库全书》本。
② 唐寅:《六如居士制义》国学昌明社,民国间,页6。
③ 朱熹:《四书章句集注·大学章句》,文渊阁《四库全书》本。

不牴牾圣人。至成化、弘治间，则既彬彬盛矣。正德以降，奇博日益，而遂以入于杨、墨、老、庄者，盖时有之。"①

就考官的出题情况来看，亦能遵循以《四书》、《五经》为本，明白正大的原则，从洪武十七年（1384）重新开科至景泰（1450～1456）期间，科考文题皆为意思完整的整句、整节、或整章经文，兹将此一时段各科会试的经义文试题罗列如下：

洪武十八年（1385）乙丑科会试四书文试题：

《论语》：天下有道，礼乐征伐自天子出。

《孟子》：见其礼而知其政，闻其乐而知其德。②

洪武二十一年（1388）戊辰科会试四书文试题：

《论语》：君使臣以礼，臣事君以忠。③

洪武二十四年（1391）辛未科会试四书文试题：

《礼记》：尧舜率天下以仁而民从之。

《孟子》：及其闻一善言，见一善行，若决江河，沛然莫之能御也。④

洪武二十七年（1394）甲戌科会试四书文试题：

颜渊问为邦。子曰：行夏之时，乘殷之辂，服周之冕，乐则韶舞，放郑声，远佞人。郑声淫，佞人殆。⑤

洪武三十年（1394）丁丑科春、夏榜会试四书文试题：

《礼记》：物有本末，事有终始，知所先后，则近道矣。

《孟子》：知者无不知也，当务之为急。仁者无不爱也，急亲贤之为务。

《论语》：君子不可小知而可大受也。⑥

建文二年（1400）庚辰科会试四书文试题：

事君敬其事而后其食。

孔子之谓集大成。集大成也者，金声而玉振之也。

---

① 徐阶：《世经堂集》，明万历间徐氏刻本。
② 仲光军等编：《历代金殿殿试鼎甲朱卷》，花山文艺出版社，1995年版，页121。
③ 仲光军等编：《历代金殿殿试鼎甲朱卷》，页124。
④ 仲光军等编：《历代金殿殿试鼎甲朱卷》，页124。
⑤ 仲光军等编：《历代金殿殿试鼎甲朱卷》，页125。
⑥ 仲光军等编：《历代金殿殿试鼎甲朱卷》，页125。

子谓子产有君子之道四焉。其行己也恭，其事上也敬，其养民也惠，其使民也义。①

永乐二年（1404）甲申科会试四书文试题：

《论语》：禹吾无间然矣，菲饮食而致孝乎鬼神，恶衣服而致美乎黻冕，卑宫室而尽力乎沟洫。禹吾无间然矣。②

永乐四年（1406）丙戌科会试四书文试题：

《礼记》：大学之道，在明明德，在亲民，在止于至善。

《论语》：克己复礼为仁。一日克己复礼，天下归仁焉。

《礼记》：致中和，天地位焉，万物育焉。③

永乐九年（1411）辛卯科会试四书文试题：

《礼记》：武王缵大王王季文王之绪，壹戎衣而有天下，身不失天下之显名，尊为天子，富有四海之内，宗庙飨之，子孙保之。④

永乐十年（1412）壬辰科会试四书文试题：

《礼记》：诗云：邦畿千里，惟民所止。诗云：缗蛮黄鸟，止于丘隅。子曰，于止，知其所止，可以人而不如鸟乎。

《礼记》：天下之达道五，所以行之者三。曰君臣也，父子也，夫妇也，昆弟也，朋友之交也。五者天下之达道也。⑤

永乐十三年（1415）乙未科会试四书文试题：

《论语》：老者安之，朋友信之，少者怀之。

《礼记》：中也者，天下之大本也。和也者，天下之达道也。致中和，天地位焉，万物育焉。

《礼记》：故君子不可以不修身。思修身，不可以不事亲。思事亲，不可以不知人。思知人，不可以不知天。⑥

永乐十六年（1418）戊戌科会试四书文试题：

《论语》：定公问君使臣、臣事君，如之何。孔子对曰：君使臣以礼，臣事君以忠。⑦

---

① 仲光军等编：《历代金殿殿试鼎甲朱卷》，页127。
② 仲光军等编：《历代金殿殿试鼎甲朱卷》，页134。
③ 仲光军等编：《历代金殿殿试鼎甲朱卷》，页135。
④ 仲光军等编：《历代金殿殿试鼎甲朱卷》，页135。
⑤ 仲光军等编：《历代金殿殿试鼎甲朱卷》，页136。
⑥ 仲光军等编：《历代金殿殿试鼎甲朱卷》，页144。
⑦ 仲光军等编：《历代金殿殿试鼎甲朱卷》，页145。

明代政权运作与科试经义文走向

永乐十九年（1421）戊戌科会试四书文试题：

《论语》：子路问政。子曰：先之，劳之。请益。曰：无倦。

《礼记》：博厚所以载物也，高明所以覆物也，悠久所以成物也。博厚配地，高明配天，悠久无疆。①

永乐二十二年（1424）甲辰科会试四书文试题：

《论语》：质胜文则野，文胜质则史。文质彬彬，然后君子。

《礼记》：仲尼祖述尧舜，宪章文武，上律天时，下袭水土。

《礼记》：中也者，天下之大本也。和也者，天下之达道也。②

宣德二年（1427）丁未科会试四书文试题：

《论语》：子路问成人。子曰：若臧武仲之知，公绰之不欲，卞庄子之勇，冉求之艺，文之以礼乐，亦可以为成人矣。

《孟子》：天之高也，星辰之远也，苟求其故，千岁之日至，可坐而致也。

《礼记》：齐明盛服，非礼不动，所以修身也。③

宣德五年（1430）庚戌科会试四书文试题：

《论语》：孔子于乡党，恂恂如也，似不能言者。

《礼记》：洋洋乎发育万物，峻极于天。优优大哉，礼仪三百，威仪三千。待其人然后行，故曰苟不至德，至道不凝焉。④

宣德八年（1433）癸丑科会试四书文试题：

《论语》：夫子之文章可得而闻也，夫子之言性与天道不可得而闻也。

《孟子》：禹之行水也，行其所无事也。如智者亦行其所无事，则智亦大矣。

《礼记》：庸德之行，庸言之谨，有所不足，不敢不勉，有余不敢尽。言顾行，行顾言，君子胡不慥慥不尔。⑤

正统元年（1436）丙辰科会试四书文试题：

《礼记》：尧舜率天下以仁，而民从之。

---

① 仲光军等编：《历代金殿殿试鼎甲朱卷》，页145。
② 仲光军等编：《历代金殿殿试鼎甲朱卷》，页146。
③ 仲光军等编：《历代金殿殿试鼎甲朱卷》，页147。
④ 仲光军等编：《历代金殿殿试鼎甲朱卷》，页147。
⑤ 仲光军等编：《历代金殿殿试鼎甲朱卷》，页149。

《礼记》凡事豫则立，不豫则废。

《论语》克己复礼为仁。一日克己复礼，天下归仁焉。为仁由己，而由人乎哉？①

正统四年（1439）已未科会试四书文试题：

《论语》：学如不及，犹恐失之。

《孟子》：无为其所不为，无欲其所不欲，如此而已矣。

《礼记》：故为政在人，取人以身，修身以道，修道以仁。②

正统七年（1442）壬戌科会试四书文试题：

《论语》：隐居以求其志，行义以达其道。

《孟子》：易其田畴，薄其税敛，民可使富也。

《礼记》：自诚明谓之性，自明诚谓之教。③

正统十年（1445）乙丑科会试四书文试题：

有斐君子，终不可諠兮者，道盛德至善，民之不能忘也。

德为圣人，尊为天子，富有四海之内，宗庙飨之，子孙保之。故大德必得其位，必得其禄，必得其名，必得其寿。

伯夷圣之清者也，伊尹圣之任者也，柳下惠圣之和者也，孔子圣之时者也。孔子之谓集大成。集大成也者，金声而玉振之也。④

正统十三年（1445）戊辰科会试四书文试题：

《论语》：才难，不其然乎。唐虞之际，于斯为盛。

《礼记》：今夫天，斯昭昭之多，及其无穷也，日月星辰系焉，万物覆焉。今夫地，一撮土之多，及其广厚，载华岳而不重，振河海而不泄，万物载焉。今夫山，一卷石之多，及其广大，草木生之，禽兽居之，宝藏兴焉。今夫水，一勺之多，及其不测，鼋鼍蛟龙鱼鳖生焉，货财殖焉。

《论语》：耕也，馁在其中矣；学也，禄在其中矣。⑤

景泰二年（1451）辛未科会试四书文试题：

《论语》：麻冕，礼也。今也纯俭，吾从众。拜下，礼也。今拜

---

① 仲光军等编：《历代金殿殿试鼎甲朱卷》，页 150。
② 仲光军等编：《历代金殿殿试鼎甲朱卷》，页 151。
③ 仲光军等编：《历代金殿殿试鼎甲朱卷》，页 151。
④ 仲光军等编：《历代金殿殿试鼎甲朱卷》，页 152。
⑤ 仲光军等编：《历代金殿殿试鼎甲朱卷》，页 160。

乎上，泰也。虽违众，吾从下。

《孟子》：夫徐行者，岂人所不能哉，所不为也。尧舜之道，孝弟而已矣。子服尧之服，诵尧之言，行尧之行，是尧而已矣。子服乐之服，诵乐之言，行乐之行，是乐而已矣。

《礼记》：百世以俟圣人而不惑，质诸鬼神而无疑，知天也。百世以俟圣人而不惑，知人也。①

景泰五年（1454）甲戌科会试四书文试题：

《论语》：子在川上曰：逝者如斯夫，不舍昼夜。

《孟子》：请野九一而助，国中什一使自赋。卿以下必有圭田，圭田五十亩，余夫二十五亩。死徙无出乡，乡田同井，出入相友，守望相助，疾病相扶持，则百姓亲睦。

《礼记》：忠恕违道不远，施诸己而不愿，亦勿施于人。②

值得注意的是，明代前期科试经义文在字数上，并没有严格遵循朱元璋制定的书文200字以上、经文300字以上的规定，而是有所超出，不过就整体情况来看，大多集中在400字左右，如李时勉以"君子贤其贤而亲其亲"二句为题所作之文、薛瑄以"身有所忿懥"八句为题所作之文等。此一情况的出现当与朝廷重视文理、轻视形式的评文观念有着直接的关系，正是因为朝廷对经义文形式没有给予足够重视和严格约束，才使得这一文体在篇幅上从一开始就超出了字限，以致到了嘉靖之后繁冗到了不可收拾的地步！

第三节 明代科试经义文风气之转变与政权运作

从天顺朝前后，科试经义文之走向在不同层面渐次发生了转变。

一、科试经义文风气之转变

主要表现为如下三个方面：

（一）考官出题割裂经旨

经义文割裂经旨的出题形式在天顺朝就已经出现了。天顺三年（1459），温州府永嘉县教谕雍懋上疏："考官出题多摘裂牵缀……浙江乡试春秋摘一十六股配作一题，头绪太多……且《春秋》为经，属词比事变例无穷，考官出

---

① 仲光军等编：《历代金殿殿试鼎甲朱卷》，页163。
② 仲光军等编：《历代金殿殿试鼎甲朱卷》，页164。

题往往弃经任传，甚至参以己意，名虽搭题，实则射覆。"① 这样的实例可以列举很多：

天顺八年（1464）甲申科会试就出过这样一道试题："何谓善、何谓信。曰：可欲之谓善，有诸己之谓信，充实之谓美，大而化之之谓圣，圣而不可知之之谓神。乐正子，二之中，四之下也。"② 试题出自《孟子·尽心下》："浩生不害问曰：'乐正子。何人也？'孟子曰：'善人也，信人也。''何谓善？何谓信？'曰：'可欲之谓善，有诸己之谓信，充实之谓美，充实而有光辉之谓大，大而化之之谓圣，圣而不可知之之谓神。乐正子，二之中，四之下也。'"③ 对照《孟子》原文，试题内容少了一段文字："充实而有光辉之谓大"。

嘉靖八年（1529）乙丑科会试一试题为"孔子，圣之时者也"④。这是一道截上题。试题出自《孟子·万章下》："伯夷，圣之清者也；伊尹，圣之任者也；柳下惠，圣之和者也；孔子，圣之时者也。孔子之谓集大成。集大成也者，金声而玉振之也。"⑤

嘉靖十六年（1537）丁酉科福建乡试一试题为"致中和"⑥。这是一道截下题。试题出自《中庸》第一章："天命之谓性，率性之谓道，修道之谓教。道也者，不可须臾离也，可离非道也。是故君子戒慎乎其所不睹，恐惧乎其所不闻。莫见乎隐，莫显乎微，故君子慎其独也。喜怒哀乐之未发，谓之中；发而皆中节，谓之和。中也者，天下之大本也；和也者，天下之达道也。致中和，天地位焉，万物育焉。"⑦

嘉靖三十五年（1556）丙辰科会试一试题为"臣事君以忠"⑧。这是一道截上题。试题出自《论语·八佾》："定公问：'君使臣，臣事君，如之何？'孔子对曰：'君使臣以礼，臣事君以忠。'"⑨

---

① 俞汝楫：《出题禁割裂》，《礼部志稿》卷七十一。
② 仲光军等编：《历代金殿殿试鼎甲朱卷》，页178。
③ 朱傑人等主编：《朱子全书》（陆），页451。
④ 仲光军等编：《历代金殿殿试鼎甲朱卷》，页283。
⑤ 朱傑人等主编：《朱子全书》（陆），页383。
⑥ 杨廷枢辑评：《皇明历朝四书程墨同文录》第十册，明崇祯间书坊金阊叶氏刻本。
⑦ 朱傑人等主编：《朱子全书》（陆），页32~33。
⑧ 仲光军等编：《历代金殿殿试鼎甲朱卷》，页315。
⑨ 朱傑人等主编：《朱子全书》（陆），页89。

嘉靖四十一年（1562）壬戌科会试一试题为"悠久无疆"①。这是一道截上题。试题出自《中庸》："故至诚无息。不息则久，久则征，征则悠远，悠远则博厚，博厚则高明。博厚，所以载物也；高明，所以覆物也；悠久，所以成物也。博厚配地，高明配天，悠久无疆。如此者，不见而章，不动而变，无为而成。"②

万历四年（1576）丙子科江西乡试文题为"尧以不得舜为己忧，谓之仁"③。试题出自《孟子·滕文公上》第四章："……尧以不得舜为己忧，舜以不得禹、皋陶为己忧。夫以百亩之不易为己忧者，农夫也。分人以财谓之惠，教人以善谓之忠，为天下得人者谓之仁。是故以天下与人易，为天下得人难。孔子曰：'大哉尧之为君！惟天为大，惟尧则之，荡荡乎民无能名焉！君哉舜也！巍巍乎有天下而不与焉！'尧舜之治天下，岂无所用其心哉？亦不用于耕耳。……"④

万历七年（1579）乙卯科应天乡试文题为："舜亦以命禹。"⑤ 这是一道截上下题，试题出自《论语·尧曰》第一章："尧曰：'咨！尔舜！天之历数在尔躬，允执其中。四海困穷，天禄永终。'舜亦以命禹。曰：'予小子履，敢用玄牡，敢昭告于皇皇后帝：有罪不敢赦。帝臣不蔽，简在帝心。朕躬有罪，无以万方；万方有罪，罪在朕躬。'周有大赉，善人是富。'虽有周亲，不如仁人。百姓有过，在予一人。'谨权量，审法度，修废官，四方之政行焉。兴灭国，继绝世，举逸民，天下之民归心焉。所重：民、食、丧、祭。宽则得众，信则民任焉，敏则有功，公则说。"⑥

万历二十九年（1601）辛丑科会试有一试题"畏圣人之言"。⑦ 这是一道截上题。试题出自《论语·季氏》："孔子曰：'君子有三畏：畏天命，畏大人，畏圣人之言。'"⑧

万历三十五年（1607）丁未科会试有一试题"君子依乎中庸"⑨。这是一

---

① 仲光军等编：《历代金殿殿试鼎甲朱卷》，页322。
② 朱杰人等主编：《朱子全书》（陆），页51~52。
③ 《万历墨卷选》，明末刻本。
④ 朱杰人等主编：《朱子全书》（陆），页316。
⑤ 《万历墨卷选》。
⑥ 朱杰人等主编：《朱子全书》（陆），页239~240。
⑦ 仲光军等编：《历代金殿殿试鼎甲朱卷》，页394。
⑧ 朱杰人等主编：《朱子全书》（陆），页215。
⑨ 仲光军等编：《历代金殿殿试鼎甲朱卷》，页400。

道截下题。试题出自《中庸》:"君子依乎中庸,遁世不见知而不悔,唯圣者能之。"①

万历四十三年(1615)乙卯科应天乡试文题为"恻隐之心犹其有四体也"。这道题目出自《孟子·公孙丑上》第六章:"……由是观之,无恻隐之心,非人也;无羞恶之心,非人也;无辞让之心,非人也;无是非之心,非人也。恻隐之心,仁之端也;羞恶之心,义之端也;辞让之心,礼之端也;是非之心,智之端也。人之有是四端也,犹其有四体也。……"②

浙江按察司提学副使林大春"妄自割裂组织以为题目"更为离谱,礼科左给事中章甫弹劾他"滥厕文衡之任,敢逾诏格之常",并举有例证③:

>"子在齐闻韶"合"何必公山氏之之也。子曰:'夫召我者,而岂徒哉?如有用我者,吾其为东周乎?'卫君待子而为政,子将奚先?至奚其正?晏平仲善与人交,久而敬之。楚狂接舆歌而过孔子曰:'凤兮!凤兮!何德之衰?'问子西。曰:'彼哉!彼哉!'"通为一题。

按:此题由《论语》中的五篇内容裁剪拼凑而成。"子在齐闻韶"出自《论语·述而》④;"何必公山氏之之也。子曰:'夫召我者,而岂徒哉?如有用我者,吾其为东周乎?'"出自《论语·阳货》⑤;"卫君待子而为政,子将奚先?(子曰:'必也)正(名乎!'子路曰:'有是哉,子之迂也!)奚其正?"出自《论语·子路》⑥;"晏平仲善与人交,久而敬之。"出自《论语·公冶长》⑦;"楚狂接舆歌而过孔子曰:'凤兮!凤兮!何德之衰'"出自《论语·微子》⑧;"问子西。曰:'彼哉!彼哉!'"出自《论语·宪问》。⑨

>"孟武伯问:'子路仁乎?'子曰:'不知也。'又问。子曰:'由也,千乘之国,可使治其赋也,不知其仁也。''何如?'子曰:'千室之邑,百乘之家,可使为之宰也,不知其仁也。'"合"季子然问:

---

① 朱傑人等主编:《朱子全书》(陆),页37。
② 朱傑人等主编:《朱子全书》(陆),页289~290。
③ 高拱:《复给事中章甫端劾提学副使林大春疏》,《高文襄公集》卷十七。
④ 朱傑人等主编:《朱子全书》(陆),页123。
⑤ 朱傑人等主编:《朱子全书》(陆),页220。
⑥ 朱傑人等主编:《朱子全书》(陆),页179。
⑦ 朱傑人等主编:《朱子全书》(陆),页104。
⑧ 朱傑人等主编:《朱子全书》(陆),页227。
⑨ 朱傑人等主编:《朱子全书》(陆),页189。

'仲由、冉求可为大臣与？'子曰：'吾以子为异子问，所谓大臣者，以道事君，不可则止。今由与求也，可谓具臣矣。'季氏旅于泰山，季氏将伐颛臾。"通为一题。

按：此题由《论语》中的四篇内容裁剪拼凑而成。"孟武伯问：'子路仁乎？'子曰：'不知也。'又问。子曰：'由也，千乘之国，可使治其赋也，不知其仁也。''（求也）何如？'子曰：'（求也）千室之邑，百乘之家，可使为之宰也，不知其仁也'"出自《论语·公冶长》①；"季子然问：'仲由、冉求可谓大臣与？'子曰：'吾以子为异之问，（曾由与求）之问。所谓大臣者，以道事君，不可则止。今由与求也，可谓具臣矣'"出自《论语·先进》；②"季氏旅于泰山"出自《论语·八佾》③；"季氏将伐颛臾"出自《论语·季氏》。④

"孟子曰：'禹、稷、颜回同道，禹思天下有溺者，由己溺也；稷思天下有饥者，由己饥之也。是以如是其急也。禹、稷、颜子，易地皆然，"合"孟子曰：'曾子、子思同道。曾子，师也，父兄也；子思臣也，微也。曾子、子思，易地皆然'曰：'然则有同异？'曰：'有得百里之地而君子，皆能以朝诸候、有天下。行一不义，杀一不辜，而得天下皆不为也。是则同。'曰：'敢问其所以异？'曰：'宰我、子贡、有若，智足以知圣人，汙不至阿其所好。'宰我曰：'以予观于夫子，贤于尧、舜远矣。'子贡曰：'见其礼而知其政，闻其学而知其德。由百世之后，等百世之王，莫之能违也。自生民以来，未有夫子也。'有若曰：'岂惟民哉？麒麟之于走兽，凤皇之于飞鸟，泰山之于丘垤，河海之于行潦，类也。圣人之于民，亦类也。出乎其类，拔乎其萃，自生民以来，未有盛于孔子也。"合为一题。

按：此题由三部分内容裁剪拼凑而成。"孟子曰：'禹、稷、颜回同道，禹思天下有溺之也；稷思天下有饥者，由己饥之也，是以如是其急也。禹、稷、颜子，易地（则）皆然。'⑤ 出自《孟子·离娄下》第二十九节；"孟子曰：'曾子、子思同道。曾子，师也，父兄也；子思臣也，微也。曾子、

---

① 朱傑人等主編：《朱子全書》（陆），頁101。
② 朱傑人等主編：《朱子全書》（陆），頁163。
③ 朱傑人等主編：《朱子全書》（陆），頁85。
④ 朱傑人等主編：《朱子全書》（陆），頁211。
⑤ 朱傑人等主編：《朱子全書》（陆），頁364。

子思，易地（则）皆然．'"① 出自《孟子·离娄下》第三十一节；"曰：'然则有同与？'曰：'有。得百里之地而君之，皆能以朝诸侯、有天下。行一不义、杀一不辜而得天下，皆不为也。是则同。'曰：'敢问其所以异？'曰：'宰我、子贡、有若，智足以知圣人。汙，不至阿其所好。'宰我曰：'以予观于夫子，贤于尧、舜远矣。'子贡曰：'见其礼而知其政，闻其乐而知其德。由百世之后，等百世之王，莫之能违也。自生民以来，未有夫子也。'有若曰：'岂惟民哉？麒麟之于走兽，凤凰之于飞鸟，泰山之于丘垤，河海之于行潦，类也。圣人之于民，亦类也。出于其类，拔乎其萃，自生民以来，未有盛于孔子也'"② 出自《孟子·公孙丑上》第二节。

对于这种割裂经旨出题方式导致的后果，明人丘濬感言：

> 祖宗时，其所试题目皆择取经书中大道理、大制度关系人伦治道者，然后出以为题，当时题目无甚多，故士子专用心于其大且要者，其用功有伦序，又得以余力旁及于他经及诸子、史，主司亦易于考校，非三场匀称者不取。近年以来，典文者设心欲窘举子以所不知，用显己能。其初场出经书题，往往深求隐僻，强裁句读，破碎经文。于所不当连而连，不当断而断，遂使学者无所据依。施功于所不必施之地，顾于纲领统体处，反忽略焉。以此初场题目数倍于前，学者竭精神，穷日月有所不能给，故于策场所谓古今制度、前代治迹、当世要务，有不暇致力焉者。甚至登名前列者，亦或有不知史册名目、朝代前后、字书偏旁者，可叹也已！提学宪臣为小试，其所至出题，尤为琐碎，用是经书题目烦多，学者资禀有限，工夫不能偏及，此策学所以几废，而科举所得罕博古通今之士也。③

偏题、怪题耗费了士子大量的精力，不仅严重背离了朝廷向士子灌输儒家义理的初衷，还极大限制了士子接受其他知识的可能与能力。

（二）士子答题援用佛、道

至晚在嘉靖初期，士子的经义文写作出现了援用佛、道义理的创作倾向，嘉靖六年（1527），朝廷曾申斥过这种写作倾向："科场文字，务要平实典雅，不许浮华险怪，以坏文体。"④ 嘉靖三十七年（1558）应天乡试有一试题为

---

① 朱傑人等主编：《朱子全书》（陆），页366。
② 朱傑人等主编：《朱子全书》（陆），页285~286。
③ 丘濬：《科举议》，张瀚《皇明疏议辑略》卷二十，明嘉靖三十年大名府刻本。
④ 申时行等：《明会典》卷七七，中华书局，1989年版，页448。

"上天之载至矣。"试题出自《中庸》:"诗曰:'德輶如毛',毛犹有伦。'上天之载,无声无臭',至矣!"① 担任过万历朝辅臣的王锡爵当年是这样作答的:

> 发圣人之蕴者,惟要其极于天也甚矣,至德之不可以易言也。语不显之德者,惟取象于天道而后为至焉,则圣人之蕴亦精矣哉。
>
> 此子思论圣修之极而申赞其妙如此。
>
> 且夫丁学之极功止诸圣者也。圣人之至德达诸天者也。皇矣!《蒸民》之诗,固不足以形容不显之德矣,必也如主王之诗,所谓上天之载无声无臭而后为至乎。
>
> 盖自气机有寂感而声生焉,是声也,摩荡于冲漠之中,而杳乎莫得其形者也。语道而至于无形,则亦微矣,况于并其声而无之者乎?
>
> 自气机有聚散而臭生焉,是臭也,细缊于太虚之表,而茫乎不见其迹者也。语道而至于无迹,则亦精矣,况于并其臭而无之者乎?
>
> 谓之曰无声无臭,则是玄化蕴于几微而意象俱泯。
>
> 初无朕兆之可窥,机缄藏于渊默而名言两忘。
>
> 初无伦类之可拟,以此言天则于穆之命。
>
> 有以为万化出入之机,而昊天之所以为至教者,固此也,以此言德则笃恭之蕴。
>
> 有以为万国仪刑之本,而圣人之所以为至德者,亦此也。是虽天人殊途若不可以例观矣。
>
> 然一敬之潜孚,即其一元之涵育,则所以论至德之渊微者,非天不足以名之也。盖惟圣为能配天,则亦惟天为能拟圣矣,尽性至命之极必如是,而后无余蕴乎,是虽上下异位,若不可以并言矣!
>
> 然王心之无为,即太虚之无朕,则所以语神化之能事者,非天不足以言之也。盖言天者既有验于人,则言人者固莫辨于天矣,圣人天道之妙必如是,而后无遗论乎?德至于此,斯之谓拟议之真而所谓不大声以色者,益见其陋矣。
>
> 此不显笃恭之所以盛也。此百辟之所以刑而天下之所以化也。使非由为己之功,以造圣修之极,则存之迹尚未融也,而何以上达于天载乎。呜呼!由尚纲之诗观之,则知德之所由入;由文王之诗观之,

---

① 朱傑人等主编:《朱子全书》(陆),页58~59。

则知德之所由成。是二诗者，天人圣贤之分，迥乎不侔，而要之人即所以合天也，贤即所以希圣也，入德者可不勉哉！①

儒家与道家都讲"道"。儒家谓："夫子之道，忠恕而已矣。"② "子张问善人之道。子曰：'不践迹，亦不入于室。'"③ "有子曰：'其为人也孝悌，而好犯上者，鲜矣；不好犯上，而好作乱者，未之有也。君子务本，本立而道生。孝悌也者，其为仁之本与！'"④ 儒家之"道"体现为现实社会中人之关系。道家对"道"的理解与儒家并不相同："有物混成，先天地生。寂兮！寥兮！独立而不改，周行而不殆，可以为天下母，吾不知其名，字之曰道，强为之名曰大。大曰逝，逝曰远，远曰反。故道大，天大，地大，王亦大。域中有四大，而王居其一焉。人法地，地法天，天法道，道法自然。"⑤ "夫大道不称，大辩不言。""道昭而不道。""若有真宰，而特不得其朕。可行已信，而不见其形，有情而无形。"⑥ 道家不仅将"道"关注的视野落在了物质世界，还赋予了"道"以神秘性。儒家与道家都称得"道"之人为"至德"之人，即所谓的圣人。在这篇经义文中，"至德"无形无迹、广大精微的神秘特征，其思想资源显然是来自道家义理的。"气机"、"冲漠"等概念，均来自《庄子》。从这一点来看，此文掺用道家思想是不容置疑的。

杨天民对万历二十八年（1600）顺天乡试中赵维寰的经义文掺入佛、道思想批评说：首篇"至大讲处，以'天纵将圣'一节对'大宰知我'数句，有此体否？'语涩意禅，缴更迂泛'。……（次篇）孟义……一论则大涉怪诞之甚，如云'其体近虚，其中无有而物本实'，又云'我所虚，人亦不实，我所不有，人亦欲无'。又云'不先自为实以起天下之厌虚'，……读之彻尾，大率杳冥，反之本题，茫无干涉，所谓虚无寂灭之谈"⑦。

对于明代后期经义文援引佛、道之风，徐阶说："国家以文取士，百八十年于兹。在宣德以前，场屋之文虽间失之朴略，而信经守传，要之不牴牾圣人。至成化、弘治间，则既彬彬盛矣。正德以降，奇博日益，而遂以入于杨、

---

① 杨廷枢辑评：《皇明历朝四书程墨同文录》，第十二册。
② 《论语·里仁》，朱傑人等主编《朱子全书》（陆），页96。
③ 《论语·先进》，朱傑人等主编《朱子全书》（陆），页162。
④ 《论语·学而》，朱傑人等主编《朱子全书》（陆），页68。
⑤ 朱谦之：《老子校释》二十五章，中华书局，1984年版。
⑥ 郭庆藩：《庄子·齐物论》，《庄子集释》，中华书局，1961年版。
⑦ 杨天民：《畿闱论文多谬，贡额徇私》，《杨全甫谏草》卷四，明刻本。

墨、老、庄者，盖时有之。彼其要归，诚与圣人之道不啻秦越！"① 冯琦说："今且尊二氏以操戈背弃孔、孟，非毁朱、程，惟南华、西竺之语是宗是竞，以实为空，以空为实……取佛书言心言性略相近者，窜入于圣言，取圣经有'空'字、'无'字者强同于禅教。"② 沈鲤说："今士子之为文，式乎？不式乎？自臣等初习举业，见有用六经语者，其后以六经为滥套，而引用《左传》、《国语》矣，又数年以《左》、《国》为常谈，而引用《史记》、《汉书》矣，《史》、《汉》穷而用六子，六子穷而用百家，甚至取佛经、道藏，摘其句法口语而用之，凿朴散淳，离经叛道，文章之流至是极矣。"③ 赵南星还说：

> 嘉、隆之间，文体日变，然不失为时艺浸淫。至于今日，率皆以颇僻幽渺之见，托之乎经书之言，而其词非经书也，又非《左》、《国》、《史》、《汉》、韩、欧、三苏之词也，一切佛老异端，稗官野史，丘里之常谈，吏胥之文移，皆取之，以快其笔锋而骋其词，力如飓风之起，捲草树，飞沙砾，拂覆天宇，不见日月而已为奇观，时艺、古文，都无所似，士大夫奈何作此以取富贵！此天下之乱，所以越至于今矣！④

天下其乱矣乎，何举世皆妖怪也！经义发明吾儒之道者也。今所言者非吾儒之道而释氏之道也。吾儒之道即天地间之实理也，所谓诚也，存之为实心，出之为实事，君子自强不息，凡以求诚而已。一念不真非诚也，一行不修非诚也……至于诚己成物，参赞天地，莫不昭然可睹。释氏以身为幻形，天地万物莫非幻者，此所谓出世之法也。道既悬殊，其文又绝不相类。今为经义者皆取而谈吾儒之道，夫天地万物皆幻，则为圣贤幻，为禽兽亦幻，何必读书修德？且既谛知其为幻，则削发被缁，入深山，逃人群，谁能禁之，而又徒跣就试以求功名富贵，何也？功名富贵独非幻耶？儒衣儒冠圣贤之徒，而言释氏曰：圣贤之道则然，譬诸舍父兄之言不听，而信他人之言，又举之以告人曰：此吾父兄之言也、之人也，可谓孝弟乎？不孝弟乎？可谓人

---

① 徐阶：《崇雅录序》，《世经堂集》卷十二，明万历间徐氏刻本。
② 陈梦雷原辑、蒋廷锡重辑：《理学汇编文学典》，《古今图书集成》，第一百八十卷经义部，中华书局、巴蜀书社，1986年版，页77573。
③ 沈鲤：《题乞正文体疏》，俞汝楫《礼部志稿》卷四十九。
④ 赵南星：《叶相公时艺序》，《赵忠毅公诗文集》卷七，明崇祯十一年范景文等刻本。

乎？抑妖怪乎？向者人人言孔孟，所谓尚不可知，今人人妖言，类病狂丧心者，天下安得不乱哉？①

一部《四书集注》考了几百年，士人们对书中的每一个字句已经熟悉得不能再熟悉了，科科依此答题，人人依此答题，难免会让人感到单调乏味。士子将佛、道的义理言词掺用到其中，势必会给文章的内容带来一些新鲜的东西，让考官耳目一新，上文列举的考生以道家义理来阐释儒家"至德"的事例，应该可以说明这一点。由此看来，士子援异说入文的写作风气，虽然违反了朝廷的政策规定，但从文学发展的本身来讲，这种做法只因打破经义文道德说教的单一模式而增加了文章思想的多样性和丰富性，也大大增强了文章的可读性。

(三) 士子试卷文辞繁冗

嘉靖中期之前的经义文虽也有超过朱元璋规定的书义 200 字以上、经文 300 字以上的字限，如王守仁以"志士仁人"一节为题所作之文：

> 圣人于心之有主者而决其心，德之能全焉。夫志士仁人皆心有定主，而不惑于私者也。以是人而当死生之际，吾惟见其求无愧于心焉耳，而于吾身何恤乎！此夫子为天下之无志而不仁者慨也。故言此以示之，若曰：天下之事变无常，而死生之所系甚大，固有临难苟免而求生以害仁者焉，亦有见危授命而杀身以成仁者焉，此正是非之所由决，而恒情之所易惑者也。吾其有取于志士仁人乎。夫所谓志士者，以身负纲常之重而志虑之高洁，每思有以植天下之大闲。所谓仁人者，以身会天德之全而心体之光明，必欲有以贞天下之大节。是二人者，固皆事变之所不能惊，而利害之所不能夺，其死与生有不足累者也，是以其祸患之方殷，固有可以避难而求全者矣。然临难自免则能安其身，而不能安其心，是偷生者之为，而彼有所不屑也，变故之偶值固有可以侥幸而图存者矣。然存非顺事则吾生以全，而吾仁以丧，是悖德者之事，而彼有所不为也。彼之所为者，惟以理欲无并立之机，而致命遂志；以安天下之贞者，虽至死而靡憾。心迹无两全之势，而捐躯赴难以善天下之道者，虽灭身而无悔。当国家倾覆之余，则致身以驯过涉之患者，其仁也，而彼即趋之而不避甘之，而不辞焉。盖苟可以存吾心之公，将效死以为之，而存亡由之不计矣。值颠

---

① 赵南星：《正心会示门人稿后序》，《赵忠毅公文集》卷九。

沛流离之余，则舍身以贻没宁之休者，其仁也。而彼即当之而不慑，视之而如归焉。盖苟可以全吾心之仁，将委身以从之，而死生由之，勿恤矣。是其以吾心为重，而以吾身为轻，其慷慨激烈以为成仁之计者，固志士之勇为，而亦仁人之优为也。视诸逡巡畏缩而苟全于一时者，诚何如哉？以存心为生，而以存身为累，其从容就义，以明分义之公者，固仁人之所安，而亦志士之所决也。视诸回护隐伏而觊觎于不死者，又何如哉？是知观志士之所为，而天下之无志者可以愧矣！观仁人之所为，而天下之不仁者可以思矣。①

该文有600多字，这样长的篇幅在当时只是个别现象，而到了嘉靖中期之后，长篇巨制成为主流，杨廷枢谓："嘉靖初载，文格简练，亦间有长篇，中、晚则长篇多而简练者间出矣！"②

为此，朝廷不得不在嘉靖四十四年（1565）从政策上对经义文字限做出调整。此一议案最早由耿定向提起，他在《申饬科场事宜以重选举以降圣化疏》中是这样说的：

> 国初科场所取，初场经义多不过三百余字，故士得有余力以及于二三场，当时不独人有实学、世有真才，而为主司者，亦有据凭得以悉观其蕴。即嘉靖初年，曾申限字之法，一时文体尚有可观。近日场中所取多至千余字者，即少亦不下七八百字，摽窃支蔓，音义无当。士方毕一生之精力以从事于无用之虚文，又何暇博习古今，晓练世务，以待国家异日之用也哉！此其为弊义浅鲜矣。近奉该部题准通行，考官阅卷，必文理纯正简实方准中式，盖鉴于此。然窃谓须是严定限字之法，明示中外，使士人晓然知有章程而后可。臣又惟先年限字之制，经义止是二三百字，今积习已久，欲其卒改，一时难行，合无限定五百字，渐令复古，但过此一字，即为违式，不准誊红，如更能简洁者，尤当甄录。其论策亦量为程限，毋令浮冗，如此行之，逾时可使士习崇雅黜浮，不至虚费精力，而主司亦不至为浮靡之习所眩瞀矣。③

耿氏的提议很快得到了嘉靖皇帝的允准："礼部议复，俱允行之。"④ 事实

---

① 方苞：《钦定四书文》卷三，文渊阁《四库全书》本。
② 杨廷枢：《皇明历朝四书程墨同文录》，第十册，嘉靖癸卯应天墨"仁者先难仁矣"评语。
③ 耿定向：《耿天台先生文集》卷二。
④ 王世贞：《弇山堂别集》卷八十三，页1582。

上，此后的士子并没有真正恪守朝廷调整后的500字字限，否则当时的君臣就不会有如下的言说了：隆庆六年（1572）十二月，候选训导侯贵疏："近来时文漫失旧制，险怪钩棘，破析文义，冗长厌观，虽时加禁革，难以猝改。"①阮葵生对明代后期经义文的繁冗情状评论说："明初科举，诏令举子经义无过三百字，不得浮词异说，……百余年后，文渐冗长，凡千百余言，庸陋支离，无恶不备。"②

二、科试经义文风气转变之政权运作原因

就科试经义文走向发生的如上转变，政权运作层面上的原因主要有这样几个方面：

（一）朝廷放松对佛、道的管制

明代佛、道是在既受保护扶植又遭限制防范的双重政策下发展的。洪武至宣德期间，朝廷虽然也不乏对佛、道给予政策上的扶持，但这时很注意对其发展规模的节制。然而到了正统之后，情况则发生了较大的变化，前期对佛、道发展规模节制的闸阀一下被打开了：正统后期，英宗大大放宽了度牒的限制，出现了"今年曰度僧，明年曰度僧，百千万亿，日炽月盛"的局面。③ 景泰到成化年间，朝廷为牟利之需，大肆鬻牒，明武宗更是如此，正德二年五月，朱厚照竟一次下令"准度在京在外僧三万名、道一万名"④。而嘉靖皇帝醉心道教，竟于嘉靖十二年十一月，"度天下道士一万人"⑤。嘉靖二十六年七月，应道士陶仲文的请求，批准"度天下道士二万四千人"⑥。大量的佛、道教徒四处游走。景泰四年（1453），给事中林聪陈言："今京城内外僧行道童皆以请给度牒为名，或居寺观，或寓人家，动以万计。"⑦ 天顺元年（1457），陈福言："近年旱潦相仍，百姓艰食，其游惰之人或托为僧道，游食四方而愈盛矣。在京寺观动至千百，僧道不可数计，求财索食，沿街塞路。"⑧

佛、道教徒游居民间的行为，极大地促进了佛、道义理向俗世社会的渗

---

① 《明神宗实录》卷八，页299。
② 阮葵生：《茶余客话》卷十六。
③ 《明英宗实录》卷248。
④ 《明武宗实录》卷26。
⑤ 《明世宗实录》卷156。
⑥ 《明世宗实录》卷325。
⑦ 徐学聚：《国朝典汇》卷一百三十四，页6458～6459。
⑧ 徐学聚：《国朝典汇》卷一百三十四，页6463。

透。谢肇淛《五杂俎》载:"今之释教殆遍天下,琳宇梵宫盛于黉舍,唪诵咒呗嚣于炫欢,上自王公贵人,下自妇人女子,每谈禅拜佛,无不洒然色喜者。"①

皇甫濂为嘉靖二十三年(1544)进士,历任工部都水主事、兴化府同知,晚年"皈心释氏,尝栖息精庐,从名僧检经说难,翻大乘、法华内典,持诵维摩诘品,作妙伽它赞,习吐纳延化术"②。

历官南京祭酒的冯梦祯,对自己习禅一事说:"余少习孔、孟书,初亦守晦庵集注及诸家讲说,一日偶静坐掩卷,体会本文(楞严经),觉有得处,始一切屏去,而专用力于本文,久之,恍然如披云见天,复取集注讲说观之,支离汙漫,不可读矣,夫《楞严》圣经,万非世典可并论"③。

汤显祖在南京任职时开始研究佛、道经典,同时结识了名僧真可,彼此多次通信、会面,畅谈佛理。

申时行针对明代后期文人崇尚佛、道的风气说:"国家养士于学,肆以经术,而宾兴之,几得惇明醇懿、方正博闻之士,展采宣力以弘太平。而顷士习颇辟,相凌以恣睢,相矜以怪诞,舍六经传注、圣祖刊定诸书不观,而旁摭释、老浮淫诡谲之谈,以簧鼓流俗。"④ 黄儒炳还说:"今之士风敝矣。罢黜百家,尊尚儒术,以明经取士,国制也。近来学者不专本业而猥习杂学,喜浮华者藉口于诸子字句之粗……尚玄虚者,醉心于佛老谬悠之书。学术不醇,识趣亦驳,生心害事,长此安穷?"⑤

对于明代后期文人习禅之动机,谢肇淛做了分析:"血气已衰,生死念重,平生造作罪业,自知无所逃窜,而藉手苦空之教,冀为异日轮回之地。此一惑也。其上焉者行本好奇,知足所隐。读圣贤之书,未能躬行实践,厌弃以为平常,而见虚无寂灭之教,闻明心见性之论,离合恍惚,不着实地,以为平生未有之奇,亘代不传之秘。及一厕足,不能自返,而故为不可摸捉之言以掩之,本浅也而深言之,本下也而高言之,本近也而远譬之,本有也而无索之,如中间一条大路不行,却寻野径崎岖,百里之外,测景观星,而后得道,自以

---

① 谢肇淛:《五杂俎》卷八,《明代笔记小说大观》(二),页1653。
② 钱谦益:《黄甫同知濂》,《列朝诗集小传》,丁集上,上海古籍出版社,1959年版,页415。
③ 冯梦祯:《刻首楞严经序》,《快雪堂集》卷之二,万历四十四年黄汝亨、朱之蕃刻本。
④ 申时行:《苏州府重修儒学记》,《赐闲堂集》卷之十六,明万历刻本。
⑤ 黄儒炳:《续南雍志》卷五,伟文图书出版社有限公司,1976年版,页365~368。此文写于万历十九年(1591)。

为奇。此又一惑也。先之所惑什常七八,后之所惑百有二三。"① 消除死亡带来的恐惧是明代后期文人习禅的最主要原因。

文人对佛、道义理的接受,直接促进了明代后期多元思想的融合,很多考官的思想中佛、道痕迹十分明显。申时行做过万历五年(1577)和万历八年(1580)两科会试的主考,有《感怀》诗:

> 白鹤鸣高岗,矫吭欲闻天。朱鳞戏清沼,适意在沉渊。翔泳任真性,俯仰俱悠然。达人秉高尚,用世常随缘。扬采升云霄,戢耀归林泉。为龙亦蠖伏,抱璧仍瓦全。时事总乖迕,物役无纠缠。冥鸿日以远,弋人何慕焉。逍遥观物化,载诵《南华》篇。②

申时行继任首辅之后,政治局势变得极其复杂,一方面是万历皇帝独断专行,另一方面是言官对君主行为的强烈约束。为了稳定政局,申时行不得不想尽办法调和两者之间的矛盾,然而他的这种行为并不能让言官满意,引来的却是对他辅政不力的批评。这首感怀诗正是申时行这种压抑心绪的自然流露。他力图用庄子顺物自然的思想来调适现实中的无奈,到庄子不为外事纷扰的隐逸心境中寻求精神解脱:"退食浑无事,端居亦自幽。雨余花信早,风外鸟声柔。尽日堪罗雀,方春欲问牛。道心能不染,随意得沧洲。"③

余有丁做过万历八年(1580)和万历十一年(1583)会试的主考,在明代后期激烈的党争中,他在思想上寻求解脱所借助的不是道家义理,而是佛家教义。《游雨花台南高座寺》:

> 曲入祇园路,来寻大士家。不言空五蕴,听法演三车。拂座飘丹叶,流杯落赤霞。更怜山下鸟,犹自识天花。④

《东湖杂作》八首(之八):

> 静来心性自如如,趺坐山中译佛书。翠竹黄花随处得,不须门外觅三车。⑤

"五蕴"是佛教教义中色、受、想、行、识的聚合。诗中的"空五蕴"则是来自《般若波罗蜜心经》:"观自在菩萨,行深般若波罗蜜多时,照见五蕴皆空,

---

① 谢肇淛:《五杂俎》卷八,《明代笔记小说大观》(二),页1653。
② 申时行:《感怀》四首之二,《赐闲堂集》卷二,明万历刻本。
③ 申时行:《独坐》,《赐闲堂集》卷二。
④ 余有丁:《余文敏公文集》卷十二,明万历刻本。
⑤ 余有丁:《余文敏公文集》卷十二。

度一切苦厄"①。"三车"是《法华经·譬喻品》中的譬喻,喻佛之"三乘"教法,即升温乘、缘觉乘和菩萨乘。记某长者用羊车、鹿车、牛车,分别诱令处于"火灾"中的三子脱离火灾②,有佛法化度众生以至涅槃、超脱之意。由此可见,余有丁诗中借佛教教义超脱尘俗纷扰的人生态度是十分明晰的。

除了申时行和余有丁之外,担任万历十一年(1583)房考的冯梦祯、万历十一年(1583)和万历十七年(1589)会试主考的许国、万历十四年(1586)会试主考的王锡爵、万历三十一年(1603)应天乡试考官的陶望龄、③万历三十二年(1604)会试主考的唐文献、以及万历四十一年(1613)会试主考的叶向高,他们思想中的佛、道痕迹同样十分明显,在他们的诗文中同样有所体现,兹不赘述。

在这种多元思想杂糅的环境中,士人已经很难对程、朱与程、朱之外的其它学说做确切区分了。他们的思想往往兼蓄多个学派,是多派学说杂糅的融合体,已经难分彼此,连他们自己都分不清哪些思想是来自佛家的,哪些思想是来自道家的,哪些思想又是来自程、朱的,这种思想状态深刻影响了当时的经义文写作。

(二)考官对经义文审美形式的提倡

明代后期的很多考官十分关注经义文的写作技巧。冯梦祯指导李君实作经义文时说:"自今惟熟玩嘉靖以前名家程式文字,以助其格律,散碎文字,束置高阁可也。"④冯梦祯让李君实研习名家程文格律,清楚地透露了文辞格律是这位考官选士的一个重要标准。

事实上,在这些考官当中,很多人本身就是经义文理论家。担任过江西乡试考官的董其昌,作有《文诀九则》,总结出了经义文创作的九条原则:

〔宾〕经义文要写得妙,必须要做到主宾分明,主宾互衬:

> 以时文论,题目为主,文章为宾;实讲为主,虚讲为宾;两股中或一股宾,一股主;一股中或一句宾,一句主;一句中或一二字宾,

---

① 智谕:《般若波罗蜜多心经句解》,西莲净苑出版社,1990年版。
② 任继愈:《三车》,《佛教大辞典》,江苏古籍出版社,2002年版,页82。
③ "……盖惟无欲故能公欲,惟公欲则归于无欲,合之所以尽性也。然无欲云者,亦岂必刳心去智,以逃于枯槁之域乎?……"(《历代金殿御试鼎甲朱卷》,页377)是陶望龄在万历十七年(1589)乙丑科会试论中一句话。"然无欲云者,亦岂必刳心去智,以逃于枯槁之域乎"之思想资源当来自《庄子·齐物论》:"南郭子綦隐几而坐,仰天而嘘,嗒焉似丧其耦。颜成子游立侍乎前,曰:'何居乎?形固可使如槁木,而心固可使如死灰乎?……'"(《庄子集释》卷一下,页43)
④ 冯梦祯:《与李君实》,《快雪堂集》卷之三十二。

一二字主。明暗相参,生杀互用,文之妙也。①

〔转〕要使文意新境迭出,必须要在言尽语竭之处另辟蹊径:

文章之妙,全在转处,转则不穷,转则不板。如游名山,至山穷水尽处,以为观止矣,俄而悬崖穿径,忽又别出境界,则应接不暇,武夷九曲,遇绝则生,若千里江陵直下,奔迅便无转势矣。文章随题敷衍,开口即竭,须于言尽语竭之时,别行一路。②

〔反〕要使文意产生强烈的心理冲击,必须要做到化正为反,采取反说的方法来论证事理:

文字从反。语曰:"文者,言之变也。"又曰:"拟议以成其变化,作文谓以变合正。"古文耸动人精神者,莫如《国策》。策士游说不曰不如此不利,而曰不如此必有害,其所以敲骨打髓,令人主陡然变色者,专得此用也,宁独策士。且如《论语》中说,管氏树塞门,若正言之,则曰,管氏不知礼,何等明尽?却又曰,管氏而知礼,孰不知礼?此反也。九合诸候,一匡天下。若正之,只宜曰,管仲有仁者之功,却云,微管仲,吾其被发左衽矣。此反也。③

〔斡〕要使文意圆滑完满,必须要察漏补缺,加以斡旋:

如禹稷当平世三过其门而不入。既平世矣,何为却须三过其门不入?程文则云:"盖洪水艰食,天下虽若犹未平也,而君明臣良,则天下有所赖以平也。"出人意表。又如壬子南亩墨卷《君不可小知而可大受也》,他人讲不可小知,只随题讲去,若将谓君子于细事,全不理会,孙博卷云:"故以一事之尽善而谓其为君子焉,吾意君子不如是之隘也;以一事之未善,而谓其非君子焉,吾意君子不如是之浅也。果可以小知乎哉?"场中得此四句,遂作举首。故缺漏处须用意斡旋。④

〔代〕要做到肖题,必须要以圣人的口吻论说圣人意中之事:

代者,谓以我讲题,只是自说,故又代当时作者之口,代写他意中事,乃谓注于不涸之源。壬戌会试《事君能致其身》墨卷云:"仰

---

① 董其昌:《文诀九则》,转引自潘峰《明代八股论评试探》,复旦大学2003届博士毕业论文,页82。
② 董其昌:《文诀九则》,转引自潘峰《明代八股论评试探》,页83。
③ 董其昌:《文诀九则》,转引自潘峰《明代八股论评试探》,页83~84。
④ 董其昌:《文诀九则》,转引自潘峰《明代八股论评试探》,页85。

观于君,则如君即吾之元首,而不有其身者,乃所以不负其君也。"此非正讲,乃代之耳。又如邵北虞《洵应问曰》文云:"居舜之地,谅舜之心,必将曰,在朝廷则情为重,法为尤重,而情穷于不可夺;在海滨则天下为轻,亲为重,而法泯于无所加。"皆是代也。又如癸酉南京江文明《小大之臣至承弼厥辟》墨卷讲云:"若曰,一言之失,将不为圣德之累乎?"此句亦代也。①

〔翻〕要使陈年定论文意出新,翻案工作是一条捷径:

> 刘勰曰:"词征实而难巧,意翻飞而易奇。"夫翻者,翻公案之意也。老吏舞文,出入人罪,虽一成案,能翻驳之。文章家得之,则光景日新。

〔脱〕要使文章有跌宕起伏之感,必须要在文脉上做到缓急相承:

> 脱者,脱卸之意。凡山水融结,必于脱卸之后,谓分支擘脉,一起一伏于散乱节脉中,直脱至平夷藏聚处,乃是绝佳风水,故青乌家专重脱卸。所谓急脉缓受,缓脉急受,文章亦然。势缓处须急做,不令拉长冷淡,势急处须缓做,务令行余曲折,勿得埋头,勿得直脚。②

〔擒〕要使文章论说集中,必须要抓住文题的中心,紧紧围绕着这个中心进行论说:

> 杜子美曰:"擒贼先擒王。"凡文章必有真种子,擒得真种子,则所谓口口咬着,又所谓点点滴滴雨,都落在学士眼里。③

〔离〕要使文意灵活多变,错落有致,必须要学会合散技巧的运用:

> 文字最忌排行,贵在错综其势,散能合之,合能散之。离者,散也。④

陶望龄为万历三十一年(1593)应天乡试的考官,同样十分注重经义文的创作技巧,他在《阳辛会稿序》中说:

> 今之为经义者有三病:有善绘眉目口鼻而不知位置者,加目于眉,进口于鼻,故虽善而不似人;有善绘知位置而未肖者,似人矣而非所貌;又有鬚眉口鼻修短美恶一如所貌,而形合神离、色符意槁

---

① 董其昌:《文诀九则》,转引自潘峰《明代八股论评试探》,页85~86。
② 董其昌:《文诀九则》,转引自潘峰《明代八股论评试探》,页87~88。
③ 董其昌:《文诀九则》,转引自潘峰《明代八股论评试探》,页89。
④ 董其昌:《文诀九则》,转引自潘峰《明代八股论评试探》,页89。

者。此三者皆工文者之通患也。求之于今，眉与目争序、口与鼻竞长者多，况其它乎？①

陶氏的这段话涉及了经义文结构的安排、语言的运用、以及形神关系等三个层面，应该说对经义文的批评是比较系统的。②

科举考试的取士权掌握在考官手中，考官这种重视经义文写作技巧，对经义文审美文风的提倡，直接反映到他们的取士行为上。史载景泰二年（1451）的会试中，考官专以文辞取士，"江北之人文词质实，江南之人文词浮赡，"故中第者"南人恒多，北人恒少"③。考官的这种行为对士子作文产生了直接引导，士子为迎合考官需求，一味地追求经义文在形式上的创新，从而使得这一文体在形式上开始变得日趋繁冗了起来。

（三）考官好异行为对取士的引导

考生参加科举考试的目的是为了登科及第，往往是"躁于趋进，亦投时好，竞出新奇"④。江以达为嘉靖五年（1526）进士，作文喜欢"险语"，主试福建时，刘汝楠即"以险语迎合得置首解"⑤。嘉靖十八年（1539），礼部的一份奏疏首次言及过此事："今试录所刻之文，上了视以为向趋，彼见诡异不经之文尚在所录，必曰主师所崇尚如此，有不靡然仿效之乎？如是虽日谆谆然戒之无益也。"⑥王锡爵亦云："士之字雕句缋，剽猎诸子二氏之唾余，见谓弗收，至主司自为辞，非诸子二氏无取也，籍具在此，可谓不欺否？"⑦朝廷政策规定是一回事，考官取士的标准又是一回事，可以说，考官的喜好对科试经义文之走向产生的导向作用是极为直接的，严重消解了朝廷政令的效力。袁宏道就此说："今世禁文体者日益厉，而时文之轨辙日益坏。上之人刻意求平，下之人刻意求奇，所标若此，所趋若彼，岂文体果不足正哉？夫禁士者一人，取士者又一人，士嚮利则德，故从取不从禁。即不然，令禁士者取士，将一出于平，而平不胜取，不得不求其异者；求其异者，而平者自斥，虽欲自守

---

① 陶望龄：《阳辛会稿序》，《歇庵集》卷三，伟文图书出版社有限公司，1976年版，页433～434。
② 考官对经义文章法技巧、艺术形式的重视，直接导致了明代经义文分股论说体式的形成。
③ 王世贞：《科试》，《弇山堂别集》卷八十一，中华书局，1985年版，页1555。
④ 田艺蘅：《非文章》，《留青日札》卷三十七，明万历刻本。
⑤ 雷礼：《皇明大政纪》卷二十三，明万历刻本。
⑥ 俞汝楫：《责成正文体》，《礼部志稿》卷七十。
⑦ 王锡爵：《丙戌会试录序》，《王文肃公全集》卷一，明万历刻本。

其禁，不可得也，势为之也。"① 何良俊亦言："朝廷求士之心，其切如此，而有司取士之术，其乖如彼，余恐由今之日以尽今之世，但用此辈布列有位，而欲致隆古之治，是犹以鸩毒愈疾，日就羸惫，必至于不可救药而后已耳。"②

（四）科举弊端的凸现

洪武时期，朱元璋制定科举成式，要求考官出经义文试卷时，须以《四书》、《五经》为本，试题务求明白正大。前文已经说过，从洪武十七年（1384）重新开科至景泰（1450～1456）期间，科考文题皆为意思完整的整句、整节、或整章经文。然而，《四书》、《五经》的内容毕竟有限，经过很长一段时间以后，已经很难找到哪一个意思完整的句子、哪一个意思完整的章节没有做过试题了，在这种情况之下，试题势必会频繁地重复出现，现以有明一代会试试题为例：

"定公问：'君使臣，臣事君，如之何？'孔子对曰：'君使臣以礼，臣事君以忠。'"此节出自《论语》卷二《八佾第三》③，为洪武二十一年（1388）戊辰科会试试题（君使臣以礼，臣事君以忠）④。永乐十六年（1418）戊戌科会试试题（定公问："君使臣，臣事君，如之何？"孔子对曰："君使臣以礼，臣事君以忠"）⑤，嘉靖三十五年（1556）丙辰科会试试题（臣事君以忠）⑥同一出处。

"子谓子产，'有君子之道四焉：其行己也恭，其事上也敬，其养民也惠，其使民也义。'"此节出自《论语》卷三《公冶长第五》⑦，为建文二年（1400）庚辰科会试试题（子谓子产，"有君子之道四焉：其行己也恭，其事上也敬，其养民也惠，其使民也义。"）⑧。崇祯七年（1634）甲戌科会试试题（其行己也恭，其事上也敬，其养民也惠，其使民也义）⑨ 同一出处。

"子曰：'克己复礼为仁。一日克己复礼，天下归仁焉。为仁由己，而由

---

① 袁宏道著，钱伯城笺校：《叙四子稿》，《袁宏道集校笺》卷十八，上海古籍出版社，1981年版，页697。
② 何良俊：《四友斋丛说》卷之三，页22。
③ 朱傑人等主编：《朱子全书》（陆），上海古籍出版社、安徽教育出版社，2002年版，页89。
④ 仲光军等编：《历代金殿殿试鼎甲朱卷》，页124。
⑤ 仲光军等编：《历代金殿殿试鼎甲朱卷》，页145。
⑥ 仲光军等编：《历代金殿殿试鼎甲朱卷》，页315。
⑦ 朱傑人等主编：《朱子全书》（陆），页104。
⑧ 仲光军等编：《历代金殿殿试鼎甲朱卷》，页127。
⑨ 仲光军等编：《历代金殿殿试鼎甲朱卷》，页421。

人乎哉？'颜渊曰：'请问其目。'子曰：'非礼勿视，非礼勿听，非礼勿言，非礼勿动。'颜渊曰：'虽不敏，请事斯语矣。'"此节出自《论语》卷六《颜渊第十二》①，为永乐四年（1406）丙戌科会试试题（克己复礼为仁。一日克己复礼，天下归仁焉）②。正统元年（1436）丙辰科会试试题（克己复礼为仁。一日克己复礼，天下归仁焉。为仁由己，而由人乎哉）③。天顺元年（1457）丁丑科会试试题（一日克己复礼，天下归仁焉。为仁由己，而由人乎哉？颜渊曰："请问其目。"子曰："非礼勿视，非礼勿听，非礼勿言，非礼勿动"）④ 同一出处。

"天命之谓性，率性之谓道，修道之谓教。道也者，不可须臾离也，可离非道也。是故君子戒慎乎其所不睹，恐惧乎其所不闻。莫见乎隐，莫显乎微，故君子慎其独也。喜怒哀乐之未发，谓之中；发而皆中节，谓之和。中也者，天下之大本也；和也者，天下之达道也。致中和，天地位焉，万物育焉。"此节出自《中庸》⑤，为永乐四年（1406）丙戌科会试试题（致中和，天地位焉，万物育焉）⑥。永乐十三年（1415）已未科会试试题（中也者，天下之大本也；和也者，天下之达道也。致中和，天地位焉，万物育焉）⑦，永乐二十二年（1424）甲辰科（中也者，天下之大本也；和也者，天下之达道也）⑧，万历四十七年（1619）乙未科（天地位焉，万物育焉）⑨，崇祯十六年（1643）癸未科会试试题（中也者，天下之大本也）⑩ 同一出处。

"故至诚无息。不息则久，久则征，征则悠远，悠远则博厚，博厚则高明。博厚，所以载物也；高明，所以覆物也；悠久，所以成物也。博厚配地，高明配天，悠久无疆。如此者，不见而章，不动而变，无为而成。……"此节出自《中庸》⑪，为永乐十九年（1421）戊戌科会试试题（博厚，所以载物

---

① 朱傑人等主编：《朱子全书》（陆），页167。
② 仲光军等编：《历代金殿试鼎甲朱卷》，页135。
③ 仲光军等编：《历代金殿试鼎甲朱卷》，页150。
④ 仲光军等编：《历代金殿试鼎甲朱卷》，页167。
⑤ 朱傑人等主编：《朱子全书》（陆），页32~33。
⑥ 仲光军等编：《历代金殿试鼎甲朱卷》，页135。
⑦ 仲光军等编：《历代金殿试鼎甲朱卷》，页144。
⑧ 仲光军等编：《历代金殿试鼎甲朱卷》，页146。
⑨ 仲光军等编：《历代金殿试鼎甲朱卷》，页412。
⑩ 仲光军等编：《历代金殿试鼎甲朱卷》，页424。
⑪ 朱傑人等主编：《朱子全书》（陆），页51~52。

也；高明，所以覆物也；悠久，所以成物也。博厚配地，高明配天，悠久无疆）。① 嘉靖十七年（1538）戊戌科会试试题（博厚，所以载物也；高明，所以覆物也；悠久，所以成物也。博厚配地，高明配天，悠久无疆。如此者，不见而章，不动而变，无为而成）②，嘉靖四十一年（1562）壬戌科会试试题（悠久无疆）③、天启五年（1625）乙丑科会试试题（高明配天，悠久无疆）④ 同一出处。

"子曰：'质胜文则野，文胜质则史。文质彬彬，然后君子。'"此节出自《论语》卷三《雍也第六》⑤，为永乐二十二年（1424）甲辰科会试试题（质胜文则野，文胜质则史。文质彬彬，然后君子）⑥。嘉靖十七年（1538）戊戌科会试试题（质胜文则野，文胜质则史。文质彬彬，然后君子）⑦ 同一出处。

"仲尼祖述尧、舜，宪章文、武，上律天时，下袭水土。辟如天地之无不持载，无不覆帱，辟如四时之错行，如日月之代明。万物并育而不相害，道并行而不相悖，小德川流，大德敦化，此天地之所以为大也。"此节出自《中庸》⑧，为永乐二十二年（1424）甲辰科会试试题（仲尼祖述尧、舜，宪章文、武，上律天时，下袭水土）⑨。嘉靖二年（1523）癸未科会试试题（上律天时，下袭水土）⑩、万历二十年（1592）壬辰科会试试题（宪章文、武，上律天时，下袭水土。辟如天地之无不持载，无不覆帱，辟如四时之错行，如日月之代明。万物并育而不相害，道并行而不相悖，小德川流，大德敦化，此天地之所以为大也）⑪ 同一出处。

"大哉圣人之道！洋洋乎！发育万物，峻极于天。优优大哉！礼仪三百，威仪三千。待其人而后行。故曰：苟不至德，至道不凝焉。故君子尊德性而道问学，致广大而尽精微，极高明而道中庸，温故而知新，敦厚以崇礼。是故居上不骄，为下不倍。国有道，其言足以兴；国无道，其默足以容。诗曰：'既

---

① 仲光军等编：《历代金殿殿试鼎甲朱卷》，页145。
② 仲光军等编：《历代金殿殿试鼎甲朱卷》，页290。
③ 仲光军等编：《历代金殿殿试鼎甲朱卷》，页322。
④ 仲光军等编：《历代金殿殿试鼎甲朱卷》，页418。
⑤ 仲光军等编：《朱子全书》（陆），页114。
⑥ 仲光军等编：《历代金殿殿试鼎甲朱卷》，页146。
⑦ 仲光军等编：《历代金殿殿试鼎甲朱卷》，页290。
⑧ 朱傑人等主编：《朱子全书》（陆），页55。
⑨ 仲光军等编：《历代金殿殿试鼎甲朱卷》，页146。
⑩ 仲光军等编：《历代金殿殿试鼎甲朱卷》，页281。
⑪ 仲光军等编：《历代金殿殿试鼎甲朱卷》，页386。

明且哲，以保其身。'其此之谓与！"此节出自《中庸》①，为宣德五年（1430）庚戌科会试试题（洋洋乎！发育万物，峻极于天。优优大哉！礼仪三百，威仪三千。待其人而后行。故曰：苟不至德，至道不凝焉）②，嘉靖二十九年（1550）庚戌科会试试题（洋洋乎！发育万物，峻极于天。优优大哉！礼仪三百，威仪三千）③同一出处。

"……人道敏政，地道敏树。夫政也者，蒲卢也。……在下位不获乎上，民不可得而治矣！故君子不可以不修身；思修身，不可以不事亲；思事亲，不可以不知人；思知人，不可以不知天。……知斯三者，则知所以修身；知所以修身，则知所以治人；知所以治人，则知所以治天下国家矣。……凡为天下国家有九经，所以行之者一也。凡事豫则立，不豫则废。言前定则不跲，事前定则不困。行前定则不疚，道前定则不穷。……"此节出自《中庸》④，为正统元年（1436）丙辰科会试试题（凡事豫则立，不豫则废）⑤。嘉靖五年（1526）丙戌科会试试题（凡为天下国家有九经，所以行之者一也。凡事豫则立，不豫则废。言前定则不跲，事前定则不困。行前定则不疚，道前定则不穷）⑥，天启二年（1622）壬戌科会试试题（思知人，不可以不知天）⑦，嘉靖四十四年（1565）乙丑科（人道敏政，地道敏树。夫政也者，蒲卢也）⑧，万历四十四年（1616）丙辰科会试试题（人道敏政，地道敏树。夫政也者，蒲卢也）⑨。成化十一年（1475）已未科会试试题（思事亲，不可以不知人；思知人，不可以不知天）⑩，弘治十二年（1499）已未科会试试题（知所以修身，则知所以治人；知所以治人，则知所以治天下国家矣）⑪，崇祯十三年（1640）庚辰科会试试题（知斯三者，则知所以修身；知所以修身，则知所以治人；知所以治人，则知所以治天下国家矣）⑫，正德十二年（1517）丁丑科

---

① 朱傑人等主编：《朱子全书》（陆），页53～54。
② 仲光军等编：《历代金殿殿试鼎甲朱卷》，页147。
③ 仲光军等编：《历代金殿殿试鼎甲朱卷》，页314。
④ 朱傑人等主编：《朱子全书》（陆），页44～49。
⑤ 仲光军等编：《历代金殿殿试鼎甲朱卷》，页150。
⑥ 仲光军等编：《历代金殿殿试鼎甲朱卷》，页282。
⑦ 仲光军等编：《历代金殿殿试鼎甲朱卷》，页413。
⑧ 仲光军等编：《历代金殿殿试鼎甲朱卷》，页342。
⑨ 仲光军等编：《历代金殿殿试鼎甲朱卷》，页411。
⑩ 仲光军等编：《历代金殿殿试鼎甲朱卷》，页214。
⑪ 仲光军等编：《历代金殿殿试鼎甲朱卷》，页241。
⑫ 仲光军等编：《历代金殿殿试鼎甲朱卷》，页424。

会试试题（敬大臣则不眩，体群臣则士之报礼重，子庶民则百姓劝，来百工则财用足，柔远人则四方归之，怀诸侯则天下畏之）①，万历十一年（1583）癸未科会试试题（修身则道立，尊贤则不惑，亲亲则诸父昆弟不怨，敬大臣则不眩，体群臣则士之报礼重，子庶民则百姓劝，来百工则财用足，柔远人则四方归之，怀诸侯则天下畏之）② 均同一出处；

"子夏曰：'博学而笃志，切问而近思，仁在其中矣。'"此节出自《论语》卷十《子张第十九》③，为弘治十八年（1505）乙丑科会试试题（博学而笃志，切问而近思，仁在其中矣）④。崇祯十三年（1640）庚辰科会试试题（博学而笃志，切问而近思）⑤ 同一出处。

"……伯夷，圣之清者也；伊尹，圣之任者也；柳下惠，圣之和者也；孔子，圣之时者也。孔子之谓集大成。集大成也者，金声而玉振之也。……"此节出自《孟子》卷十《万章章句下》⑥，为正统十年（1445）乙丑科会试试题（伯夷，圣之清者也；伊尹，圣之任者也；柳下惠，圣之和者也；孔子，圣之时者也。孔子之谓集大成。集大成也者，金声而玉振之也）⑦。嘉靖八年（1529）乙丑科会试试题（孔子，圣之时者也）⑧，万历四十七年（1619）乙未科会试试题（伊尹，圣之任者也）⑨ 同一出处。

"……考诸三王而不缪，建诸天地而不悖，质诸鬼神而无疑，百世以俟圣人而不惑。质诸鬼神而无疑，知天也；百世以俟圣人而不惑，知人也。……"此节出自《中庸》⑩，为景泰二年（1451）辛未科会试试题（百世以俟圣人而不惑。质诸鬼神而无疑，知天也；百世以俟圣人而不惑，知人也）⑪。成化二十三年（1487）甲辰科（考诸三王而不缪，建诸天地而不悖，质诸鬼神而无疑，百世以俟圣人而不惑。质诸鬼神而无疑，知天也；百世以俟圣人而不惑，

---

① 仲光军等编：《历代金殿殿试鼎甲朱卷》，页264。
② 仲光军等编：《历代金殿殿试鼎甲朱卷》，页371。
③ 朱傑人等主编：《朱子全书》（陆），页234。
④ 仲光军等编：《历代金殿殿试鼎甲朱卷》，页248。
⑤ 仲光军等编：《历代金殿殿试鼎甲朱卷》，页424。
⑥ 朱傑人等主编：《朱子全书》（陆），页383。
⑦ 仲光军等编：《历代金殿殿试鼎甲朱卷》，页152。
⑧ 仲光军等编：《历代金殿殿试鼎甲朱卷》，页283。
⑨ 仲光军等编：《历代金殿殿试鼎甲朱卷》，页412。
⑩ 朱傑人等主编：《朱子全书》（陆），页55。
⑪ 仲光军等编：《历代金殿殿试鼎甲朱卷》，页163。

知人也)①，正德三年（1508）戊辰科会试试题（百世以俟圣人而不惑。质诸鬼神而无疑，知天也；百世以俟圣人而不惑，知人也)② 同一出处。

"……忠恕违道不远，施诸已而不愿，亦勿施于人。……庸德之行，庸言之谨，有所不足，不敢不勉，有余不敢尽。言顾行，行顾言，君子胡不慥慥尔！"此节出自《中庸》③，为宣德八年（1433）癸丑科会试试题（庸德之行，庸德之谨，有所不足，不敢不勉，有余不敢尽。言顾行，行顾言，君子胡不糙糙尔)④，万历二十九年（1601）辛丑科会试试题（庸德之行，庸德之谨，有所不及，不敢不勉，有余不敢尽)⑤，景泰五年（1454）甲戌科会试试题（忠恕违道不远，施诸已而不愿，亦勿施于人)⑥ 同一出处。

"《诗》云：'邦畿千里，惟民所止。'《诗》云：'缗蛮黄鸟，止于丘隅。'子曰：'于止，知其所止，可以人而不如鸟乎！'《诗》云：'穆穆文王，于缉熙敬止！'为人君，止于仁；为人臣，止于敬；为人子，止于孝；为人父，止于慈；与国人交，止于信。《诗》云：'瞻彼淇澳，菉竹猗猗。有斐君子，如切如磋，如琢如磨。瑟兮僩兮，赫兮喧兮。有斐君子，终不可喧兮！'如切如磋者，道学也。如琢如磨者，自修也。……有斐君子，终不可喧兮者，道盛德至善，民之不能忘也。"此节出自《大学》⑦，为成化二年（1466）丙戌科会试试题（《诗》云："邦畿千里，惟民所止。"《诗》云："缗蛮黄鸟，止于丘隅。"子曰：'于止，知其所止，可以人而不如鸟乎！'《诗》云："穆穆文王，于缉熙敬止！"为人君，止于仁；为人臣，止于敬；为人子，止于孝；为人父，止于慈；与国人交，止于信。《诗》云："瞻彼淇澳，缘竹猗猗。有斐君子，如切如磋，如琢如磨")⑧，万历二十六年（1598）戊戌科会试试题（《诗》云：'穆穆文王，于缉熙敬止！'为人君，止于仁；为人臣，止于敬；为人子，止于孝；为人父，止于慈；与国人交，止于信)⑨，正德六年（1511）

---

① 仲光军等编：《历代金殿殿试鼎甲朱卷》，页227。
② 仲光军等编：《历代金殿殿试鼎甲朱卷》，页259。
③ 朱傑人等主编：《朱子全书》（陆），页39。
④ 仲光军等编：《历代金殿殿试鼎甲朱卷》，页149。
⑤ 仲光军等编：《历代金殿殿试鼎甲朱卷》，页394。
⑥ 仲光军等编：《历代金殿殿试鼎甲朱卷》，页164。
⑦ 朱傑人等主编：《朱子全书》（陆），页18～19。
⑧ 仲光军等编：《历代金殿殿试鼎甲朱卷》，页178。
⑨ 仲光军等编：《历代金殿殿试鼎甲朱卷》，页387。

辛未科会试试题（如切如磋者，道学也。如琢如磨者，自修也）①，正统十年（1445）乙丑科会试试题（有斐君子，终不可諠兮者，道盛德至善，民之不能忘也）② 同一出处。

"……德为圣人，尊为天子，富有四海之内，宗庙飨之，子孙保之。故大德必得其位，必得其禄，必得其名，必得其寿。……"此节出自《中庸》③，为正统十年（1445）乙丑科会试试题（德为圣人，尊为天子，富有四海之内，宗庙飨之，子孙保之。故大德必得其位，必得其禄，必得其名，必得其寿）④。崇祯四年（1631）辛未科会试试题（德为圣人，尊为天子，富有四海之内）⑤ 同一出处。

"……何谓善？何谓信？曰：'可欲之谓善，有诸己之谓信，充实之谓美，充实而有光辉之谓大，大而化之之谓圣，圣而不可知之谓神。乐正子，二之中，四之下也。'"此节出自《孟子·尽心下》⑥，为天顺八年（1464）甲申科会试试题（何谓善？何谓信？曰："可欲之谓善，有诸己之谓信，充实之谓美，大而化之之谓圣，圣而不可知之谓神。乐正子，二之中，四之下也"）⑦，嘉靖三十五年（1556）丙辰科（大而化之之谓圣，圣而不可知之谓神）⑧ 同一出处。

"……仁者其言也讱。曰：'其言也讱，斯谓之仁矣乎？'子曰：'为之难，言之得无讱乎？'"此节出自《论语·颜渊第十二》，为成化二年（1466）丙戌科会试试题（为之难，言之得无讱乎）⑨，万历二十三年（1595）乙未科会试试题（仁者其言也讱。曰："其言也讱，斯谓之仁矣乎？"子曰："为之难，言之得无讱乎"）⑩ 同一出处。

"……文王以民力为台为沼，而民欢乐之，谓其台曰灵台，谓其沼曰灵沼，乐其有麋鹿鱼鳖。古之人与民偕乐，故能乐也。……"此节出自《孟子

---

① 仲光军等编：《历代金殿殿试鼎甲朱卷》，页259。
② 仲光军等编：《历代金殿殿试鼎甲朱卷》，页152。
③ 朱傑人等主编：《朱子全书》（陆），页42。
④ 仲光军等编：《历代金殿殿试鼎甲朱卷》，页152。
⑤ 仲光军等编：《历代金殿殿试鼎甲朱卷》，页419。
⑥ 朱傑人等主编：《朱子全书》（陆），页451。
⑦ 仲光军等编：《历代金殿殿试鼎甲朱卷》，页178。
⑧ 仲光军等编：《历代金殿殿试鼎甲朱卷》，页315。
⑨ 仲光军等编：《历代金殿殿试鼎甲朱卷》，页178。
⑩ 仲光军等编：《历代金殿殿试鼎甲朱卷》，页386。

·梁惠王上》①，为成化八年（1472）壬辰科会试试题（文王以民力为台为沼，而民欢乐之，谓其台曰灵台，谓其沼曰灵沼，乐其有麋鹿鱼鳖。古之人与民偕乐，故能乐也）②。嘉靖四十一年（1562）壬戌科会试试题（文王以民力为台为沼，而民欢乐之，谓其台曰灵台，谓其沼曰灵沼）③ 同一出处。

"……出门如见大宾，使民如承大祭。已所不欲，勿施于人。……"此节出自《论语·颜渊第十二》④，为成化十七年（1481）辛丑科会试试题（出门如见大宾，使民如承大祭）⑤。万历十七年（1589）乙丑科（出门如见大宾，使民如承大祭。已所不欲，勿施于人）⑥ 同一出处。

"子曰：'舜其大知也与！舜好问而好察迩言，隐恶而扬善，执其两端，用其中于民，其斯以为舜乎！'"此节出自《中庸》⑦，为成化十七年（1481）辛丑科会试试题（执其两端，用其中于民，其斯以为舜乎）⑧。隆庆二年（1568）戊辰科会试试题（子曰："舜其大知也！与舜好问而好察迩言，隐恶而扬善，执其两端，用其中于民，其斯以为舜乎"）⑨。万历十四年（1586）丙戌科会试试题（执其两端，用其中于民）⑩。万历四十一年（1613）癸丑科会试试题（舜好问而好察迩言，隐恶而扬善，执其两端，用其中于民，其斯以为舜乎）⑪ 同一出处。

"老者安之，朋友信之，少者怀之。"出自《论语·公冶长第五》⑫，为永乐十三年（1415）已未科会试⑬与成化五年（1469）乙丑科会试⑭之相同试题。

"子贡曰：'我不欲人之加诸我，也吾亦欲无加诸人。'子曰：'赐也，非

---

① 朱傑人等主编：《朱子全书》（陆），页247～248。
② 仲光军等编：《历代金殿殿试鼎甲朱卷》，页204。
③ 仲光军等编：《历代金殿殿试鼎甲朱卷》，页322。
④ 朱傑人等主编：《朱子全书》（陆），页168。
⑤ 仲光军等编：《历代金殿殿试鼎甲朱卷》，页226。
⑥ 仲光军等编：《历代金殿殿试鼎甲朱卷》，页376。
⑦ 朱傑人等主编：《朱子全书》（陆），页35。
⑧ 仲光军等编：《历代金殿殿试鼎甲朱卷》，页226。
⑨ 仲光军等编：《历代金殿殿试鼎甲朱卷》，页343。
⑩ 仲光军等编：《历代金殿殿试鼎甲朱卷》，页372。
⑪ 仲光军等编：《历代金殿殿试鼎甲朱卷》，页411。
⑫ 朱傑人等主编：《朱子全书》（陆），页107。
⑬ 仲光军等编：《历代金殿殿试鼎甲朱卷》，页144。
⑭ 仲光军等编：《历代金殿殿试鼎甲朱卷》，页193。

尔所及也。'"出自《论语·公冶长第五》①，为正德十六年（1521）辛巳科会试②与万历二十六年（1598）戊戌科会试③之相同试题。

"大哉尧之为君也！巍巍乎！惟天为大，惟尧则之。荡荡乎！民无能名焉。"出自《论语·泰伯第八》④，为嘉靖十一年（1532）壬辰科⑤与嘉靖三十二年（1553）癸丑科会试⑥之相同试题。

"……诚者非自成己而已也，所以成物也。成己，仁也；成物，知也。性之德也，合外内之道也，故时措之宜也。"此节出自《中庸》⑦，为嘉靖二十六年（1547）丁未科会试试题（性之德也，合外内之道也）⑧。嘉靖三十二年（1553）癸丑科会试试题（诚者非自成己而已也，所以成物也。成己，仁也；成物，知也。性之德也，合外内之道也，故时措之宜也。）⑨同一出处。

"孟子谓万章曰：'一乡之善士，斯友一乡之善士；一国之善士，斯友一国之善士；天下之善士，斯友天下之善士。以友天下之善士为未足，又尚论古之人。颂其诗，读其书，不知其人，可乎？是以论其世也，是尚友也。'"此节出自《孟子·万章下》⑩，为嘉靖二十六年（1547）丁未科会试试题（一乡之善士，斯友一乡之善士；一国之善士，斯友一国之善士；天下之善士，斯友天下之善士）⑪。万历三十五年（1607）丁未科会试试题（孟子谓万章曰："一乡之善士，斯友一乡之善士；一国之善士，斯友一国之善士；天下之善士，斯友天下之善士。以友天下之善士为未足，又尚论古之人。颂其诗，读其书，不知其人，可乎？是以论其世也，是尚友也。"）⑫同一出处。

"有安社稷臣者，以安社稷为悦者也。有天民者，达可行于天下而后行之者也。有大人者，正己而物正者也。"出自《孟子·尽心上》⑬，为隆庆五年

---

① 朱杰人等主编：《朱子全书》（陆），页103。
② 仲光军等编：《历代金殿殿试鼎甲朱卷》，页269。
③ 仲光军等编：《历代金殿殿试鼎甲朱卷》，页387。
④ 朱杰人等主编：《朱子全书》（陆），页136。
⑤ 仲光军等编：《历代金殿殿试鼎甲朱卷》，页284。
⑥ 仲光军等编：《历代金殿殿试鼎甲朱卷》，页315。
⑦ 朱杰人等主编：《朱子全书》（陆），页51。
⑧ 仲光军等编：《历代金殿殿试鼎甲朱卷》，页309。
⑨ 仲光军等编：《历代金殿殿试鼎甲朱卷》，页315。
⑩ 朱杰人等主编：《朱子全书》（陆），页393。
⑪ 仲光军等编：《历代金殿殿试鼎甲朱卷》，页309。
⑫ 仲光军等编：《历代金殿殿试鼎甲朱卷》，页399~400。
⑬ 朱杰人等主编：《朱子全书》（陆），页431。

(1571）辛未科①与崇祯十三年（1640）庚辰科会试②之相同试题。

"……大舜有大焉，善与人同。舍已从人，乐取于人以为善。……"，此节出自《孟子》《公孙丑上》③，为万历二十年（1592）壬辰科会试试题（舍已从人，乐取于人以为善）④。崇祯十六年（1643）癸未科会试试题（大舜有大焉，善与人同。舍已从人，乐取于人以为善）⑤ 同一出处。

"子曰：'素隐行怪，后世有述焉，吾弗为之矣。君子遵道而行，半途而废，吾弗能已矣。君子依乎中庸，遁世不见知而不悔，唯圣者能之。'"此节出自《中庸》⑥，为万历八年（1580）庚辰科会试试题（素隐行怪，后世有述焉，吾弗为之矣。君子遵道而行，半途而废，吾弗能已矣。君子依乎中庸，遁世不见知而不悔，唯圣者能之）⑦，万历三十五年（1607）丁未科会试试题（君子依乎中庸）⑧ 同一出处。

"申画郊圻，慎固封守，以康四海。"出自《尚书》卷十二《毕命第二十六周书》，为弘治十五年（1502）壬戌科⑨与嘉靖三十八年（1559）己未科会试⑩之相同试题。

"临，刚浸而长，说而顺，刚中而应，大亨以正，天之道也。"出自《易》卷二，为正统十年（1445）乙丑科⑪与万历十四年（1586）丙戌科会试⑫之相同试题。

鉴于科考试题频繁重复之情状，士子们便开始投机取巧，不读原典，通过背诵历年试卷，抄袭旧文来拾取青紫。这种风气最终使明代科举考试陷入了一个极为尴尬的境地。正统元年（1436）五月，朝廷首次对士子这种记诵旧文的风气进行了申斥："士贵实学，比来习俗颓弊，不务实行于己，惟记诵旧文以图侥幸，今宜革此弊。凡生员四书、本经必须要讲读精熟，融会贯通，至于

---

① 仲光军等编：《历代金殿殿试鼎甲朱卷》，页358。
② 仲光军等编：《历代金殿殿试鼎甲朱卷》，页424。
③ 朱傑人等主编：《朱子全书》（陆），页291。
④ 仲光军等编：《历代金殿殿试鼎甲朱卷》，页386。
⑤ 仲光军等编：《历代金殿殿试鼎甲朱卷》，页424。
⑥ 朱傑人等主编：《朱子全书》（陆），页37。
⑦ 仲光军等编：《历代金殿殿试鼎甲朱卷》，页363。
⑧ 仲光军等编：《历代金殿殿试鼎甲朱卷》，页400。
⑨ 仲光军等编：《历代金殿殿试鼎甲朱卷》，页243。
⑩ 仲光军等编：《历代金殿殿试鼎甲朱卷》，页316。
⑪ 仲光军等编：《历代金殿殿试鼎甲朱卷》，页152。
⑫ 仲光军等编：《历代金殿殿试鼎甲朱卷》，页372。

各经、子、史诸书必须讲明,时常考试勉励,庶几将来得用,不负教养。学者所作四书经义、论策等文,务要典实,说理详明,不许虚浮夸诞。"①

为了避免试题重复导致士子投机行为的发生,考试官员不得不绞尽脑汁改变出题思路,采取了截上题、截下题、截上下题、冒下题、截搭题等多种新的出题形式。②

(五)朝廷政令无法执行

为有效扭转科试经义文偏离政策规定的风气,朝廷频繁发布政令,申明经义文写作规范。据收集到的资料,从天顺三年(1459)开始,一直到崇祯朝灭亡,申明的总次数至少有32次之多,时间密度也呈递增之势:

天顺三年(1459),浙江温州府永嘉县教谕雍懋上疏:"朝廷每三年开科取士,考官出题多摘裂牵缀,举人作文亦少纯实典雅,比者浙江乡试春秋摘一十六股配作一题,头绪太多,及所镂程文乃太简略而不华实,且《春秋》为经,属词比事变例无穷,考官出题往往弃经任传,甚至参以己意,名虽搭题,实则射覆,遂使素抱实学者一时认题与考官相左,即被黜去。乞敕自后考官出题,举子作文,一惟明文是遵,有弗悛者,罪之。"明英宗采纳了他的建议:"命礼部议行。"③

成化十三年(1477),朝廷下令申斥:"出题校文,须依经按传,文理纯正。"④

成化二十三年(1487),朝廷下令申斥:"出题刊文,务依经按传,文理纯正者为式。"⑤

嘉靖六年(1527),嘉靖皇帝奏准"科场文字,务要平实典雅,不许浮华险怪,以坏文体"。⑥

---

① 《明英宗实录》卷一七,页345。
② 如:在"我非生而知之者,好古,敏以求之者也"一句中,如果以"好古,敏也求之者也"为题,就是"截上题",如果以"我非生而知之者"为题,就是"截下题"。在"或谓孔子曰:'子奚不为政?'子曰:'《书》云:'孝乎惟孝,友于兄弟,施于有政。'是以惟政,奚其为政?'"一节中,如果以"是以惟政"为题,就是"截上下题"。在"帝典曰:克明峻德"一句中,如果以"帝典曰"为题,则属"冒下题"。"截搭题"是指截取《四书》某些语句中的个别词语,搭配而成成题。"皆雅言也叶公"就是一个截搭题。"皆雅言也"出自《论语·述而》第十八章:"子所雅言,《诗》、《书》、执礼,皆雅言也","叶公"出自《论语·述而》第十九章:"叶公问孔子于子路,子路不对。子曰:'女奚不曰:其为人也,发愤忘食,乐以忘忧,不知老之将至云尔。'"这是由前一章最后的一句话与后一章的前两个字搭配而成的。(本处关于不同出题形式的论述,参看了王凯符《八股文》,页5~6。)
③ 俞汝楫:《出题禁割裂》,《礼部志稿》卷七十一。
④ 俞汝楫:《凡文字格式》,《礼部志稿》卷二十三。
⑤ 王世贞:《弇山堂别集》卷八十四,页1596。
⑥ 申时行等:《明会典》卷七七,页448。

嘉靖八年（1529），世宗下诏，"士有抄述老庄、诸子、野史，逞博悬奇者，置勿阅"。①

嘉靖十年（1531）十二月，朝廷下令："命题不得破析经义，取文则当崇雅黜浮，而尤宜致重德行，其不率教者，始与众共斥之，庶法令修明而人才辈出"。②

嘉靖十一年（1532），世宗下旨："近来士子经义诡异艰深，大坏文体，诚为害治，其出榜晓谕，今年会试文卷必纯正典雅、明白通畅者方得中式，若有仍前钩棘诡僻，痛加黜落，甚则令主考官奏闻处治。"③

嘉靖十二年（1533），礼部题行乡试条约："场中所作文字俱要纯雅通畅，不用浮华险怪艰涩之词，策答不许引用谬误杂书，陈及时务须要斟酌得宜，便于实用，不许泛为夸大，及偏执私意，有乖醇厚之风，俱遵照本部题准正文体事例，著实举行。"④

嘉靖十六年（1537），礼部言："迩年文体日坏，道术日微，宜敕会试取士务求醇正典雅，合于程式者，钩棘苴轧之文悉宜黜落，其背戾经传，引用《庄》、《列》不经之言者，参奏除名。诏可，令出榜晓谕。"⑤

嘉靖十七年（1538），世宗下诏："会试校文务要醇正典雅，明白通畅，合于程式者方许取中，其中似前驾虚翼伪钩棘、轧苴之文必加黜落，仍听考试官摘出，不写经传本旨，不循体制，及引用《庄》、《列》背道不经之言，悖谬尤甚者，将试卷送出，以凭本部指实奏请除名，不许再试。"⑥

嘉靖十七年（1538），世宗皇帝诏曰："士大夫学术不正，邪伪乱真，以致人材卑下，文章政事，日趋诡异，而圣贤大学之道不明，关系治理，要非细故。朕历览近代诸儒，惟朱熹之学醇正可师，祖宗设科取士，经书义一以朱子传注为主。比年各处试录文字，往往诡诞支离，背戾经旨。此必有一等奸伪之徒，假道学之名，鼓其邪说，以惑士心，不可不禁。礼部便行与各该提学官及学校师生，今后若有创为异说、诡道背理、非毁朱子者，许科道官指名劾奏。"⑦

---

① 霍韬：《会试录序后》，《渭崖文集》卷五，明万历四年刻本。
② 《明世宗实录》，卷一三三，页3158~3159。
③ 俞汝楫：《礼部志稿》卷六。
④ 俞汝楫：《礼部志稿》卷七十一。
⑤ 俞汝楫：《会试敕耳文式》，《礼部志稿》卷七十四。
⑥ 俞汝楫：《凡文字格式》，《礼部志稿》卷二十三。
⑦ 余继登：《典故纪闻》卷十七，页311~312。

嘉靖十八年（1539），世宗下旨：“令今后乡试进到试录，礼部详阅举奏，如有叛经离道，诡辞邪说，定将监临考试等官罪黜，取中举人，辨验公据得实，革退为民。”①

嘉靖四十三年（1564），礼部复南道御史史官所陈两京乡试革弊事宜："中式之文，务崇简易，凡浮繁冗杂诡僻不经，悉行黜汰……。得旨，各乡试但照旧规。"②

万历初期，张居正《请申旧章饬学政以振兴人才疏》曰："国家明经取士，说书者以宋儒传注为宗，行文者以典实纯正为尚。今后务将颁降《四书五经性理大全》、《资治通鉴纲目》、《大学衍义》、《历代名臣奏议》、《文章正宗》、及当代诰、律、典制等书，课令生员诵习讲解，俾其通脱古今，适于世用，其有剽窃异端邪说，炫奇立异者，文虽工弗录，所出试题亦要明白正大，不得割裂文义以伤雅道。"③

万历元年（1573），神宗说：士子经义文"限六百字上下，冗长浮泛者不得中式"。④

万历四年（1576）十月，礼部申饬："此后不但试录，凡章奏俱要恪遵旧式，明白简直，如草率违式及故为深文隐语，欺上不知，部科指实参处。"⑤

万历七年（1579）五月，礼部复礼科都给事中林景阳所奏实典事宜："一曰正文体，二曰核实学……，命着实举行。"⑥

万历八年（1580），神宗又说：士子经义文"限五百字，过多者不许誊录"。⑦

万历十五年（1586），圣旨："近来文体轻浮险怪，大坏士习，依拟着各该提学官痛革前弊，仍将考取优卷送部稽查，如有故违的，你部里摘出，开送内阁从重参治，科场后参阅硃卷，节年题有定例，今后也要着实举行，毋事空言，钦此。"⑧

万历十六年（1587）正月，该礼科题本部覆为《乞行申饬厘正文体敕旨

---

① 俞汝楫：《凡文字格式》，《礼部志稿》卷二十三。
② 王世贞：《弇山堂别集》卷八十三，页1580。
③ 张居正：《张太岳先生文集》卷三十九，明万历四十年唐国达刻本。
④ 俞汝楫：《凡文字格式》，《礼部志稿》卷二十三。
⑤ 《明神宗实录》卷五十五，页1278~1279。
⑥ 《明神宗实录》卷八十七，页1813~1814。
⑦ 俞汝楫：《凡文字格式》，《礼部志稿》卷二十三。
⑧ 俞汝楫：《责成正文体疏》，《礼部志稿》卷四十九。

以光科场盛典事》，内称："考过优卷已经题准解部其到任近，地里远者，限二月终旬题参，若文体违式，系提学官造士不端，宜从重参治，以重诏旨而信命令。"奉圣旨："这厘正文体事宜依议着实行，各官如有违明旨，沿袭旧套的，你部里及该科务要指名参治，钦此。"①

万历二十年（1592）正月，申宗下旨："三考为国抡才，须文理纯正，经术通明，方许收录，其有文词险怪，背经离传者，场后卷发礼部戒饬。程文须用真卷，勿得改拟。"②

万历二十二年（1594），礼部复御史薛继茂敷陈科场事宜，"议外簾、简、编号、贴卷、卷式、试录、钱粮、捷报，凡八条，而以正文体为第一义，谓纯正典雅之词不出倾邪侧媚之口，怪诞险诐之说必非坦夷平直之衷。近日士习敦坏，皆繇主司不务崇雅黜浮而奇诡获售，宜其从风而靡也。今后会试主考宜申饬分房，务取纯雅合式，不得杂收奇僻为海内标，其两京各省试录、硃、墨卷解到礼部逐一看祥，如有仍踵弊风者，士子除名，试官参处。上是其议论"③。

万历二十四年（1596），神宗下令："近来文体险怪，屡经明旨申饬，全无改正，这所奏依拟着实举行，以后提学官务查有无转移士习为殿最，不许概拟升转，吏部知道。"④

万历二十六年（1598），礼部复议科场事宜五款："议文体，大略务根朱注、本经传，禁佛老之谈及影入时事……从之。"⑤

万历三十年（1602），礼部条陈取士15款："作文必依经傍注，参佛书者罚出……诏嘉纳之。"⑥

万历三十四年（1606）十二月，神宗诏谕礼臣："文体敝坏，至今日而极，非独士习之陋，亦因阅卷官自繇此轨而进，相师相尚莫知其非，以此取士，士安得不靡然从之？今后房考官见有离经畔注、穿凿揣摩、及摭拾佛书俗语、隐讳怪诞者，必弃不取，甚者参罚，仍刊布谕旨预使闻知。"⑦

万历三十五年（1607）二月，礼部题科场事宜，正文体等。务从之。⑧

---

① 俞汝楫：《题乞正文体疏》，《礼部志稿》卷四十九。
② 《明神宗实录》卷二四四，页4550～4551。
③ 《明神宗实录》卷二七五，页5087～5088。
④ 俞汝楫：《责成正文体疏》，《礼部志稿》卷四十九。
⑤ 《明神宗实录》卷三一八，页5928～5929。
⑥ 《明神宗实录》卷三七三，页6989～6990。
⑦ 《明神宗实录》卷四二八，页8069。
⑧ 《明神宗实录》卷四三〇，页8111。

万历三十七年（1609）三月，礼部侍郎吴道南疏："申饬科场事宜，严限字之制；重主考之任；慎择房之选；责成四所之官。"万历皇帝批复曰："科场文体屡经禁约，通不遵行，士风薄恶，法纪凌迟，一至于此，深可痛恨！今后取中文字，但有冒犯原禁及字数过限者，该部科参来，将考官重处，其士子不分轻重，尽行黜革，如容隐不举，罪坐。"①

万历三十九年（1611）十月，南京、河南道御史张邦俊论"学臣命题割裂破碎，或牵扯扭搭，其于圣贤立言大旨甚相悖戾，恐文体日纤、世风日巧，因及于条约礼部侍郎翁正春具复三款：试卷宜解部，每岁试事，年终将真卷类解，其有文体险怪、出题穿凿者摘出参处"②。

万历四十年（1612）十二月，礼部复漕臣孙居相条摘场蠹四款："取文务求纯正典雅，其有吊诡挟奇、谈禅说偈等语，必黜无录，试卷到部严加查核，但有前弊，举子黜革，考官降斥。奉旨依议行。"③

万历四十三年（1615）十二月，礼部题申饬会场事宜："申文禁，必尔雅纯粹科平直通达，一一合先民典刑者始收，否则，虽才情可艳不录，最怪僻者贴出示戒，甚则仍议罚科。……上曰，这所奏申饬文禁诸款……俱依拟。"④

崇祯时期，思宗朱由检谕礼部尚书曰："命题须明白正大，近理切时，庶得实学通才，以资任用，不得诡僻琐裂，有乖典制。违者部科参处。"⑤

此外，朝廷还制定了一些其他整治经义文文风的措施：

首先，以惩处的方式来儆示天下。科考士子是经义文的写作者，他们首当其冲会成为朝廷主要的惩治对象。有明一代，朝廷制定处治违反经义文规范的考生的政策始于嘉靖初期。就处治方式而言，最初只有两种：一种是取消考生当年科考的及第资格，另一种是由主司奏明朝廷另行处治，如杖责等。违禁士子最终会遭遇何种命运，要视他们的经义文违反朝廷规范的程度而定。嘉靖十一年（1532），世宗下旨："近来士子经义诡异艰深，大坏文体，诚为害治，其出榜晓谕。今年会试文卷必纯正典雅、明白通邑者方得中式，若有仍前钩棘诡僻，痛加黜落，甚则令主考官奏闻处治。"⑥嘉靖中期，朝廷加重了对违禁

---

① 《明神宗实录》卷四五六，页 8608～8609。
② 《明神宗实录》卷四八八，页 9194～9196。
③ 《明神宗实录》卷五〇三，页 9553。
④ 《明神宗实录》卷五四〇，页 10278～10280。
⑤ 孙承泽：《申饬科场》，《山书》卷六，清抄本。
⑥ 俞汝楫：《礼部志稿》卷六。

士子的惩治力度，又增加了一种新的处治方式，即对于违禁情节严重的考生，朝廷将予以除名，永远不许再试。嘉靖十七年（1538），世宗诏令规定："会试校文，务要醇正典雅，明白通畅，合于程式者方许取中，其中似前驾虚翼伪、钩棘轧茁之文必加黜落，仍听考试官摘出，不写经传本旨，不循体制、及引用《庄》、《列》背道不经之言，悖谬尤甚者，将试卷送出，以凭本部指实奏请除名，不许再试！"① 此后，这三种方式并行使用，成为了明廷处治违禁士子的主要手段：万历二十二年（1594），礼部颁布政令说："今后会试主考宜申饬分房，务取纯雅合式……如有仍踵弊风者，士子除名。"② 万历三十四年（1606）十二月，神宗诏谕礼臣说："文体敝坏至今日而极，非独士习之陋，亦因阅卷官自繇此轨而进，相师相尚莫知其非，以此取士，士安得不靡然从之？今后房考官见有离经畔注、穿凿揣摩及摭拾佛书俗语、隐讳怪诞者，必齐不取，甚者参罚，仍刊布谕旨预使闻知。"③

考生做了违反规定的经义文要遭受惩处，考官命题违反规定及选录了答卷不符合政策规定的考生同样要遭受惩处。就惩治考官的具体形式而言，主要有下狱、罢官、降职和罚俸四种，如：嘉靖十六年（1537），广东"录文词义荒谬，大坏文体"，布政、按察司官及考试官皆奉诏下狱。④ 嘉靖十七年（1538）正月，世宗下旨："今后乡试录进到你部里，务要详阅举奏，如有仍前离经叛道，诡辞邪说，定将监临考试等官罪黜，取中举人辨验公据得实革退为民，钦此。"⑤ 万历四年（1576）十月，考官戴洵、程嗣功等因进呈的试录文"差错太多"、"文理纰缪"，被夺俸两个月。⑥ 万历四十年（1612）十二月，礼部复漕臣孙居相条，摘场蠹四款曰："取文务求纯正典雅，其有吊诡抉奇、谈禅说偈等语必黜，已录试卷到部严加查核，但有前弊，举子黜革，考官降斥。奉旨

---

① 俞汝楫：《凡文字格式》，《礼部志稿》卷二十三。
② 《明神宗实录》卷二七五，页5087～5088。
③ 《明神宗实录》卷四二八，页8069。
④ 杨廷枢辑评：《皇明历朝四书程墨同文录》，第十册，嘉靖丁酉福建程"致中和"评语。
⑤ 俞汝楫：《责成正文体》，《礼部志稿》卷七十。
⑥ 两京各省试录中有称臣者，且刊文篇数抬头字样参差差错，何故？辅臣张居正乃言故事："唯两京试录称臣，以考官皆出钦命，各省考官皆彼中聘取，文论皆取诸士子量刊为式，多少随便二项以未为差。唯是抬头岂容参差，此则各官忽略不敬，不能为之强解。伏睹各有御华红贴点，仰见留心明典，甚盛心也。乞敕下礼部申明体式，使知所遵守，其中差错太多、或文理纰缪不堪者，量行参究。于是，礼部behalten体式申明，并参应天主考及各省监试诸臣。诏罚试官戴洵、程嗣功等俸二月，此后不但试录，凡章奏俱要恪遵旧式，明白简直，如草率违式、及故为深文隐语，欺上不知，部科指实参处。"（《明神宗实录》卷五十五，页1278～1279）

依议行。"①

其次，实行提学负责制。明代后期，朝廷还制定了针对提学官的处治措施，提学官遭受惩处的原因在于他们没能扭转辖区士习，没能起到整治文风的作用，最早将提学官列入处治对象的时间是在万历十六年（1588）。在这一年，万历皇帝下旨："若文体违式，系提学官造士不端，宜从重参治。"② 提学官在考满后，是否能够得到升迁，要视他们个人的工作业绩而定，万历二十四年（1596），礼部尚书范谦上疏神宗说：

……本部通行省直提学院道，定如万历十五年题准事例，各将原卷通限本年十二月终解部，其路远新任者，限二十五年二月内解到。容臣等查阅字句，如有仍前诡异，杂用佛、老百家，违悖注疏者，开送内阁覆阅，将提学官照例参治，本生定行黜退，不许延缓；誊改迟悞，一并题参。学官仍将先后明旨刊刻告示，示晓诸生，使知近习在所必禁。坊间新刻诡异主意时文，转相蹈袭，惑乱初学，有妨士习，提学官即行查核，将板劈毁，勿得传布。本部仍行吏部，凡提学官升转各以转移士习与否以为殿最……

神宗御批：

近来文体险怪，屡经明旨申饬，全无改正，这所奏依拟着实举行，以后提学官务查有无转移士习为殿最，不许概拟升转，吏部知道。③

再次，颁行程文令士子模范。为了使科考士子能够恪守经义文标准，在每次乡试、会试之后，朝廷都会让考官从中式的试卷中选出符合政策规定的试卷，结集刊刻，颁发到各地学校以示模范。有明一代，这一成式始于洪武二十一年（1388）戊辰科的会试。④ 刊刻的内容要以士子的墨卷为准。

然而，部分考官由于个人政绩的需要，往往弃士子的墨卷不用，亲自代作进呈，邀宠请赏。嘉靖四年（1525），邓显麟对考官的这种弄虚作假的行为说："臣切（窃）惟乡试、会试有录本进呈上览，得信天下，近来往往假举子之名刊刻试官之作，吾谁欺、欺天乎？且使草茅之葵藿竟同鱼兔之筌蹄，名虽甄录而文已失其真矣。合无今后刊刻试录，止用举子本色文字，考官惟精白一

---

① 《明神宗实录》卷五〇三，页9552~9553。
② 《责成正文体疏》，俞汝楫《礼部志稿》卷四十九。
③ 范谦：《责成正文体疏》，俞汝楫《礼部志稿》卷四十九。
④ 黄佐：《试录程序文字》，《翰林记》卷十四，清同治道光间刻岭南遗书本。

心专事雠校，庶上无假借欺君之非，下无失实蹈伪之消。"① 嘉靖六年（1527），朝廷对考官的这种行为申斥说："试录只依士子本文稍加润色。"② 十一年（1532），朝廷再行申斥："士子可录之文，仍令考官重加裁正，以示模范。"③ 事实上，考官由于自身利益的关系，并没有因为朝廷的这两次申斥而停止他们的代作行为，否则，万历十三年（1585），朝廷就不会颁布这样则政令了："将士子中式试卷，纯正典实者，依制刊刻，不许主司代作。其后场果有学问该博，即前场稍未纯，亦许甄录。中间字句不甚妥当者，不妨稍为修饰，但不许增损过多，致掩本文。"④

从实际情况来看，明代后期朝廷颁发到学校的范文除了考生的墨卷外，还有考官亲自作的程文。万历十五年（1587），朝廷曾选刊历代程墨170篇颁行天下学校。万历二十年（1592），还刊刻了十八房⑤考官的程文集《钩玄录》。

值得注意的是，朝廷这种颁布程文的行为导致了两方面的不良后果：

第一，很多士子弃儒家典籍不读，通过记诵这些旧文来应付科举考试。万历二十三年（1595）会试，邹泗山的试卷为房师所赏，被"荐为榜首"，有人言其"前场七艺，尽录坊刻，自破承至结题，不易一字，坊间寻刻魁卷，亦不复改窜"。⑥ 万历四十四年（1616），学士吴道南与礼部尚书掌詹事府事刘楚先主试会闱，首卷沈同和"场中试卷，第三篇、第五篇真草，与第六名赵鸣阳草稿尽同，止有数语稍异，其余俱系旧文"⑦。万历四十七年（1619）己未科会试，福建晋江举人赖克俊，"其前场七艺，尽录坊刻，自破承直到结题，不易一字"，因获考官赏识，被取为第二名。

记诵旧文的风气兴起之后，士子对程、朱义理变得陌生起来。袁宏道在

---

① 邓显麟：《条陈科场疏》，《梦虹奏议》卷下，清道光二十七年刻本。
② 申时行等：《明会典》卷七七，页448。
③ 俞汝楫：《礼部志稿》卷七十一。
④ 申时行等：《明会典》卷七七，页449。
⑤ "明制，会试用考试官二员，总裁同考试官十八员，分阅五经，谓之十八房。嘉靖末年，《诗》五房，《易》、《书》各四房，《春秋》、《礼记》各二房，止十七房。万历庚辰、癸未二科，以《易》卷多，添一房，减《书》一房，仍止十七房。至丙戌，《书》、《易》卷并多，仍复《书》为四房，始为十八房。至丙辰，又添《易》、《诗》各一房，为二十房。天启乙丑，《易》、《诗》仍各五房，《书》三房，《春秋》、《礼记》各一房。为十五房。崇祯戊辰，复为二十房。辛未，《易》、《诗》仍各五房，为十八房。癸未，复为二十房，时人概称为十八房云。"（《十八房》，顾炎武《日知录》卷十六）
⑥ 沈德符：《录旧文》，《万历野获编》卷十六，中华书局，1959年版，页424。
⑦ 《万历邸钞》，国立中央图书馆，1982年版，页2331。

《陕西乡试录序》中说:"臣窃叹昔之士以学为文,而今之士以文为学也。以学为文者,言出于所解,而响传于所积,如云族而雨注,泉涌而川浩,故昔之立言难而知言易也。以文为学者,拾余唾于他人,架空言于纸上,如贫儿之贷衣,假姬之染黛,故今之立言易而知言难也。"① 不读原典,势必不能做到贯通文义,往往还会因不通原典而误掺程、朱之外的其它学说。叶向高就此说:"自来文章皆作自己言,惟宋人创时义,则以己而代圣贤言,又以圣贤之一言而衍为千百言,故其体裁虽无当于古,而其舌端口角有一不似圣贤,胸中所欲吐便失其本来面目。今之时义其卑者,如街谈巷说,冗秽庸俗,不堪听闻,其名为高奇者,又如妖巫邪祝,说鬼道神,茫无事实。孟氏所谓诐淫邪遁无而有之,生心害政,天下之乱大率由此,其病皆起于平日不读经书,不知圣贤道理,乃强而为圣贤之言,如蛮夷侏儶之人,代中华人说话,虽重译犹不能通,而顾偨然自以为正音,人亦从而慕之,几何不胥而为夷乎!"②

由此可见,朝廷颁布程文导致士子记诵旧文风气的形成,不仅使经义文失去了衡量贤才的效用,还会因士子不通儒学、掺用异说,严重削弱了主流意识形态的教化功能。

第二,明代后期的试录文很多并不符合朝廷标准规定,这类文章刊发后,会产生负面的导向作用,致使士子的经义文创作偏离了标准规定。夏言在《请变文体定程式简考官三事》中就此说:"近年……各处试录文理纰缪、体裁庞杂,殆不可观,以致初学之士不辨臧否,方且争效所为,至于平日善为文者亦不能守其故步,反迁就其非缪以市合一时,则文之弊也。"③

最后,禁止私人刊刻经义旧文。明代后期,出版业极其发达。士子记诵旧文的需求促成了书坊刊刻旧文的动机,出版业的飞速发展为书坊刊刻旧文提供了物质基础。明代后期时文的刊刻出版因此而变得极其繁盛,李诩《戒庵老人漫笔》卷八云:"余少时学举子业,并无刊本窗稿。有书贾在利考,朋友家往来,钞得灯窗下课数十篇,每篇誊写二三十纸,到余家塾,拣其几篇,每篇酬钱或二文或三文。忆荆川中会元,其稿亦是无锡门人蔡瀛与一姻家同刻。方山中会魁,其三试卷,余为怂恿其常熟门人钱梦玉以东湖书院活字印行,未闻有坊间板。今满目皆坊刻矣,亦世风华实之一验也。"④ 在商业利益的刺激下,

---

① 袁宏道著,钱伯城笺校:《袁宏道集笺校》,页 1530。
② 叶向高:《正心会全稿序》,《苍霞余草》卷六,明万历刻本。
③ 夏言:《请变文体定程式简考官三事》,《桂洲先生奏议》卷七,明忠礼书院刻本。
④ 李诩:《时艺坊刻》,《戒庵老人漫笔》卷八,中华书局,1982 年版,页 334。

明代政权运作与文学走向

不仅时文刊刻的数量空前繁盛，而且传播的时效也快得惊人。邓显麟《梦虹奏议》云："切（窃）见京闱填榜之夕，有等射利光棍公然持梃踰墙上房翻瓦，攘夺中式姓名，人吏环视莫之敢禁，是以试录未及进呈上览，而京城家喻户晓矣！"①

这些被刊刻售卖的旧文，大致有四类：一是程墨："三场主司及士子之文"，《钩玄录》即属此类；二是房稿："十八房进士平日之作"，《艺海元珠》、《阅艺随录》皆属此类；三是行卷，"举人平日之作"；四是社稿，"诸生会课之作"。②

这些被刊刻的文章到底质量如何呢？明人杨慎说：

> 本朝以经学取人，士子自一经之外罕所通贯。近日稍知务博以哗名，苟进而不究本原，徒事末节，五经诸子则割取其碎语而诵之，谓之蠡测；历代诸史则抄节其碎事而缀之，谓之策。套其割取抄节之人，已不通经涉史，而章句血脉皆失其真，有以汉人为唐人、唐事为宋事者，有以一人折为二人、二事合为一事者。予曾见考官程文引"制氏论乐"，而以"制氏"为"致仕"，又士子墨卷引《汉书·律历志》"先其算命"作"先算其命"。近日书坊刊布其书，士子珍之，以为秘宝，转相差讹，殆同无目人说词话。③

沈鲤亦说："照得近年以来，科场文字渐趋奇诡，而坊间所刻及各处士子之所肄习者，更益怪异不经，致误初学，转相视效"。④ 让这类不规范的文章流布天下，其产生的负面效应也就可想而知了。⑤

为了消除这种负面影响，朝廷颁布政令，禁止书坊私自刊刻印卖违制旧文。正德十年（1515）十二月，南京礼科给事中徐文溥首次上疏："近时，时文流布四方，书肆资之以贾利，士子假此以侥幸，宜加痛革，凡场屋文字句语

---

① 邓显麟：《条陈科场疏》，《梦虹奏议》卷下。
② 梁章钜著、陈居渊校点：《制艺丛话》卷一，页24。
③ 谈迁：《国榷》，续修四库全书影印清抄本，上海古籍出版社，第358册，页413。
④ 王世贞：《弇山堂别集》卷八十四，页1595～1596。
⑤ 至于文体与国运之关系，清人梁章钜是这样说的："明洪武初，定科举法亦兼用经义，后乃专用经义，其大旨以阐发理道为宗。厥后其法日密，其体日变，其弊亦日生。有明二百余年，自洪、永以迄化、治，风气初开，文多简朴。逮于正、嘉，号为极盛。隆、万以机法为贵，渐趋佻巧。至于启、祯，警僻奇杰之气日盛，而胶杂不纯，猖狂自恣者，亦遂错出于期间。于是启议之风，长横诐之习，文体庆而士习弥坏，士习坏而国运亦随之矣。"（《制艺丛话》卷一，页13）文体坏导致士习坏，士习坏致使国运衰。

雷同，即系窃盗，不许誊录，其书坊刊刻，一应时文悉宜烧毁，不得鬻贩，各处提学官尤当禁革，如或私藏诵习不悛者，即行黜退。"① 这种规定最早是由嘉靖前期的提刑按察司副使魏校实施的：

> 书铺当禁之书，一曰时文，蛊坏学者心术；二曰曲本，诲人以淫；三曰佛经，四曰道经，扇惑人心。先已通行禁革，委官宜责取各铺、并地方总小甲邻佑结状，如再发卖前项书籍，重治以罪，再不许开书铺；仍大书告示，张挂关隘去处，不许从外省贩卖前项书籍私入广东境内，不时差官盘验，以诘奸弊。②

万历中期之后，转由中央机构正式颁布：万历二十四年（1596），礼部尚书范谦疏："使知近习在所必禁，坊间新刻诡异主意时文，转相蹈袭，惑乱初学，有妨士习。提学官即行查核，将板劈毁，勿得传布，本部仍行吏部，凡提学官升转各以转移士习与否以为殿最，庶斯文之统纪不淆，祖宗之法纪愈肃，诸所得士必光明纯正，用以成人才、维世道，所裨益不浅矣。"万历皇帝御批："近来文体险怪，屡经明旨申饬，全无改正，这所奏依拟着实举行。"③ 崇祯皇帝继续推行此项政策："房刻有文体怪诞的，各学臣即行毁板。夫房刻法非学臣所得问，尚严重如此，况试刻乎？今后尔士子不但妄刻窗稿，欺世自媒，概行禁绝！"④

事实上，朝廷制定的这些整治经义文文风的措施并没有被严格执行。马从聘就此说："文体之醇漓关士风，士风之邪正关治化。迩来文体弊坏，屡廑宸纶，申斥厘正，不啻再三，而其敝乃益甚，良以禁令止属之空谈，革惩未见之行事，以故忽明旨而不信，玩禁例而不遵，法之不行，自上始耳。"⑤ 何良俊在南京时，曾经传令于督学赵方泉和福建巡按御史，让他们分别将上江和建宁等处书坊刻行的时义尽数烧除，但二人只是空言应付，并没有付诸实施。⑥

---

① 《明武宗实录》卷一三二，页2631。
② 魏校：《谕教读》，《庄渠遗书》卷九，文渊阁《四库全书》本。
③ 俞汝楫：《责成正文体疏》，《礼部志稿》卷四十九。
④ 侯峒曾：《侯忠节公全集》卷十七，民国二十五年铅印本。
⑤ 马从聘：《议处科场疏》，《兰台奏疏》卷二，清光绪五年谦德堂刻《畿辅丛书》本。
⑥ "余在南都时，尝与赵方泉督学言，欲其分付上江二县，将书坊刻行时义尽数烧除，仍行文与福建巡按御史，将建宁书坊刻行时义亦尽数烧除。方泉虽以为是，然竟不能行，徒付之空言而已。"（何良俊《四友斋丛说》卷三，页24）

第四节　考官割裂经旨的出题方式对明代后期戏曲的影响

有明一代，科举考试在士人人生当中占有举足轻重的地位，到了明代后期，考官出题割裂经旨的风气已经十分严重，这种风气在一定程度上也影响到了当时的戏曲创作。

明人孙钟龄，字仁儒，号峨嵋子，别署白雪楼主人、白雪道人，撰有传奇《东郭记》，① 叙述的是战国时期的事情：齐国的儒生齐人贫困潦倒，与好友淳于髡、王驩约定求取富贵。淳于髡以滑稽获遇齐王，攀居亚卿。王驩通过偷盗、乞讨，贿赂大夫田戴，获大夫之位。齐人历经屈辱后，挟资投淳于髡，被荐举为大夫，在此之后，他又因建战功获升为亚卿，功德圆满而辞官归隐。②

该剧"以《孟子·离娄下》'齐人有一妻一妾而处室者'一章为经，以《孟子·滕文公下》之陈仲子为纬，杂取《孟子》中若干人物事迹成篇。淳于髡、王驩、陈仲子、田戴、公行子、尹氏、绵驹、陈贾、景丑、章子等，皆从《孟子》中拈出点缀"③。

除了该剧剧情多本《孟子》外，其剧目名称亦多出自孟子原文。全剧共44 出，除了第一出之外，其余的43 出皆是以截取《孟子》中的只言片语为标题的，有似于科试经义文的文题：

第二出《人之所以求富贵利达者》，标题出自《孟子·离娄下》第三十三章；

第三出《少艾》，标题出自《孟子·万章上》第一章；

第四出《井上有李》，标题出自《孟子·滕文公下》第十章；

第五出《则将摟之乎》，标题出自《孟子·告子下》第一章；

第六出《齐东野人之语》，标题出自《孟子·万章上》第四章；

第七出《媒妁之言》，标题出自《孟子·滕文公下》第三章；

第八出《绵驹》，标题出自《孟子·告子下》第六章；

第九出《则得妻》，标题出自《孟子·告子下》第一章；

第十出《日攘其邻之鸡者》，标题出自《孟子·滕文公下》第八章；

---

① 郭英德先生谓："孙钟龄《东郭记引》署'万历戊午重九越三日，'戊午为万历四十六 (1618)，剧当作于是年秋以前。"（郭英德《明清传奇综录》，河北教育出版社，1997 年版，页 408）

② 参看郭英德《明清传奇综录》，页 407~408。

③ 郭英德：《明清传奇综录》，页 408。

第十一出《钻穴隙》，标题出自《孟子·滕文公下》第三章；

第十二出《以利言也》，标题出自《孟子·滕文公下》第一章；

第十三出《一妾》，标题出自《孟子·离娄下》第三十三章；

第十四出《先名实者》，标题出自《孟子·告子下》第六章；

第十五出《其良人出》，标题出自《孟子·离娄下》第三十三章；

第十六出《他日归》，标题出自《孟子·滕文公下》第十章；

第十七出《与之偕而不自失焉》，标题出自《孟子·公孙丑上》第九章；

第十八出《出而哇之》，标题出自《孟子·滕文公下》第十章；

第十九出《吾将瞷良人之所之也》，标题出自《孟子·离娄下》第三十三章；

第二十出《蚤起》，标题出自《孟子·离娄下》第三十三章；

第二十一出《偏国中》，标题出自《孟子·离娄下》第三十三章；

第二十二出《卒之东郭墦间，之祭者》，标题出自《孟子·离娄下》第三十三章；

第二十三出《与其妾讪其良人而相泣于中庭》，标题出自《孟子·离娄下》第三十三章；

第二十四出《顽夫廉》，标题出自《孟子·万章下》第一章；

第二十五《将有远行》，标题出自《孟子·公孙丑下》第三章；

第二十六出《妾妇之道》，标题出自《孟子·滕文公下》第二章；

第二十七出《丈夫生》，标题出自《孟子·滕文公下》第三章；

第二十八出《为人也》，标题出自《孟子·告子下》第六章；

第二十九出《与之大夫》，标题出自《孟子·万章上》第五章；

第三十出《郁陶思君尔》，标题出自《孟子·万章上》第二章；

第三十一出《而独于富贵之中有私龙断焉》，标题出自《孟子·公孙丑下》第九章；

第三十二出《右师不悦》，标题出自《孟子·离娄下》第二十七章；

第三十三出《谗》，标题出自《孟子·告子下》第十三章；

第三十四出《托其妻子于其友》，标题出自《孟子·梁惠王下》第六章；

第三十五出《为将军》，标题出自《孟子·告子下》第八章；

第三十六出《战必胜》，标题出自《孟子·公孙丑下》第一章；

第三十七出《为衣服》，标题出自《孟子·滕文公下》第三章；

第三十八出《谄》，标题出自《孟子·告子下》第十三章；

第三十九出《妻妾之奉》，标题出自《孟子·告子上》第十章；

第四十出《百工之事》，标题出自《孟子·腾文公》第四章；

第四十一出《其妻妾不羞也》，标题出自《孟子·离娄下》第三十三章；

第四十二出《所识穷乏者得我与》，标题出自《孟子·告子上》第十章；

第四十三出《殆不可复》，标题出自《孟子·尽心下》第二十三章；

第四十四出《所识穷乏者得我与》，标题出自《孟子·离娄下》第三十三章。

无论是该剧剧情与每一出剧目名称的出处而言，还是该剧剧情与每一出剧目名称对应的形式来看，这俨然就是科试经义文写作形式在戏曲创作表现手法中的具体运用。

概而言之，在明代前期这一时间段内，君主、朝臣在思想上、行为上基本能够与国家颁行的政令、政策保持一致，这些政令、政策得到了有效贯彻执行，所以科试经义文的走向被政权牢牢控制着，实现其为国家选用理想人才的功能。到了明代后期，出现了两个大的分离：从国家颁行政令、政策的目的和推行的行为来讲，推行政令、政策的目的是一回事，推行政令、政策的行为又是一回事；就朝臣与国家政令、政策的关系而言，国家政令、政策是一回事，朝臣的思想、行为则是另一回事。这一时段经义文的走向虽然也牢牢控制在政权运作的范围之内，但主要是控制在推行政令、政策的朝臣手中，并不能体现国家的意志，更多的是朝臣个人行为的体现。

明代政权运作与诗文走向

第三章

明代政权运作与诗文走向

在中国古代文学思想传统中,诗文兼具政教与娱乐的双重角色,或因历史时段的不同,或因使用者使用目的之差异,诗文的政教功能和娱乐功能所表现出的强弱态势并不完全对等。皇明王朝建立之后,朱元璋如何看待诗文,对诗文做了哪些规定,推行手段、效果如何,等等,本章拟就这些问题做出回应。

第一节 朱元璋确立的正统诗文观

洪武七年(1374),朱元璋欲在狮子山修建阅江楼,令朝臣以此为题,各作一文,希望借此发掘可以依赖的贤才。朝臣应命,"即日成文,群献于前"。朱元璋看后感言:

> 吁,难哉,乏人矣!昔唐太宗繁工役而好战斗,忽宫中妇人徐充容者上疏曰:"地广非久安之道,人劳乃易乱之源。东戍辽海,西役昆丘,诚不可也。"但观唐妇人,犹过今之儒者,人才可见矣。或一二从者,所问所答,不过顺其欲而常其美,恶不谏焉。以斯人之心,犹思膺上爵而名扬于世,傍有信乎?……今之同游,非昔君子同游者。昔君之同游,皆和而不同者。今同我游者,咸同而不和者。①

从这段文字来看,朱元璋对进文朝臣的表现非常失望。至于失望的原因,他在《辟阿奉文》中是这样说的:"文章虽有高下,其大意则亦然。所以大意亦然者何?不过皆夸楼之美,言工已成。览文之后,不得而无忧。"②

随后,他托臣子之名,自作一文:

> 洪武七年二月二十一日,皇帝坐东黄阁,询臣某曰:京城西北龙

---

① 朱元璋:《辟阿奉文》,钱伯城主编《全明文》卷一一,页167。
② 朱元璋:《辟阿奉文》,钱伯城主编《全明文》卷一一,页167。

湾狮子山，扼险而拒势，朕欲作楼以壮之，雄伏遐迩，名曰阅江楼。虽楼未造，尔先为之记。臣某谨拜首稽首而言曰：臣闻古人之君天下，作宫室以居之，深高城隍以防之，此王公设险之当为，非有益而不兴。土阶三尺，茅茨不剪，诚可信也。今皇上神谋妙算，人固弗及，乃有狮子山扼险拒势之诏，将欲命工。臣请较之而后举。且金陵之形势，岂不为华夷之魁，何以见之？昔孙吴居此而有南土，虽奸操、忠亮，卒不能擅取者，一由长江之天堑，次由权德以沽民。当是时，宇内三分，劲敌岂小小哉？犹不能侵江左，岂假阅江楼之拒势乎？今也皇上声教远被遐荒，守在四夷，道布天下，民情效顺，险已固矣，又何假阅江楼之高扼险而拒势者欤？夫宫室之广，台榭之兴，不急之务，土木之工，圣君之所不为。皇上拨乱返正，新造之国，为民父母，协和万邦，使愚夫愚妇无有谤者，实臣之愿也。臣虽违命，文不记楼，安得不拜首稽首，以歌陛下纳忠欤而敛兴造，息元元于市乡。乃为歌曰：天运循环，百物祯颁。真人立命，四海咸安。臣歌圣德，齿豁鬓斑。亿万斯年，君寿南山。①

从朱元璋作的这篇记文来看，主要包含了两个方面的内容：一是劝止君主建楼，杜绝不急之务；二是歌颂君主功德。

朱元璋托臣子名义撰写此文，其真正用意在于为臣工树立一个榜样，告诉臣工要以此为作文范式。而文中蕴含的两个层面，似可以看作是他提出的两个文学主张：第一，文章要有所讽谏。改元初期他曾对此进行过提倡，洪武二年（1369）十一月二十二日，他召翰林学士宋濂、危素、詹同、王祎、魏观到外朝，"亲御翰墨赋诗一章，复系小序于首，命各以诗进"。危素最后进呈，"诗以民瘼为言"，朱元璋甚为高兴，称赞说："素终老成，其有轸念苍生之意乎！"② 在朱元璋看来，讽谏可使圣智清明，少犯错误，这对于治国显然是有积极意义的；第二，文章须彰显圣上功德。彰显圣上功德可以起到风教天下的作用，所谓国有美政，乡有善俗，必播诸诗歌以风励天下。说的就是这个意思。

朱元璋甚为反感吟风弄月之作。洪武十二年（1379）二月，他命儒官每人进先儒古文一篇。群儒"皆以文、书来进。其文多韩、柳，书皆孔、孟"。

---

① 朱元璋：《又阅江楼记》，钱伯城主编《全明文》卷一二，页175～176。
② 陈子龙：《应制冬日诗序》，《皇明经世文编》卷一，明崇祯平露堂刻本。

朱元璋看后，批评道：

> 寻行数墨者，岂不同于愚夫者也……盖于《马退山茅亭记》，见柳子之文无益也，而幼学却乃将至。且智人于世，动以规模则为世之用，非规模于人而遗之于世，亦何益哉？其柳子厚之兄司牧邕州，构亭于马退山之巅，朝夕妨务而逸乐。斯逸乐也，见之于柳子赞美也，其文既赞美于亭，此其所以无益也。夫土木之工兴也，非劳人而弗成，既成而无益于民，是害民也。柳子之文，略不规谏其兄，使问民瘼之何如，却乃咏亭之美，乃曰，因山之高为基，无雕橡斫栋，五彩图梁，以青山为屏障。斯虽无益，文尚有实。其于"白云为藩篱"，此果虚耶、实耶？纵使山之势突然而倚天，苜然而插渊，横亘其南北，落魄其东西，岩深谷迥，翠蕤之色缤纷，朝莺啼而暮猿啸，水潺潺而洞白云，岚风杂藻，旭日飞霞，果真仙之幻化，衣紫云致衣，著赤霞之裳，超出尘外，不过一身而已，又于民何有之哉？何利之哉？其于柳子之文见马退山之茅亭，是为无益也。其幼儒无知，空逾日月，其谓不可。戒之哉，戒之哉！①

在朱元璋看来，动兴土木以逸乐，本是伤财害民之事，柳宗元《马退山茅亭记》不仅没有规劝其兄，反而一味赞咏亭榭之美，儒官摹仿这样无益于实政的虚文，纯粹就是荒度光阴，故要慎戒之！

历代朝廷十分强调儒家义理在诗文中的教化功能，明王朝也不例外。洪武二年（1369）三月，朱元璋对侍臣詹同说："古人为文章，或以明道德，或以通当世之务。……近世文士，不究道德之本，不达当世之务，立辞虽艰深而意实浅近，即使过于相如、扬雄，何裨实用？自今翰林为文，但取通道理明事务者，无事浮藻。"② 司马相如与扬雄为汉代的两位文学大家，二人的赋文以辞采华美而闻名。朱元璋贬斥此二人，意在抑制卖弄文辞的文风，极力倡导诗文的道德教化功能。洪武八年（1375）八月，朱元璋以唐人尹程《观秋水赋》"言不契道"为由，当场加以改定，在召集群臣观览的同时，还让侍臣"各撰赋以进"，宋濂"率同列研精覃思，铺叙成章，诣东黄阁次第投献"，朱元璋"皆亲览焉，复置品评于其间"③。确切地说，朱元璋所说的道德，是指对世人

---

① 朱元璋：《谕幼儒敕》，钱伯城主编《全明文》，页92~93。
② 余继登：《典故纪闻》卷二，页30。
③ 宋濂：《恭跋御赐诗后》，《宋濂全集》第二册，浙江古籍出版社，1999年版，页1020。

具有直接约束效力的儒家的人伦纲常,在他的诗文当中,这类作品占有相当比例。如《又赓答禄与权韵》:

时雨济八荒,万物皆精爽。遥岑敛白云,岩壑尽轩敞。啼莺舞林麓,民乐更何想?树底清风生,花馨送至往。野人入市沽,沽毕还山上。庶士问民瘼,王纲仁义掌。智人若峰峦,天下有所仰。埋云叠嶂松,微音琴抚响。①

再如《新春赓王鳌韵》:

春到阳和万象舒,至阴深敛九泉居。山川气霭坚冰泮,岳渎云生冷露除。但向静中观造化,特专闲里运图书。仁闻尧德兼天地,大洽苍生惟舜虞。②

在这两首诗中,朱元璋将国泰民乐的盛世景象归功于儒家的王纲仁义,其宣扬儒家教义之用心十分明显。

朱元璋虽然强调儒学在诗文中的道德教化功能,但对儒家义理并非全盘接受,而是有所选择的,对于不利于明王朝统治的内容,他会严令剔除。《孟子》中"君视臣如草芥,则臣视君如寇仇"、"民为贵,社稷次之,君为轻"、"君有大过则谏,反复之而不听则易位"、"时日曷丧,予及汝偕亡"等挑衅君主绝对权威的思想,令朱元璋深恶痛绝,必欲除之而后快。洪武二十七年(1394),他做出编修《孟子节文》的决定,命刘三吾删除其中85章有关触犯王权之绝对权威的内容,诏令自今85章之内,课士不以命题,科举不以取士!③ 对于《孟子节文》之编制原则,刘三吾是这样说的:

引文王灵台之事,《汤誓》时日害丧之喻,岂不太甚哉!雪宫之乐,谓贤者有此乐,宜矣;谓人不得即有非议其上之心,又岂不太甚哉!其他或将朝而闻命中止,或相待如草芥,而见报施以仇雠;或以谏大过,不听而易位;或以诸侯为社稷,则变置其君;或所就三,所去三,而不轻其去就于时君。固其崇高节、抗浮云之素志,抑斯类也,在当时列国诸侯可也。若夫天下一君,四海一国,人人同一尊君亲上之心,学者或不得其扶持名教之本意,于所不当言不当施者,概以言焉,概以施焉,则学非所学,而用非所用矣。④

---

① 章培恒主编:《全明诗》卷三,上海古籍出版社,1992年版,页19。
② 章培恒主编:《全明诗》卷四,页29。
③ 全祖望:《辨钱尚书争孟子事》,《鲒埼亭集》卷三十五,四部丛刊景清刻姚江借树山房本。
④ 刘三吾辑:《孟子节文题辞》,《孟子节文》卷首,北京图书馆古籍珍本丛刊影明初刻本。

这段文字清楚表明了朱元璋维护君主绝对权威、君权绝对统治之用心。这种对儒学典籍删减利用的做法,在中国历史上,朱元璋实为第一帝!

朱元璋在强调诗文要宣扬人伦纲常的同时,还十分注重对粉饰太平文风的提倡。洪武六年(1373)八月七日,他在东黄阁与群臣品诗饮酒,席间为宋濂诗赋歌:

> 西风飒飒兮金张,特会儒人兮举觞。目苍柳兮袅娜,阅澄江兮水洋洋。为斯悦而再酌,弄清波兮水光。玉海盈而馨透,泛琼斝兮银浆。宋生微饮兮早醉,忽周旋步兮跄跄。美秋景之乐,但有益于彼兮何伤?①

据史料记载,当时的饮酒气氛并不轻松欢快:朱元璋赐酒宋濂,宋濂"跽走"出列,推辞说:"臣荷陛下圣慈赐以醇醪,敢不如诏,第臣念衰迈,恐志不慑气,或衍于礼度,无以上承宠光尔。"当朱元璋赐第二杯酒时,宋濂则"举觞至口端,又复瑟缩者三"②。宋濂不敢饮酒之主要原因是怕酒醉失礼致祸,遭遇不测。"瑟缩者三"之举止清楚折射出了他惶恐不安的心理。宋濂为朱明王朝的建立立下了汗马功劳,象他这样的开国功臣在朱元璋面前尚且如此胆颤心惊,其他朝臣的命运也就可想而知了。在这首醉酒歌中,朱元璋以"美秋景之乐"描绘了一派太平祥和的盛世气象。他赐此歌于宋濂时说:"卿藏之以示子孙,非惟见朕宠爱卿,亦可见一时君臣道和共享太平之盛也。"③朱元璋此举意在引导一种粉饰太平的文风,使诗文成为营造安定祥和政治氛围的工具,以便更好的推动朱明王朝的治化。在朱元璋的倡和作品中,这样的粉饰之作很多。如《雨后晴云赓马懿韵》:

> 万叠晴云起远峰,举头极目见天中。江山如画民安乐,溽暑蒸苗秋不空。④

《又赓李睿韵》:

> 阴极阳生建至和,飞花腾六玉山阿。从斯瘴疠同云捲,喜见民人相与歌。⑤

《又赓刘仲质韵》:

---

① 章培恒主编:《全明诗》卷五,页52。
② 朱睦㮮:《赓歌》,《圣典》卷二二,明万历四十一年刻本。
③ 朱睦㮮:《赓歌》,《圣典》卷二二。
④ 章培恒主编:《全明诗》卷四,页36。
⑤ 章培恒主编:《全明诗》卷四,页40。

阳升阴降转洪钧，柳眼初舒造物新。泮却坚冰澄碧海，浮游暖气拂玄旻。从兹宇宙皆清泰，始觉舆图治化淳。淑鸟啭音鸣处处，弄晴花蝶舞先春。①

这三首诗均在宣扬世安民乐的盛世景象。

一方面由于朱元璋以实用态度来看待诗文，另一方面由于他缺乏必要的文学修养，所以时常还会闹出一些笑话来。韩愈曾作有《伯夷颂》，文中有这样一段：

> 士之特立独行，适于义而已，不顾人之是非，皆豪杰之士，信道笃而自知明者也。一家非之，力行而不惑者，寡矣；至于一国一州非之，力行而不惑者，盖天下一人而已矣；若至于举世非之，力行而不惑者，则千百年乃一人而已耳。若伯夷者，穷天地亘万世而不顾者也。昭乎日月不足为明，崒乎泰山不足为高，巍乎天地不足为容也！②

韩愈以"日月不足为明"、"泰山不足为高"、"天地不足为容"的夸张手法，来形容伯夷的德行影响之久远。朱元璋看完之后，对这段文辞的评价是"诬妄理道"：

> 古今作文者，文雄句壮字奥，且有音节者甚不寡，文全不诬妄理道者鲜矣。吁，难哉！朕闻儒者多祖韩文，试取观之。及至检间，忽见颂伯夷之文，乃悉观之，中有疵焉。疵者何？曰过天地、小日月是也。且伯夷之忠义，止可明并乎日月，久同乎天地，旌褒之尚无过于此，何乃云"日月不足为明"，"天地不足为容也。"是何言哉！尝闻上下四方曰宇，往古来今曰宙。二仪立极虚其中，人物居焉。曰宇，如殿庭是也。以天地初分为垠，来今无已曰宙，如江流是也。大矣哉天地，明矣哉日月。韩曰过于天地日月，于文则句壮字奥，诵之则有音节，若能文者，莫出于韩。若言道理，伯夷过天地，小日月，吾不知其何物，此果诬耶？妄耶？韩文名世不朽，已千载矣，今为我论，识者莫不以我为强欤？设若不以我为强，则韩文乃至精之撰，犹有其疵，岂不鲜矣哉。③

---

① 章培恒主编：《全明诗》卷四，页29。
② 韩愈著，阎琦校注：《韩昌黎文集注释》，三秦出版社，2004年版，页101～102。
③ 朱元璋：《驳韩愈颂伯夷文》，钱伯城主编《全明文》卷一一，页165。

按照朱元璋的理解，日月天地作为时空极限，人居其中，无论如何是不能对此做出超越的，韩愈"日月不足为明"、"天地不足为容"显然有违这个事实逻辑，是极其荒谬的。他不理解文学的想象与夸饰。

概而言之，朱元璋本着实用的态度，对诗文的创作内容提出了具体要求，即诗文要以劝惩讽谏、明道教化、歌颂功德、粉饰太平①为务，不得吟风弄月。他对诗文赋予了浓郁的政治色彩，使诗文承担起了政治教化的重任，基本否弃了诗文的审美功能。从另外一个层次来讲，诗文政治教化角色的确立，决定了它必然要把关注的视角落在国家政治，而非个体人生上。

第二节 明代前期朝廷推行正统诗文观之措施及其效果

为了能够把正统诗文观推上文坛主导地位，明代前期的朝廷做了不懈努力。

一、推行正统诗文观之措施

（一）朱元璋血腥清洗文学之士

在元末的大混战中，社会生产力遭到了极为严重的破坏，朱明王朝建立之时，整个社会已是满目疮痍，破败不堪。但此时的文坛却显得有些异样，它并没有因为社会的衰败而默然沉寂，相反的却呈现出了一派欣欣向荣的景象，《明史·文苑一》云："明初，文学之士承元季虞、柳、黄、吴之后，师友讲贯，学有本原。宋濂、王祎、方孝孺以文雄，高（启）、杨（基）、张（羽）、徐（贲）、刘基、袁凯以诗著。其他胜代遗逸，风流标映，不可指数，盖蔚然称盛已。"② 这可能是战乱之中，政治权力的干预力所不及，留给文学的发展以较大的自由空间的缘故。

元明鼎革之后，这些彪炳文坛的文学之士之命运又如何呢？按照正常的逻辑推理，他们理应成为新朝文坛的主力，但事实并非如此。朱明王朝建立之后，这些由元入明的文学之士迎来了一场空前浩劫，或直接、或间接地一个个殒命于朱元璋的血腥清洗之下：洪武六年（1373），杨基获罪"谪输作，竟卒

---

① 在公文写作中，朱元璋是反对歌功颂德、粉饰太平而无实际内容之虚饰之风的。朱元璋在公文与诗文之间做出的这两种截然不同的规定，主要是由这两类文体在朝廷政权运作中的实际功用决定的。公文是用以处理政务的文体，具有极强的实效性和时效性，与朝政事务有着极为直接的关系，而诗文只能成为辅助治化的工具。

② 张廷玉等：《文苑一》，《明史》卷二百八十五，页7307~7308。

于工所。"① 洪武七年（1374），高启因作上梁文被"腰斩于市，年三十有九。"② 洪武八年（1375），刘基遇害。洪武九年（1376），"大军征洮、岷，道其（徐贲）境，"徐贲"坐犒劳不时，下狱瘐死。"③ 洪武十四年（1381），宋濂因长孙与胡惟庸案有牵连，全家被流放茂州，濂病逝于途中。洪武十六年（1383），张羽"坐事窜岭南，未半道，召还，""自知不免，投龙江以死。"④ 彪炳元末明初文坛的主匠就这样一个个相继陨落了。

在这些文坛主将遭遇迫害的同时，大批普通文人亦纷纷遇难，葬身于朱元璋兴起的文字狱之中：浙江府学教授林元亮作《谢增俸表》，以表内"作则垂宪"一句被杀。北平府学训导赵伯宁作《万寿表》，以"垂子孙而作则"一句被杀。福州府学训导林伯璟撰《贺冬表》，以"仪则天下"一句被杀。桂林府学训导蒋质作《正旦贺表》，以"建中作则"被杀。常州府学训导蒋镇作《正旦贺表》，以"睿性生知"被杀。澧州学正孟清作《贺冬表》，以"圣德作则"被杀。陈州学训导周冕作《万寿表》，以"寿域千秋"被杀。怀庆府学训导吕睿作《谢赐马表》，以"遥瞻帝扉"被杀。祥符县学教谕贾翥作《正旦贺表》，以"取法相魏"被杀。亳州训导林云作《谢东宫赐宴笺》，以"式君父以班爵禄"被杀。尉氏县教谕许元作《万寿贺表》，以"体乾法坤，藻饰太平"被杀。德安府学训导吴宪作《贺立太孙表》，以"永绍亿年，天下有道，望拜青门"被杀。杭州教授徐一夔贺表有"光天之下，天生圣人，为世作则"等语，朱元璋览罢大怒，说："生者僧也，以我尝为僧也。光则剃发也，则字音近贼也。"遂将徐一夔斩首。⑤ 监察御史张尚礼作《宫怨》诗："庭院沉沉昼漏清，闭门春草共愁生，梦中正得君王宠，却被黄鹂叫一声。"朱元璋以其诗作描写宫妃难抑之春情为由，将他下蚕室，行宫刑，折腾致死。佥事陈养浩有两句诗："城南有嫠妇，夜夜哭征夫。"朱元璋以此诗"伤时"为由，将他押解到湖广，投进湖里淹死。⑥

犯讳的杀，宣欲的杀，伤时的还杀，经过朱元璋这番血腥清洗之后，能够存活下来的文学之士已是寥若晨星。此时的明代朝廷为文学的发展留出了唯一

---

① 张廷玉等：《杨基传》，《明史》卷二百八十五，页7329。
② 张廷玉等：《高启传》，《明史》卷二百八十五，页7328。
③ 张廷玉等：《徐贲传》，《明史》卷二百八十五，页7329。
④ 张廷玉等：《张羽传》，《明史》卷二百八十五，页7329。
⑤ 赵翼著，王树民校证：《廿二史札记校证》卷三十二，中华书局，1984年版，页740。
⑥ 转引自胡奇光《中国文祸史》，上海人民出版社，1993年版，页90。

的通道,即文学只能按照朱元璋设定的轨道运行,不得侧逸旁出。

(二)洪武之后的当政者厚遇文学之士

朱棣夺得皇位之后,只是对于不愿臣服新朝的文臣进行了严厉惩治,对于愿意辅佐他的文臣,尤其是精英之士,则大多予以重用,给了他们很高的政治地位:黄淮出任左春坊左庶子兼翰林院侍读;胡广出任右春坊右庶子兼翰林院侍读;杨荣出任左春坊右谕德兼翰林院侍讲;金幼孜出任翰林侍讲;杨士奇出任内阁学士,参与朝廷机务,朱棣北巡时,常被命留辅太子。杨士奇曾不无感激地说:"皇上以文教治天下,特宠厚儒者,简德义文学之士置之翰林,任以稽古纂述之事,而隆其礼遇。凡翰林职务任之五人者,礼遇尤隆。……五人者,恒相与感激陛下圣德千万岁一遇,岂可苟焉,以昧报称。盖以为勤于务者,必慎于身,慎于身者,必端于心,端于心而后发于思,唯言动常在乎善,不在乎不善。"① 僧人慧暕对洪、永时期当政者对文人态度转变描述说:"洪武间,秀才做官吃多少辛苦,受多少惊怕;与明廷出多少心力?到头来,小有过犯,轻则充军,重则刑戮,善终者十二三耳。其时士大夫无负国家,国家负天下士大夫多矣。这便是还债的。近来圣恩宽大,法网疏阔。秀才做官,饮食衣服,舆马宫室,子女妻妾,多少好受用,干得几许好事来?到头全无一些罪过。今日国家无负士大夫,天下士大夫负国家多矣。"②

到了仁、宣时期,君主对待文臣的态度变得十分谦和,君臣关系出现了空前融洽的局面。钱谦益对当时君臣相伴共处的情景描述说:"仁宗在东宫久,圣学最为渊博,酷好宋欧阳修之文,乙夜繙阅,每至达旦。杨士奇,欧之乡人,熟于欧文,帝以此深契之。"③ "帝(宣宗)天纵神敏,逊志经史,长篇短歌,援笔力就。每试进士,辄自撰程文曰:'我不当会元及第耶!'万机之暇,游戏翰墨,点染写生,遂与宣和争胜;而运际雍熙,治隆文景,君臣同游,赓歌继作,则尤千古帝王所希遘也。"④ 君主的厚遇,也着实感动了手下的臣子:"君恩追忆不胜哀,老泪干枯病骨摧。陵下一来肠一断,余生知复几回来。"⑤ "二十年来列从官,玉堂高处切金銮。哀迟有幸迁清秩,匪辅无才愧

---

① 杨士奇:《送杨仲宜诗序》,《东里文集》卷之三,页36。
② 陆容:《菽园杂记》卷二,页16。
③ 钱谦益:《仁宗昭皇帝》,《列朝诗集小传》乾集上,页3。
④ 钱谦益:《宣宗章皇帝》,《列朝诗集小传》乾集上,页3。
⑤ 杨士奇:《宣德丙午谒二陵》,《东里集》诗集卷三,文渊阁《四库全书》本。

素餐。朝退书帷闲独坐,吟余尘事不相干。自怜此乐从前少,身荷君恩欲报难。"① 这两首诗出自杨士奇之手,其中所表达的臣子对君主的感恩图报之情,可谓极其真切感人!

促成仁、宣时期君臣关系如此融洽之原因,② 从君主的动机来讲,主要有两个方面:第一,仁宗与宣宗从小深居宫邸,长期受教于儒臣,诸如三杨、金幼孜、蹇义、夏原吉等人,与这些儒臣结下了深厚感情,他们对这些儒臣在心理上有着强烈的情感依赖。第二,这些儒臣历仕多朝,有着丰富的治国经验。如蹇义与夏原吉是洪武朝就开始任职的旧臣,朱棣即位后,二人分别被任命为吏、户两部尚书,掌管着六部中最重要的两个部门。蹇义"熟悉朝廷的典章制度,成祖巡幸北京和亲征瓦剌期间,命他辅助朱高炽监国,很受重用"。永乐时期,朝廷"频年用兵,有征安南、征蒙古之役;大兴土木,改建北京城,修筑宫殿;疏浚吴淞江,修大运河;制造巨舰,多次派遣郑和出使西洋诸国。朝廷的财政支出以数万万计。夏原吉精心管理,有条不紊"。杨士奇和杨荣均为建文朝旧臣,朱棣即位后,二人同时入阁。杨士奇"刚直敢言,在永乐朝受命辅助太子监国;杨荣多谋善断,有军事才能,曾多次随从成祖出征漠北。"③ 仁宗与宣宗作为守成之君,缺乏必要的治国经验,他们需要借助这批儒臣来料理朝政。

继三杨、金幼孜等人之后,在明代前期这一历史时段,另一位受朝廷恩遇的文学之士当推李东阳,《明史》卷一百八十一《李东阳传》云:东阳"四岁能作径尺书,景帝召试之,甚喜,抱置膝上,赐果钞。后两召讲《尚书》大义,称旨,命入京学。天顺八年(1464),成进士,选庶吉士,授编修。累迁侍讲学士,充东宫讲官。""弘治四年(1491),《宪宗实录》成,由左庶子兼侍讲学士,进太常少卿,兼官如故。"五年(1492),擢"礼部右侍郎兼侍读学士,入内阁专典诰敕。八年(1495)以本官直文渊阁参预机务","久之,进太子太保、礼部尚书兼文渊阁大学士"④。

这些受到朝廷恩遇的文臣,不论是出于知恩图报的心理,还是出于身为朝廷股肱之臣责任的考虑,他们都有理由为朝廷卖力,切身践履正统诗文观自然是他们不可推卸的责任:

---

① 杨士奇:《幽居二首简时彦学夔习礼》,《东里集》诗集卷二。
② 参看左东岭《论台阁体与仁、宣士风之关系》一文,《湖南社会科学》,2002年第2期。
③ 娄曾泉等:《明朝史话》,页85~86。
④ 张廷玉等:《李东阳传》,《明史》卷一百八十一,页4820~4821。

第一，洪熙时期，"时有上书颂太平者，帝以示诸大臣，皆以为然。士奇曰：'陛下虽泽被天下，然流徙尚未归，疮痍尚未复，民尚艰食。更休息数年，庶几太平可期。'帝曰：'然'。"① 洪熙朝历时一年，宣德朝历时十年，两朝加起来的总时长也不过短短的十一年时间。从仁宗与杨士奇君臣二人的对话来看，他们在心理上并不认为这一时段是真正的太平盛世。事实上，在这一时期，杨士奇创作了大量粉饰太平的作品。既然不承认这是个太平盛世，而又创制此类作品，那么我们是否可以说，此类作品不是社会现实状貌的反映，而是出于政治需要的考虑呢？

第二，朱明王朝发展至后期，社会发生了翻天覆地的变化：主流意识形态对世人的影响明显减弱，世人的审美趣味发生巨大改变，战乱四起，国库空虚，君主荒淫。如果说文学作品是现实的反映，那么在这样的社会背景之下，歌功颂德、粉饰太平的作品势必已经失去了这个现实土壤，在这一时段，不应该有此类作品的出现。可事实并非如此，在这一时段，此类作品虽然淡出文坛主流地位，但并不意味着从社会上彻底消失。置身于政治权力中心的那些重臣，诸如杨一清、蒋冕、方献夫、夏言、严嵩、张璧、张治、王廷相、吴国伦、徐阶、李春芳、张居正、殷士儋、张四维、申时行、余有丁、许国、王家屏等人，还是创制了大量这样的作品，越是权力大的文臣，创制此类作品的数量也越多，此种情形只能说明，切身践履正统诗文观，是这些朝廷重臣义不容辞的责任。

第三，李东阳曾就朝廷重臣诗文创作之宗旨明确表述说："夫宫坊之官，固以辅翼储德，亦以基太平辅相之业于天下者也。故必德纯学正，发诸文章，形之议论，皆仁、义、礼、乐之宣著。"②

经过朱元璋的血腥清洗，明代前期出现了文人严重短缺的局面，不论是"三杨"（杨士奇、杨荣、杨溥）、金幼孜等人，还是李东阳，他们作为明王朝较早培养出的一批为数不多的精英之士，不论是他们的政治才能，还是文学素养，均代表了明代前期文人群落的最高水准，他们的喜好与行为方式，必然要占据社会风尚的主导地位。由此可见，是这些文学之士对正统诗文观的切身实践，最终把这种文风推到了文坛的主导地位。

---

① 张廷玉等：《杨士奇传》，《明史》卷一百四十八，页4134。
② 李东阳：《赠右谕德谢君序》，《李东阳集》第二卷，文前稿卷七，页91。

（三）君主以正统诗文观为标准引导文臣创作

明代前期的这些君主，对诗文充满了浓厚兴趣，时常与文臣进行诗文唱和，在唱和过程中，他们严格恪守朱元璋制定的正统文学观念。

永乐十一年（1413）五月午节，朱棣到东苑观击毬射柳。皇太孙击射，连发皆中，朱棣非常高兴。对皇太孙说："今日华夷毕集，朕有一言，尔当思之。曰：'万方玉帛风云会。'"皇太孙随即叩头对曰："一统山河日月明。"朱棣对皇太孙的颂美之辞大加赞赏，随后让儒臣赋诗和之。①

洪熙帝还是太子的时候，有一次在宫里观看内侍下棋，兴致之余，便要求侍臣曾子棨应制作诗，曾氏作诗云："兴尽计穷征战罢，松阴花影满残枰。"洪熙帝随即和云："等闲识得军情事，一着功成见太平。"② 从这倡和中，可以看到颂美的诗风在其时朝廷的表现，这是一种无形的引导，以正统诗文观来引导文臣创作。

宣德帝极为重视诗文的教化功能。在《御制诗集序》中，他是这样说的："舜命夔典乐以教，曰诗言志。孔子曰：'诗三百，一言以蔽之，曰思无邪'。盖人心之感物而形于言，心之所感，不能以皆正而言，必归于正，此诗之所以为教也。三百篇经圣人之手，其言皆为万世法，降而屈宋之流，犹有发乎情，止乎礼义之意，自是而后，盖唐杜甫氏不失其正，卓然名家而行远也。朕喜吟咏，耳目所遇，兴趣所适，往往有作。虽才思弗逮，而志乎正者，未尝不自勉。盖人之志必在乎正，而志必因言而可见。"③ 宣德帝将儒家礼义视为正道，将其作为诗文创作的标准。如其《怀古三首》（之二）就是一首宣扬道德纲常的诗：

> 仲尼出东鲁，圣德何煌煌。六经赖删述，斯文天未丧。有德乃无位，辙迹环四方。道不济当时，万世开纲常。无穷天地间，日月同耿光。④

为了推行自朱元璋以来确立的正统诗文观，朱瞻基在为符合此一标准的作品作序的同时，还通过赐诗与群臣的方式，引导明代诗文创作的走向。

宣德四年（1429）上元节，朱瞻基"命人张灯于万岁山，文武群臣咸预

---

① 沈德符：《宣宗击射》，《万历野获编》补遗卷一，页790。
② 尹直：《謇斋琐缀录》，转引自陈田《明诗纪事》，甲籤卷一上，上海古籍出版社，1993年版，页10。
③ 朱瞻基：《大明宣宗皇帝御制集》卷三，明内府钞本。
④ 朱瞻基：《大明宣宗皇帝御制集》卷十七，明内府钞本。

宴乐。既而赋诗进者百余篇,无非以歌咏太平者也"。他亲赐序文。① 事实上,朱瞻基是非常热衷于此类粉饰之作的,在《大明宣宗皇帝御制集》中,这样的作品很多,如《木邦贡使至》:"华夷何幸皆宁谧,一统为家乐治平。"②《人日喜晴》:"天地清宁黎庶足,愿同海宇乐升平。"③

宣德四(1429)年十月,朱瞻基临视文渊阁,杨士奇、杨荣、金幼孜、杨溥、曾棨、王直、王英、李时勉、钱习礼、陈循等人,站在旁边侍命,他赐诗于群臣:

> 祕阁宏开当巽隅,充栋之积皆图书。仙家蓬山此其处,上与东壁星相符。罢朝闲暇一览视,衣冠左右环文儒。琼琚锵锵清响振,宝鼎馥馥香烟敷。维时日上扶桑初,始看瞳曨绚绮疏。忽似粲烂明金铺,从容燕坐披典谟。大经大法古所训,讲论启沃良足娱。朝廷治化重文教,旦暮切磋安可无?诸儒志续汉仲舒,岂直文采凌相如?玉醴满赐黄金壶,勖哉及时相励翼。辅德当与夔龙俱,庶几致治希唐虞。④

诗作除了渲染君臣之间融洽相处的气氛外,还重申了朝廷文教治化的政策。

宣德五年(1430)冬,天气干旱,十二月忽降"深尺"大雪,朱瞻基高兴之余,"制七言古诗一章以寓志,且赐群臣观之"。第二天,"群臣各进和章",因这些诗多有"相警之义",他命人录刻,并为诗集作《喜雪诗序》。⑤ 朱瞻基是一位明君,他也时常作诗以自警,如《山下流泉》由流水联想到了治国:

> 寒泉出山中,演漾资众派。潺潺泄幽壑,汩汩鸣浅濑。穿云流尚小,经雨势转大。初春游鼍龟,稍觉蓄灵怪。平铺若浮练,曲引疑萦带。终然归海□,岂止汇江介。古称水柔弱,狎玩斯取败。为治诚亦然,于兹示明戒。⑥

《读书偶成》借古往帝业之兴衰,明治国之道:

> 帝王事业有遗编,暇日披寻为怅然。兴创皆为千载计,衰亡徒遗后时怜。纷纷好士终谁得,往往求言更自贤。至治雍熙仰三五,明良

---

① 朱瞻基:《仁□□□□□臣观灯诗序》,《大明宣宗皇帝御制集》卷三。
② 朱瞻基:《大明宣宗皇帝御制集》卷三十二。
③ 朱瞻基:《大明宣宗皇帝御制集》卷三十四。
④ 余继登:《典故纪闻》卷九,页168。
⑤ 朱瞻基:《喜雪诗序》,《大明宣宗皇帝御制集》卷三。
⑥ 朱瞻基:《大明宣宗皇帝御制集》卷十七。

道德总昭宣。①

弘治帝尝命儒臣集历代御制诗以为作诗之规范。有一次，他"赐李东阳《静中吟》一首，论者谓同二帝典谟、三王训诰焉。"② 这首《静中吟》之政治教化目的由此可见一斑。为了能够有效推行正统诗文观，他还特意命令儒臣以此为标准创作诗文供其御览，黄佐《翰林记》载："弘治初，上注意讲学，遣太监戴义传示圣意，命学士李东阳等各撰诗十首，用寓启沃。"

在君主的引导之下，善于察言观色的文学之士自然知道如何去迎合主上的需求，他们将正统诗文观运用到自己的创作实践，显然是情理之中的事情。

二、正统诗文观主导明代前期文坛

朱元璋血腥清洗文学之士，在肃清文坛异己的同时，也为明代文风规定了发展的路向；当政者恩遇文学之士，在拉拢代表当时文坛最高水准文学之士为其效力的同时，也把正统诗文观推到了文坛的主导位置；君主以正统诗文观为标准引导文臣创作，在规范这些精英文士诗文创作的同时，也起到了规范文坛文风的作用。在这些因素的联合作用之下，辅之以淳朴的世风、整肃的纲纪、程朱理学占据绝对强势的思想氛围，明代前期文坛的走向别无选择，只能按照朱元璋设定的规范发展。为此，兹列表统计如下：

---

① 朱瞻基：《大明宣宗皇帝御制集》卷三十五。
② 朱彝尊：《明孝宗》，《静志居诗话》卷一，清嘉庆扶荔山房刻本。

明代政权运作与诗文走向

体现明初朝廷正统诗文观的明代部分诗文作家的作品①

主流作家		歌功颂德、粉饰太平		明道教化		规谏功讽		依据文献
姓名	仕途简历	作品名称	数量	作品名称	数量	作品名称	数量	
杨士奇	历职吴王府审理副、编修、阁臣、太子师等	《务勤堂记》（卷一）、《凝秀楼记》（卷一）、《石田茅屋记》（卷二）、《退思斋记》（卷二）、《文亟相祠重修记》（卷二）、《齐寿堂记》（卷二）、《稼轩记》（卷三）、《赠曾士荣序》（卷三）、《胡延平诗序》（卷四）、《送胡永高诗序》（卷四）、《长林书屋图诗序》（卷四）、《送萧善本序》（卷四）、《送礼部侍郎仪公致事序》（卷五）、《玉雪斋诗集序》（卷五）、《贫乐诗序》（卷五）、《送礼部尚书兼大学士金公归省诗序》（卷六）、《送罗学古还清化诗序》（卷六）、《送国子学正黄信道致仕诗序》（卷六）、《北征集序》（卷六）、《送黄敷仲之吉浙江序》（卷六）、《赠陕西二宪诗序》	88	《文亟相祠重修记》（卷二）	2	——	0	《东里文集》，中华书局，1998年版

① 表中样本的选取与排列的顺序遵循了三个主要原则：第一，有明一代文学主潮的发展脉络，大致是由多个文人集团（台阁体作家群、茶陵派、前七子、后七子、唐宋派、公安派、竟陵派、杨湜、杨荣、宗臣、徐中行、梁有誉、唐宋派；梁有誉、唐顺之、茅坤、王慎中、表宗道、袁宏道、袁中道，竟陵派（钟惺、李攀龙、谢榛、吴国伦、宗臣、徐中行、梁有誉、唐顺之、茅坤、王慎中、表宗道、袁宏道、袁中道，竟陵派（钟惺、李攀龙、谭元春），复社（张溥、张采，几社（陈子龙）。第三，依托文献为笔者能够看到的该作家所有作品。

115

续表

主流作家		歌功颂德、粉饰太平		明道教化		规谏劝讽		依据文献
姓名	仕途简历	作品名称	数量	作品名称	数量	作品名称	数量	
		《龙潭十景序》（卷六）、《平胡诗》（卷八）、《平安南诗》（卷二十三）、《清河赋》（卷二十四）、《白象赋》（卷二十）、《甘露赋》（卷二十四）						
		《园亭》（卷一）、《翠渠》（卷一）、《黛峰》（卷一）、《御苑》（卷一）、《瑞麃》（卷一）、《送刘无副之四川》之二（卷一）、《文华门寺早朝应制》（卷二）、《冬至早朝观灵因多所觉有作》（卷二）、《送胡士瑄贵州按察使》之二（卷二）、《赐土瑄贵制》（卷二）、《赐文渊阁五色菊一本应制》（卷二）、《庆行俭初度并赠礼闱校文之行》之二（卷二）、《赐游西苑同诸学士作》之一、二、三、四（卷二）、《侍从海子飞放应制》（卷二）		—		—		《东里诗集》，清文渊阁《四库全书》补配文津阁《四库全书》本
		《敕书阁记》（卷一）、《赐老堂记》（卷二）、《承恩堂记》（卷二）、《敕书楼记》（卷二）、《聚奎堂记》（卷二）、《重荣堂记》（卷五）、《罗氏雁义堂记》（卷五）、《送予道充南还序》（卷六）、《送邓训科序》（卷七）、《送王知县致仕诗序》（卷七）、《送郭知府序》（卷八）、《东山燕游诗序》（卷十五）、《圣孝瑞应诗》（卷五十四）、《驺虞诗》（卷五十四）、《瑞星诗》（卷五十五）、《谢赐嘉禾诗》（卷五十五）		《忠孝堂记》（卷四）。		—		《东里续集》，清文渊阁《四库全书》补配文津阁《四库全书》本。

续表

姓名	主流作家		歌功颂德、粉饰太平		明道教化		规谏劝讽		依据文献
	仕途简历		作品名称	数量	作品名称	数量	作品名称	数量	
杨荣	建文二年（1400）进士，授编修。成祖时，入内阁		《应玄兔诗》（卷五十九）、《从游西苑》之二、三（卷五十九）、《奉敕恭谒皇太子谢恩诗》（卷五十九）、《送王秉迪侍郎归益都》（卷五十九）、《元宵侍宴万岁山》五首（卷五十九）、《喜雨诗》（卷五十九）、《元夕观灯诗》之一、三、四、七、八、十（卷六十一）、《太平圣德诗》之二、三、四、六、七、八、九、十（卷六十一）、《瑞应驺虞诗》（卷一）、《甘露诗》（卷一）、《瑞应麒麟诗》（卷一）、《神龟诗》（卷一）、《瑞应麒麟诗》之一、二、五、六（卷一）、《玄兔》（卷一）、《白雉》（卷一）、《灵犀》（卷一）、《白鸟诗》（卷一）、《元夕赐观灯》（卷一）、《白鹦鹉》（卷一）、《嘉禾》（卷一）、《狮子》（卷一）、《题赐上尊封识小贴》（卷一）、《元夕赐观灯》四首（卷一）、《赐见东宫谢恩》（卷一）、《元夕赐观灯》（卷一）、五首（卷一）、《随驾幸南海子》四首（卷一）、《五色鹦鹉》（卷一）、《恭侍御游万岁山》四首（卷一）、《嘉菊》（卷一）、《赐游东苑》（卷一）、《元游万岁山诗》之十（卷一）、《神功圣德诗》二十一首（卷一）、《白鹿》（卷一）、《喜雨》（卷一）、《随驾谒长陵游西苑诗》（卷一）	128	《忠孝堂为江西冯都指挥题》（卷三）、《忠义堂序》（卷十一）、《送翰林谢编修归省序》（卷十一）	4	——	0	《杨文敏集》，明正德刻本

续表

主流作家		歌功颂德、粉饰太平		明道教化		规谏劝讽		依据文献
姓名	仕途简历	作品名称	数量	作品名称	数量	作品名称	数量	
		《献陵》（卷一）、《上元赐观灯》（卷一）、《喜雪歌》（卷一）、《白象歌》（卷一）、《瑞雪歌》（卷一）、《神龍歌》（卷一）、《未远人讨不庭二章》（卷一）、《巡边》（卷一）、《阅武》（卷一）、《得边色图》（卷一）、《破敌》（卷一）、《上林春色赋》（卷二）、《承恩堂为少师吏部尚书麋公歌》（卷二）、《鲔门送别诗》（卷二）、《题韩混田家移居图》（卷二）、《上林春色图》（卷二）、《送陈旺司训之毗陵》（卷二）、《送胡祭酒致政还乡》（卷二）、《寿少傅西昌杨公》（卷二）、《送徐太守仲敬致仕》（卷二）、《送参议陈彝训之任》（卷三）、《送金宪致仕还江西》（卷三）、《送河南按察使包德怀之任》（卷三）、《送叶大守于渊致仕还乡》（卷三）、《赠韩院判》（卷三）、《送金宪抚赵侍郎日新复之江西》（卷三）、《送参议廷嘉之广西提调学校》（卷三）、《冰檗堂为庞明叙作》（卷四）、《阳山春碑和胡祭酒韵二首》之一（卷三）、《题江湖胜览》（卷四）、《送陈必恭参政考绩还云南》（卷四）、《送太平知府姚政之任》（卷五）、《送医寧宁大尹章文郁复任》（卷五）、《送修撰杨寿夷致改归乡》（卷五）、《送李会议复任》（卷五）、《饮兴和旧城宴别夷人》（卷六）、《度居庸关》（卷六）、《自宣府至德胜关》（卷六）、《送王检讨使朝鲜》（卷六）、《交址进		《送江西佥宪黄汝申归省序》（卷十三）				

续表

主流作家		歌功颂德 粉饰太平		明道教化		规谏劝讽		依据文献
姓名	仕途简历	作品名称	数量	作品名称	数量	作品名称	数量	
		《白象》(卷六)、《京师八景・琼岛春云》(卷六)、《东郭草亭宴集》(卷六)、《正统丁巳腊月望后大雪三日圣情怡怿封肉珍已而杨公弘济赋七言律一首予忽赓韵用识其事云》(卷六)、《喜雨》(卷六)、《郊祀恭侍大驾宿斋宫有作》之二(卷七)、《和少保杨先生退食之作》(卷七)、《皇都大一统赋》(卷八)、《平安南颂》(卷八)、《清河颂》(卷八)、《御编为善阴骘书颂》(卷九)、《进士题名记》(卷十)、《凉州儒学记》(卷十)、《常熟县重修学庙记》(卷十)、《登正阳门楼偕和诗序》(卷十一)、《重游东郭草亭诗序》(卷十一)、《送刘副使归省诗序》(卷十一)、《赠游擎将军杨宗道升都指挥同知序》(卷十二)、《送翰林编修杨廷瑞归松江序》(卷十二)、《送翰林侍读钱君习礼南归诗序》(卷十二)、《送贵州左参政刘君序》(卷十三)、《送张教授赴汀州郡学序》(卷十三)、《京闱试录序》(卷十三)、《杏园雅集后序》(卷十四)、《送王太守赴肇庆序》(卷十四)、《题大理少卿吕升恭和御制嘉禾诗后》(卷十五)						

续表

主流作家			歌功颂德、粉饰太平		明道教化		规谏劝讽		依据文献
姓名	仕途简历		作品名称	数量	作品名称	数量	作品名称	数量	
杨溥	建文二年（1400）进士，授编修。永乐初，侍皇太子为洗马。仁宗即位，擢翰林学士，太常卿。宣宗即位，入内阁		《有晔其芝为礼部尚书胡公赋也公拜尚书之八年宣德癸丑芝生南宫之东轩朝之士夫咸异之少保蹇公名其轩曰芝轩翰林学士杨溥因赋是诗以美之也》（卷一）、《退思斋为少师尚书蹇公赋》（卷一）、《公历年四朝进位三孤国家倚重苍生寄望燕居以退思名斋有以哉翰林学士杨浦赋诗以美之》（卷一）、《瑞应驺虞诗有序》（卷一）、《麒麟》（卷二）、《书所见》（卷二）、《五色鹦鹉》（卷二）、《万寿圣德诗》（卷二）、《麒麟诗有序》（卷三）、《题寿星图》（卷三）、《题马》（卷三）、《丙辰除日》（卷三）、《瑞雪诗应制》（卷五）、《题杨卿东阁草亭卷》（卷五）、《途中漫兴》（卷五）、《拜孝陵》（卷五）、《扈驾谒三陵》之一（卷五）、《进士传胪》（卷五）、《新正写怀》（卷五）、《荣寿堂为江西吴布政赋修禊》（卷五）、《郑祀庆成》（卷五）、《驾出南省生雪零》（卷五）、《感兴》（卷五）、《慈寿堂为汇编雪零》（卷五）、《正统五年元旦朝贺喜生雪》（卷五）、《登紫微阁》（卷五）、《喜晴》（卷五）、《谒长陵》（卷五）、《题龙虎图二首》之一（卷五）、《庆许编修寿七十》（卷七）	40	——	0	——	0	《杨文定公诗集》，明抄本

明代政权运作与诗文走向

续表

主流作家			歌功颂德，粉饰太平		明道教化		规谏劝讽		依据文献
姓名	仕途简历		作品名称	数量	作品名称	数量	作品名称	数量	
李东阳	天顺八年（1464）进士，选庶吉士，授编修，历职侍讲学士，东宫讲官，太常少卿，礼部右侍郎，内阁辅臣，礼部尚书等		[诗前稿]：《元日早朝》（卷十四）、《大行皇帝挽歌辞三首》（卷十六）、《陵祀归，闻赐戴暖耳，诸公有作，再借前韵五首》（卷十七）、《送王德润参政还河南》（卷十八）、《天津八景·天骥连营》（卷十八）、《陵祀道中，次韵答同松露亚卿四绝》之一（卷十九）；[诗后稿]：《文华纪事》（卷五）、《初开经筵纪事》（卷七）；[南行稿]：《长江行》、《立春日车驾诣南郊》、《十八日听胪有作》、《十九日恩荣宴席上作》、《驾视学有述》、《煋煋斋记》、《守贞堂记》；[北上录]：《重谒孝陵有述》；[文前稿]：《京都十景》（卷二）、《送朴庵先生省墓诗序》（卷二）、《送翰林编修丁君归省诗序》（卷二）、《送邱给事使琉球序》（卷二）、《送琅玗吟稿序》（卷二）、《琼台吟稿序》（卷三）、《邵孝子诗序》（卷七）、《丰年颂》、《瑞麦颂》之一、三（卷十八）；[东祀录]（文）；《长沙府学尊经阁记》（文）；《代告晰里孔子庙记》；[文后稿]：《封右谕德静乐王先生八十寿诗序》（卷二）、《寿太子太保吏部尚书王公九十诗序》（卷四）、《进士题名记》（卷六）	36	—	0	《应制启沃诗十首》（卷六）	10	《李东阳集》，岳麓书社，1983年版

续表

主流作家		歌功颂德、粉饰太平		明道教化		规谏讽谕		依据文献
姓名	仕途简历	作品名称	数量	作品名称	数量	作品名称	数量	
李梦阳	弘治七年（1494）进士，历职户部主事、郎中、江西提学副使等	《大礼三首》（卷十四）、《正德元年郊祀歌十首》（卷三十四）、《嘉靖元年歌二首》（卷三十四）	15	——	0	——	0	《空同先生文集》，明代论著丛刊
何景明	弘治十五年（1502）进士，历职中书舍人、吏部员外郎、陕西提学副使等	《皇告》三章（卷四）	3	——	0	——	0	《何大复集》，中州古籍出版社，1989年版
康海	弘治十五年（1502）进士，历职修撰	——	0	——	0	——	0	《对山文集》，明代论著丛刊
边贡	弘治九年（1496）进士，历职太常博士、兵科给事中、太常丞、陕西、河南提学副使，南京太常少卿，刑部右侍郎，户部尚书等	——	0	——	0	——	0	《边华泉集》，明代论著丛刊

明代政权运作与诗文走向

续表

姓名	主流作家		歌功颂德、粉饰太平		明道教化		规谏劝讽		依据文献
	仕途简历		作品名称	数量	作品名称	数量	作品名称	数量	
王九思	弘治九年（1496）进士，由庶吉士授检讨，寻调吏部，至中郎，以谨党谪寿州同知		《大孝述典礼也追崇礼成颁议于郡国微臣与焉感而赋大孝》（卷一）、《雷》（卷四）、《喜雨》（卷六）、《王戊元宵应制八首》（卷六）、《终南篇十首》（卷六）、《西平县新建真武庙记》（卷十）	22	《大礼》（卷二）	1	——	0	《渼陂集》，明代论著丛刊
王廷相	弘治十五年（1502）进士，选庶吉士，历职兵科给事中、亳州判官、高淳知县、御史、赣榆丞、四川佥事、山东右布政使、兵部右侍郎、南京兵部尚书、兵部尚书、右都御史、兵部尚书等		《读辅臣替和集用韵》（卷十四）、《上辛祈谷三十韵》（卷十四）、《恭陪太庙世庙享丞礼成》（卷十四）、《谒献帝陵十二韵》（卷十六）、《庚寅年冬至郊斋有作》（卷十六）、《颂圣》（卷十七）、《帝京篇》（卷十七）、《皇上平南凯还歌十首》（卷二十）、《灵雪篇》（卷二十）、《许廷纶学士十二首》（卷二十）、《雪中杂歌十首》（卷二十）、《李空同集序》（卷二十三）、《送胡贞甫出守福州序》（卷二十三）、《赠》	42	——	0	——	0	《王氏家藏集》，明代论著丛刊

123

续表

姓名	主流作家 仕途简历	歌功颂德、粉饰太平 作品名称	数量	明道教化 作品名称	数量	规谏劝诫 作品名称	数量	依据文献
徐祯卿	弘治十八年（1505）进士，历职大理左寺副、国子博士等	—	0	—	0	—	0	《迪功集》，明代论著丛刊
王世贞	嘉靖二十六年（1547）进士，历职刑部主事、员外郎、郎中、大名副使、浙江右参政、陕西按察使、广西右布政使、太仆卿、应天府尹、南京大理卿、南京兵部右侍郎等	《送王员外新甫视广西学政序》（卷五十五）	1	—	0	—	0	《弇州山人四部稿》，明代论著丛刊
李攀龙	嘉靖二十三年（1544）进士，历职刑部主事、员外郎、郎中、顺德知府、陕西提学副使、浙江副使、陕西参政、河南按察使等	—	0	—	0	—	0	《沧溟先生集》，明代论著丛刊

124

续表

姓名	主流作家仕途简历	歌功颂德、粉饰太平 作品名称	数量	明道教化 作品名称	数量	规谏劝讽 作品名称	数量	依据文献
谢榛	—	—	0	—	0	—	0	《四溟山人全集》，明代论著丛刊。
吴国伦	嘉靖二十九年（1550）进士，兵科给事中，江西按察司佥事、建宁同知，河南左参政等职	《陪祀二首》（卷三）、《王虚宫六首》（卷三）、《送少冢宰林公赴南都序》（卷三十九）、《会试录后序》（卷四十）、《广东乡试录序》（卷四十）、《福建乡试录后序》（卷四十）、《河南乡试录序》（卷四十）、《广东恩贡录序》（卷四十）、《福建文举乡试录序》（卷四十一）、《贵州文举齿录序》（卷四十一）、《广东文举齿录序》（卷四十一）、《贵州文举齿录序》（万历癸酉科）（卷四十一）、《广东武举文举齿录序》（卷四十一）	21	—	0	—	0	《甔甀洞稿》，明代论著丛刊
宗臣	嘉靖二十九年（1550）进士，考职刑部主事、吏部主事，稽勋员外郎、福建参议，提学副使等	《杂诗二首》（五言选诗卷四）、《杂诗二首》（五言排律卷九）、《上之回》（故乐府卷三）、《送王中丞巡抚山东》（卷十二）、《重刊大学衍义合补序》（卷十二）	6	《福建已未贡士齿录序》（卷十二）、《桐城县城记》代作（卷十二）	2	—	0	《宗子相集》，明代论著丛刊

明代政权运作与文学走向

续表

主流作家		歌功颂德、粉饰太平		明道教化		规谏功讽		依据文献
姓名	仕途简历	作品名称	数量	作品名称	数量	作品名称	数量	
徐中行	嘉靖二十九年(1550)进士,历职刑部主事、员外郎、郎中,汀州知府、长芦监运判官,胡广佥事,江西左布政使	《奉贺都御史潘公拜少司寇序》(卷十二)	1	——	0	——	0	《徐天目先生集》,明代论著丛刊
梁有誉	嘉靖二十九年(1550)进士,历职刑部主事	《喜雨》(卷三)。	1	《姆训后序》(卷六)	1	——	0	《兰汀存稿》,明代论著丛刊
归有光	嘉靖四十四年(1565)进士,历职长兴知县、顺德通判,南京太仆丞等。	——	0	——	0	——	0	《归有光先生文集》,明万历四年翁良瑜两金堂刻本
唐顺之	嘉靖八年(1529)进士,改庶吉士,历职兵部主事,编修,南京兵部主事,员外郎、郎中、右通政等	《朝谒长陵》(卷一),《观中州进贺长至表笺恭述时寓信阳》(卷一)	2	——	0	——	0	《新刊荆川先生文集》,四部丛刊景明本

126

明代政权运作与诗文走向

续表

主流作家		歌功颂德、粉饰太平		明道教化		规谏讽谕		依据文献
姓名	仕途简历	作品名称	数量	作品名称	数量	作品名称	数量	
茅坤	嘉靖十七年(1538)进士，历职青阳、丹徒知县，礼部主事，吏部稽勋司，广平通判等	——	0	——	0	——	0	《茅鹿门先生文集》，明万历刻本
王慎中	嘉靖五年(1527)进士，历职户部主事，礼部祀祭司，诏部郎郎为翰林，考功员外郎，验封郎中、常州通判、户部主事，礼部员外郎、江西提学佥事，山东参议，河南参政等	《郊工颂成也》二首(卷一)、《致斋明禋也》(卷一)、《圜丘肇祀也》二首(卷一)、《颁敕大赍也》(卷一)	6	——	0	——	0	《遵岩先生文集》，明隆庆五年郭廉刻本
袁宗道	万历十四年(1586)进士，授庶吉士，进编修，卒官右庶子。泰昌时，追录光宗讲官，赠礼部右侍郎	《驾幸石景山临观浑河，见水势汹涌，因念黄河时有冲决，面谕辅臣，经理须要得人，复命作诗恭纪》(卷二)、《皇祖成功文章颂有序》(卷八)	2	《刻文中子序》(卷七)	1	——	0	《白苏斋类集》，明代论著丛刊

127

续表

主流作家		歌功颂德、粉饰太平		明道教化		规谏功讽		依据文献
姓名	仕途简历	作品名称	数量	作品名称	数量	作品名称	数量	
袁宏道	万历二十年（1592）进士，历职吴县知县、顺天教授、国子助教、礼部主事、吏部验封司主事、考功员外郎、稽勋郎中等	——	0	——	0	——	0	《袁宏道集笺校》，上海古籍出版社，1981年版
袁中道	万历四十五年（1617）进士，历职徽州教授、国子博士、南京礼部主事、南京吏部郎中等	——	0	——	0	——	0	《珂雪斋集》，上海古籍出版社，1989年版
钟惺	万历三十八年（1610）进士，历职工部主事、南京礼部郎中、福建提学佥事	——	0	——	0	——	0	《隐秀轩集》，上海古籍出版社，1992年版
谭元春	——	——	0	——	0	——	0	《岳归堂合集》，明刻本；《谭友夏合集》，明崇祯六年刻本

续表

主流作家		歌功颂德、粉饰太平		明道教化		规谏劝讽		依据文献
姓名	仕途简历	作品名称	数量	作品名称	数量	作品名称	数量	
张溥	崇祯四年（1631）进士，改庶吉士	——	0	——	0	——	0	《七录斋诗文合集》，明崇祯九年刻本
张采	崇祯元年（1628）进士，历职礼部主事、员外郎等	——	0	——	0	——	0	《知畏堂诗文存》，清康熙刻本

表中所列作品，只是此类作品中较为鲜明地体现正统诗文观的部分，较为模糊不易分辨的作品，未列入。

从上表中可以看出，明初朝廷所规范与提倡的正统诗文观，在明代前期的主要作家中，得到了明显的体现，此类作品数量较多。列入的这些作品，有的写作的目的就是为了颂美，或为祥瑞而献诗赋，如有关颂美嘉禾、瑞星、玄兔、驺虞、甘露、白鸟、麒麟、神龟、灵犀、白象、河清、喜雨等等出现的作品。或为颂美功业德业，如《平安南诗》、《平胡诗》、《北征集序》、《文华门侍朝录因，多所宽宥，喜而有作》、《皇读大一统赋》、《东征十首》、《巡边》、《阅武》、《得边报》、《破敌》、《来远人，讨不庭二章》、《承恩堂为少师吏部尚书蹇公赋》之类，这部分作品数量较大。或为颂美太平盛世气象，如《元夕赐观灯诗》、《赐游东苑诗》、《神功圣德诗》、《随驾谒长陵献陵》、《题韩滉田家移居图》、《送胡祭酒致政还乡》、《上林春色图》、《东郭草亭宴集》等等，这一类诗文数量也较多。有的写作目的是为了阐扬程、朱理学思想。程、朱理学，是明初朝廷大力提倡，用以规范国人理论基础，明初主要诗文作家宋濂、方孝孺、三杨辈有大量此类作品，表中只列出一部分，如《务勤堂记》、《稼轩记》、《颜乐堂记》、《凝绣楼记》、《思政堂记》、《文丞相祠重修记》等等。表中所列作品，都可以归入上述各类中。在表现上述各类内容时，或全篇，或数语点题。有的原为宴饮、写景、送行、赠序而作，本无关乎颂美的问题，但时时也在诗文中加一颂美之尾巴，如杨士奇《龙潭十景序》主旨虽在于写龙潭周围景色，但在文章的末尾加了这么一句："我国家龙兴，削平僭乱以安天下，而然后天下之人皆得休养生息以乐于泰和之世，而实始定鼎乎是，则于今瞻望桥陵于钟山五云之表，而仰惟神功圣德如天地之盛大"。① 又如《送黄敷仲之官浙江序》本为私人临别赠言，文中也少不了加上一句颂美功德的话："我国家道德涵养六十余年，皇上承列圣之大统，丕显治教"。② 此一类点题的作品在明初数量也很大。

明代前期这些主流作家的文学创作与他们的诗文理论是完全一致的。杨士奇主张作诗要得性情之正："《诗》以理性情而约诸正而推之，可以考见王政之得失，治道之盛衰。"③ 至于实现这一主张的具体形式，与士奇共主文柄的

---

① 杨士奇：《龙潭十景序》，《东里文集》卷八，中华书局，1998年版，页111。
② 杨士奇：《送黄敷仲之官浙江序》，《东里文集》卷八，页97。
③ 杨士奇：《玉雪斋诗集序》，《东里文集》卷五，页63。

杨荣做了回答:"惟圣天子在上,治道日隆,辅弼侍从之臣仰峻德,承宏休,得以优游暇豫,登临玩赏,而岁复岁,诚可谓幸矣!意之所适,言之不足,而咏歌之,皆发乎性情之正,足以使后之人识盛世之气象者。"① 不论是他们对诗"考见王政之得失,治道之盛衰"功能的理解,还是以歌功颂德、粉饰太平实现这一功能的方式,均表现出了与正统诗文观的一致性。他们还将这一观念运用到了对具体作品的品评上:"君子之于诗,贵适性情之正而已。……观予友少保、户部尚书兼武英殿大学士黄公宗豫《省愆集》之作,其殆所谓吟咏性情而得其正者欤。……自洪武迄今,鸿儒硕彦,彬彬济济,相与咏歌太平之盛者,后先相望。公以高才懿学,凤膺遭遇,黼黻皇猷,铺张至化,与世之君子颉颃,振奋于词翰之场者多矣!"② 黄淮的《省愆集》以"咏歌太平"做到了"性情之正",故得到了杨荣的高度肯定。

正统末年,随着杨士奇等人的相继去世,正统诗文观的势力在景泰、天顺年间虽然有所减弱,但仍然盘踞着文坛的主导地位。到了成化、弘治年间,李东阳以朝廷重臣的身份接过文柄,使得这一文学观念在文坛的主导地位得到了延续。

对于诗文内容上的创作要求,李东阳明确提出:"夫文者,言之成章,而诗又其成声者也。章之为用,贵乎纪述铺叙,发挥而藻饰;操纵开阖,惟所欲为,而必有一定之准。若歌吟咏叹,流通动荡之用,则存乎声,而高下长短之节,亦截乎不可乱。虽律之与度,未始不通,而其规制,则判而不合。及乎考得失,施劝戒,用于天下,则各有所宜而不可偏废。"③ 在他看来,诗文在表达方式上虽各有其自身的特点,但在内容表达上是相同的,即都要发挥"考得失,施劝戒"的功用,只有如此,才能"有益于明教政事之大",④ 达到"用于天下"的目的。由此可见,李东阳对诗文功能的理解与杨士奇等人是一脉相承的。李东阳曾毫不讳言地说:"今吾十人者,皆有国事吏责,故其诗于和平优裕之间,犹有思职勤事之意。他日功成身退,各归其乡,顾不得交唱迭和,鸣太平之乐以续前朝故事。"⑤ "鸣太平之乐以续前朝故事",显然是对延续士奇歌功颂德、粉饰太平创作实践的明确表述。

---

① 杨荣:《重游东郭草亭诗序》,《杨文敏集》卷十一,明正德刻本。
② 杨荣:《省愆集序》,《杨文敏集》卷十一。
③ 李东阳:《春雨堂稿序》,《李东阳集》第三卷,文后稿卷三,页37。
④ 李东阳:《沧州诗集序》,《李东阳集》第二卷,文前稿卷五,页72。
⑤ 李东阳:《甲申十同年图诗序》,《李东阳集》第三卷,《文后稿》卷三,页40。

综上所述，朱元璋出于治世的考虑，对明代诗文的走向做出了具体规定。经过洪武时期朝廷对文学之士的血腥清洗，以及永、弘年间君主对文学之士的厚遇与引导，明代前期的文坛顺利步入了朱元璋设定的轨道，颂美、表现性情之正、重功利、去藻饰的正统诗文观占据文坛主导地位。在某种程度上，一味地歌功颂德、粉饰太平或许能够起到维护王朝治化的作用，但这类文风也因此而失去自我性情之发抒，失去艺术个性，变成为千人一面。

第三节　正统诗文观淡出文坛主导地位与政权运作

一、正统诗文观淡出文坛主导地位之表现

从上述的统计表中可以看到，到了明代后期，在主导文坛的作家的作品中，正统诗文观念逐渐被淡化，此类作品虽没有消失，但数量也已迅速减少。此时的主流作家在重情、重自我思潮与世风地推动下，将关注的视角转向了个体人生。

李梦阳认为诗的功能在于言志："夫诗者，人之鉴者也。夫人动之志，必著之言。言斯永，永斯声，声斯律。律和而应，声永而节。言弗暌志，发之以章而后诗生焉。"① 与此同时，言与志必须要做到统一："诗者非徒言者也，是故端言者未必端心，健言者未必健气，平言者未必平调，冲言者未必冲思，隐言者未必隐情，谛情探调，研思察气，以是观心无廋人矣。"② "宋儒兴而古之文废矣，非宋儒废之也，文者自废也。古之文，文其人，如其人便了，如画焉，似而已矣。是故贤者不讳过，愚者不窃美。而今之文，文其人，无美恶，皆欲合道德传志，其甚矣。"③ 至于"志"的具体表现形态，李梦阳是这样说的："夫诗言志，志有通塞，则悲欢以之，二者小大之共由也。"④ 在他看来，"志"通则欢，"志"塞则悲，人的情感即为"志"的外在表现形态。至于诱发情感变化的原因，他做了这样的解释："情者，动乎遇者也。幽岩寂滨，深野旷林，百卉既痱，乃有缟焉之英。媚枯缀疏，横斜欹崎，清浅之区，则何遇之不动矣。是故雪益之色动，色则雪，风阐之香动；香则风，日助之颜动；颜

---

① 李梦阳：《林公诗序》，《空同集》卷五十。
② 李梦阳：《林公诗序》，《空同集》卷五十。
③ 李梦阳：《论学·上篇·第五》，《空同集》，民国百子全书本。
④ 李梦阳：《张生诗序》，《空同集》卷五十。

则日,云增之韵动;韵则云,月与之神动;神则月,故遇者,物也。动者,情也。"① 他认为"情"决定于"遇"。如其《离愤五首》诗:

> 采采何边兰,鲤鱼何盘盘。念我同胞人,诀绝摧心肝。事变在须臾,浮云逝无端。临发路踟蹰,谁敢前为言。原鸰抗高声,我行何时还。十步九回头,泪下如流泉。(之一)
>
> 北风号外野,五月知天寒。海水昼夜翻,南山石烂烂。丈夫轻赴死,妇女多忧患。中言吐不易,拊膺但长叹。永夜步中庭,北斗何阑干。裂我红罗裙,为君备晨餐。车动不可留,伫立泪汍澜。愿为云中翼,阻绝伤肺肝。(之三)②

正德初年,刘瑾弄权,乖张用事。李梦阳为户部尚书韩文起草奏章弹劾刘瑾,因行事不周,被刘瑾得知,将他与韩文诬陷下狱,这组《离愤》诗即作于此一时段,"诀绝摧心肝"、"泪下如流泉"、"伫立泪汍澜"、"阻绝伤肺肝"等言辞,可谓将作者内心的绝望与伤痛真切的呈现了出来。

到了嘉靖前期,前七子逐渐偃旗息鼓。此后不久,以李攀龙、王世贞为首的后七子迅速占据了文坛的主导地位。对于诗的内容表达,李攀龙说:"夫诗,言志也,士有不得其志而言之者,俟知己于后也。"③ 王世贞说:"夫诗,心之精神,发而声者也。"④ "自昔人谓,言为心之声,而诗又其精者。予窃以诗而得其人,若靖节之言,澹雅而超诣;青莲之言,豪逸而自喜;少陵之言,宏奇而饶境;左司之言,幽冲而偏造;香山之言,浅率而尚达。是无论其张门户,树颐颊,以高下为境,然要自心而声之,即其人亦不必征之史,而十已得其八九矣。后之人好剽写馀似,以苟猎一时之好,思蹉而格杂,无取于性情之真。"⑤ 通过"诗言志"实现"俟知己于后"与借助"性情之真"达到"以诗而得其人",均在强调诗要表达作者真实的内心感受。王世贞的《悼亡儿果祥诗十首》之一、三:

> 得汝三年内,那能一日忘。谁知浪惊喜,翻为助悲伤。处处难开眼,时时总断肠。病夫骨髓尽,未数泪千行。

---

① 李梦阳:《梅月先生诗序》,《空同集》卷五十。
② 李梦阳:《空同集》卷十。
③ 李攀龙:《比玉集序》,《沧溟集》卷十八,伟文图书出版社有限公司,1976年版。
④ 王世贞:《金台十八子诗选序》,《弇州山人四部稿》卷六十五,伟文图书出版社有限公司,1976年版。
⑤ 王世贞:《章给事诗集序》,《弇州山人四部稿》卷六九。

> 眉目真如画，聪明解读诗。见人为礼法，依母倍恩私。事事俱堪系，声声未忍离。不眠仍起唤，星斗夜空垂。①

在儿子从出生到去世的过程中，作者的情感经历了由大喜到大悲的转变，回想起儿子生前的行为举止、音容笑貌，着实让作者肝肠寸断，父子之间的骨肉亲深在这两首诗中得到了真切展现。

嘉靖年间，除了前、后七子外，王慎中、唐顺之、茅坤、归有光等人作为另一个文学流派，在当时的文坛也产生有一定影响。对于诗文的创作内容，唐顺之说："近来觉得诗文一事只是直写胸臆，如谚语所谓'开口见喉咙'者，使后人读之如真见其面目，瑜瑕俱不容掩，所谓本色，此为上乘文字。"②"直写胸臆"即是要求诗文要真实反映作者真实的内心世界。如其《山庄闲居》：

> 身名幸自谢笼樊，白首为农誓不谖。惯住山中知鹿性，数行树下识禽言。巾车每许邻翁借，书帙闲同道士翻。醉后渐看松月上，满村鸡犬寂无喧。③

嘉靖年间，唐顺之得罪张璁而罢归，这首诗当作于罢归后闲居期间，从诗作的表面来看，是叙述一种慵懒闲适的乡村生活，但其中流淌出的却是作者怅惘与落寞的情怀。

与唐顺之相比，归有光对诗的功能的界定似乎更为明确，他在《沈次谷先生诗序》中说："诗之道，岂易言哉？……夫诗者，出于情而已矣。"④他认为诗因情而成，是用来抒发情感的。如《途中悼内》：

> 默默忽自叹，独语谁能闻。思君在寥廓，长看天上云。行尽燕与齐，空然涕泪零。珊瑚问明月，照耀碧罗裙。昨夜还乡梦，清姿犹见君。（其二）
>
> 丈夫各有为，吾非儿女情。死生代所有，念子非世人。高山与流水，今世谁能听。自我久行役，何日无归心。每念复黯然，涕泪常满膺。有时静闭目，家乡路分明。月色照罗帷，小步尚盈盈。见我远还归，出门来相迎。（其三）⑤

这两首诗是作者为悼念亡妻而作的。不论是对妻子生前出门相迎细节的回忆，

---

① 王世贞：《弇州山人四部稿》卷二十三。
② 唐顺之：《与洪方洲书》"又"，《新刊荆川先生文集》卷七，四部丛刊景明本。
③ 唐顺之：《新刊荆川先生文集》卷一。
④ 归有光：《新刻震川先生全集》卷二，四部丛刊景清康熙本。
⑤ 归有光：《归先生文集》卷三十二，明万历四年雨金堂刻本。

还是对妻子故去后内心凄苦悲凉感受的描述,均传达了作者对亡妻的思念之情。

明代后期的文坛活跃异常,不同流派此起彼伏,"王、李之学盛行,袁氏兄弟独心非之。宗道在馆中,与同馆黄辉力排其说。……至宏道,益矫以清新轻俊,学者多舍王、李而从之"。① "自宏道矫王、李诗之弊,倡以清真,惺复矫其弊,变而为幽深孤峭。与同里谭元春评选唐人之诗为《唐诗归》,又评选以前诗为《古诗归》。钟、谭之名满天下。"②

袁宏道(1568~1610),字中郎,又字无学,号石公,湖广公安(今属湖北)人。万历二十年(1592)进士,二十三年(1595)选为吴县令,后又授顺天教授,补礼部仪制司主事,三十四年(1606)入京补仪曹主事,后被擢为吏部主事,转考功员外郎,万历三十七年(1609)迁稽勋郎中。他在《叙小修诗》中说:

> 吾谓今之诗文不传矣。其万一传者,或今闾阎妇人孺子所唱《擘破玉》、《打草竿》之类,犹是无闻无识真人所作,故多真声,不效颦于汉、魏,不学步于盛唐,任性而发,尚能通于人之喜怒哀乐嗜好情欲,是可喜也。

> 盖弟既不得志于时,多感慨;又性喜豪华,不安贫窘;爱念光景,不受寂寞。百金到手,顷刻都尽,故尝贫;而沉湎嬉戏,不知樽节,故尝病;贫复不任贫,病复不任病,故多愁。愁极则吟,故尝以贫病无聊之苦,发之于诗,每每若哭若骂,不胜其哀生失路之感。予读而悲之。大概情至之语,自能感人,是谓真诗,可传也。③

中郎论诗主情,主张诗文创作要"任性而发"。他甚为反感儒家的礼法说教:"形体作仆奴,礼法成枷钮"。④ 在他看来,喜、怒、哀、乐、嗜好、情欲,皆是诗文应该表现的内容,只有这些不受约束的情至之语,才是真诗。《病中短歌》即抒发了他的人生悲苦:

> 吁嗟我生年十九,头发未长颠已朽。病寒三月苦沉吟,面貌如烟戟露肘。赢枯博得妻儿怜,七尺浪为鬼神有。箧里残书别故人,几上龙钟关老叟。无情莫问囊中钱,有秋还充床下酒。虫臂鼠肝彼何人,

---

① 张廷玉等:《袁中道传》,《明史》卷二百八十八,页7398。
② 张廷玉等:《钟惺传》,《明史》卷二百八十八,页7399。
③ 袁宏道著,钱伯城笺校:《袁宏道集笺校》卷四,页188。
④ 袁宏道著,钱伯城笺校:《贺家池》,《袁宏道集笺校》卷八,页365。

嗟来了桑真吾友。①

中郎甚至还将做官视为束缚,将不得行乐的苦楚也写入了诗中:

> 白羽落青松,玄霜化秋草。燕市多冲飙,日暮红沙道。男儿生世间,行乐苦不早。如何囚一官,万里枯怀抱。出门逢故人,共说朱颜老。眼蒿如帚长,闲愁堆不扫。②

即使在写给堂叔父的信中,他亦毫不掩饰这种不得行乐的愁苦情绪:

> 金阊自繁华,令自苦耳。何也?画船箫鼓,歌童舞女,此自豪客之事,非令事也。奇花异草,危石孤岑,此自幽人之观,非令观也。酒坛诗社,朱门紫陌,振衣莫釐之峰,濯足虎丘之石,此自游客之乐,非令乐也。令所对者,鹑衣百结之粮长,簧口利舌之刁民,及虮虱满身之囚徒耳,然则苏何有于令,令何关于苏哉?③

基于这种"任性而发"的文学主张,中郎笔下的人物也极具生活化、个人化特征。如《拙效传》:

> 家有四钝仆:一名冬,一名东,一名戚,一名奎。冬即余仆也。掀鼻削面,蓝睛虬须,色若锈铁。尝从余武昌,偶令过邻生处,归失道,往返数十回,见他仆过者,亦不问。时年已四十馀。余偶出,见其凄凉四顾,如欲哭者,呼之,大喜过望。性嗜酒,一日家方煮醪,冬乞得一盏,适有他役,即忘之案上,为一婢子窃饮尽。煮酒者怜之,与酒如前。冬伺楼突间,为薪焰所着,一烘而过,须眉几火。家人大笑,仍与他酒一瓶,冬甚喜,挈瓶沸汤中,俟煖即饮,偶为汤所溅,失手堕瓶,竟不得一口,瞠目而出。尝令开门,门枢稍紧,极力一推,身随门闢,头颅触地,足过顶上,举家大笑。今年随至燕邸,与诸门隶嬉游半载,问其姓名,一无所知。④

通过对家仆迷途不问、见主大喜、为薪被烧、温酒堕瓶等细节描写,一个淳朴、憨厚而笨拙的人物形象跃然纸上、栩栩如生。

在中郎的写景作品中,生活化、个人化特征同样十分明显,如《满井游记》:

> 廿二日,天稍和,偕数友出东直,至满井。高柳夹堤,土膏微

---

① 袁宏道著,钱伯城笺校:《袁宏道集笺校》卷一,页9。
② 袁宏道著,钱伯城笺校:《为官苦》,《袁宏道集笺校》卷二,页99。
③ 袁宏道著,钱伯城笺校:《兰泽、云泽叔》,《袁宏道集笺校》卷五,页211。
④ 袁宏道著,钱伯城笺校:《拙效传》,《袁宏道集笺校》卷十九,页724。

润，一望空阔，若脱笼之鹄。于时冰皮始解，波色乍明，鳞浪层层，清澈见底，晶晶然如镜之新开，而冷光之乍出于匣也。山峦为晴雪所洗，娟然如拭，鲜妍明媚，如倩女之靧面，而髻鬟之始掠也。柳条将舒未舒，柔梢披风，麦田浅鬣寸许。游人虽未盛，泉而茗者，罍而歌者，红装而蹇者，亦时时有。风力虽尚劲，然徒步则汗出浃背。凡曝沙之鸟，呷浪之鳞，悠然自得，毛羽鳞鬣之间，皆有喜气。始知郊田之外，未始无春，而城居者未之知也。①

冰皮始解的井水、积雪初融的山峦、将舒未舒的柳条、稀稀拉拉的游人、乍暖还寒的天气、悠然自得的飞鸟、游鱼，在展现一派生机盎然春天美景的同时，也折射出了作者清雅闲适的审美情调。

袁宏道的诗文创作主张得到了竟陵派的延续。谭元春在《王先生诗序》中说："诗以道性情也"。② 在此基础上，钟惺对如何才能"道性情"做了具体解释："发而为言，言其心之所不能不有，非谓其事之所不可无，而必欲有言也。以为事之所不可无，而必欲有言者，声誉之言也。不得已而有言，言其心之所不能不有者，性情之言也。"③ 他认为，诗必须应心而作，真实表达作者内心感受，不得为事而作，使诗沦为应酬事务的工具。钟氏的这一主张对朝廷提倡的正统诗文观着实是一种疏离。如其《浣花谿记》：

  出成都南门，左为万里桥。西折，纤秀长曲，所见如连环，如玦如带，如规如钩，色如鉴，如琅玕，如绿沈瓜，窈然深碧，潆回城下者，皆浣花谿委也。然必至草堂而后浣花有专名，则以少陵浣花居在焉耳。

  行三四里，为青羊宫。谿时远时近，竹柏苍然，隔岸阴森者尽谿，平望如荠，水木清华，神肤洞达。自宫以西，流汇而桥者三，相距各不半里。异夫云通灌县，或所云"江从灌口来"是也。④

文中的景物描写，流露出的是一种非常个人化的生活情调，与正统诗文观所要求的标准有着明显的不同，这种审美趣尚是明代后期小品文一个非常重要的特色。

  复社与几社是明末两个影响较大的文学团体，复社领袖张溥死后，陈子龙

---

① 袁宏道著，钱伯城笺校：《满井游记》，《袁宏道集笺校》卷十七，页681。
② 谭元春：《谭友夏合集》卷九，明崇祯六年刻本。
③ 钟惺：《陪郎章草序》，《隐秀轩集》卷一七，上海古籍出版社，1992年版，页275~276。
④ 钟惺：《浣花溪记》，《隐秀轩集》卷二〇，页328。

事实上成为了两社的主帅。① 就诗的内容创作，陈子龙说："诗者，寄托之情，不得已之志也。"② 他认为情是诗抒写的根本。陈氏依据这一标准，对宋辕文诗作给予了很高评价："今子之诗大而悼感世变，细而驰赏闺襟，莫不措思微茫，俛仰深至，其情真矣。"③ 陈子龙甚至以宋诗言理不言情而断言宋无诗："宋人不知诗而强作诗，其为诗也，言理而不言情，故终宋之世无诗焉。"④

二、正统诗文观淡出文坛之政权运作原因

不论是杨士奇，还是李东阳，他们作为代表当时文坛最高水准的作家，深受朝廷恩遇，不仅进入权力中心的速度非常快，而且一生当中的大部分时间也是在权力中心度过的，从前文的论述中已经看到了这一点。相比之下，明代后期的主要作家似乎没有如此幸运，主要表现为两个方面：

首先，主导文坛的诗文作家政治命运表现出了与此前的明显不同，不仅仕进缓慢，且绝大多数官位较低，如：李梦阳为弘治七年（1494）进士，最高做过户部郎中，官至正五品；何景明为弘治十五年（1502）进士，最高做过山西提学副使，官至正四品；唐顺之为嘉靖八年（1529）进士，最高做过右通政，官至正四品；袁宏道为万历二十年（1592）进士，最高做过稽勋郎中，官至正五品；钟惺为万历三十八年（1610）进士，最高做过南京礼部郎中，官至正五品。即使有个别作家官位较高，也都是任职于京师之外，如：王慎中为嘉靖五年（1527）进士，官至从三品，任职河南参政；李攀龙为嘉靖二十三年（1544）进士，官至正三品，任职河南按察使；王世贞为嘉靖二十六年（1547）进士，官至正三品，任职南京大理卿。无论就官位来讲，还是就任职的地域而言，这些作家再也不能像此前的杨士奇、李东阳等人获取入内阁预机务的政治荣耀了，在政权运作的系统中，他们无权建议或决定政治走向，充其量只不过是政令的执行者而已。这些文士被隔离于政权运作中心之外，自然也就规避了严格的政治监督，在充分获取行为与思想自由的同时，政治责任感与使命感也变得淡薄了，为官更多的是出于生计考虑，对国家大政则失去热情，"一官因懒废，万事得禅逃。"⑤

这是一批苦命的作家，政治命运多舛，多人遭遇打击，有的还不止一次。

---

① 袁行霈：《中国文学史》第四卷，高等教育出版社，2005年版，页181。
② 陈子龙：《张瀚居侍御诗稿序》，《安雅堂稿》卷二，明末刻本。
③ 陈子龙：《宋辕文诗稿序》，《安雅堂稿》卷二。
④ 陈子龙：《王介人诗余序》，《安雅堂稿》卷三。
⑤ 袁宏道著，钱伯城笺校：《夏日即事》，《袁宏道集笺校》卷二，页83。

李梦阳科考及第任职的第二年，因榷关得罪势要，"搆下狱"，虽不久获释，但在弘治十八年（1505），又以诬讪母后之罪名，再度下狱。获救之后，又在八虎用事之时，因起草奏章弹劾刘瑾，被刘瑾矫旨谪山西布政司，勒致仕。既而刘瑾复摭他事下梦阳狱。刘瑾诛，梦阳起故官，在党争中，羁广信狱，后以陵轹同列，挟制上官之罪名，以冠带闲住去。宸濠造反被诛，御史周宣劾梦阳逆党，被逮。终因为宸濠作《阳春书院记》，被削籍。① 何景明为弘治十五年（1502）进士，正德年间，因弹劾刘瑾坐罢；康海为弘治十五年（1502）进士，因救李梦阳与刘瑾有牵连，刘瑾败，海坐党，落职。王九思为弘治九年（1596）进士，由庶吉士授检讨，不久调吏部，至郎中，亦以瑾党谪寿州同知，复被论，勒致仕。徐贞卿为弘治十八年（1505）进士，孝宗遣中使问贞卿与华亭陆深名，深遂得馆选，而贞卿以貌寝不与，后被授大理寺左寺副，坐失囚，贬国子博士。王慎中，与夏言相忤，落其职。这些遭遇政治打击的文士开始困惑了："丈夫有本性，安得不自保？"② "灵鸟集君舍，君反见疑猜。忠信苟不显，杀身亦何为？"③ 在责问声中，最后决定归去，"未蒙主人顾，何由效驰驱"④，"我当守蓬室，聊甘贱与贫"⑤。传统文人治国、平天下的政治信念也由此而彻底垮塌。

其次，君主引导文风的导向发生转变，注重诗文的审美娱乐性，抛弃了洪武以来的正统诗文观。与文臣诗文唱和，亲近文臣，拉拢人心，巩固国家统治，这似乎是中国古代君主的一贯做法。正德皇帝虽然昏聩，多不遵祖制行事，但在与文臣诗文唱和方面，他并未特立独行，正德末年南巡之时，曾赋绝句十二首赐予辅臣杨一清。⑥ 正德皇帝传世的作品所见甚少，很难窥知其作品的整体风貌，流传至今的似只有他巡幸宣府时作的一句小词："野花偏有色，村酒醉人多。"⑦ 从这一只言片语来看，审美娱乐特征明显。

嘉靖皇帝"每于万机之暇喜为诗"，⑧ 时常与群臣诗文唱和。嘉靖八年（1529）正月元夕，"臣道南应制撰《灯词》十五首以进。上亲制一章"。嘉

---

① 张廷玉等：《李梦阳传》，《明史》卷二百八十六，页7346~7348。
② 何景明：《赠李献吉三首》之二，《何大复集》卷九，中州古籍出版社，1989年版，页113。
③ 何景明：《咏怀十首》之七，《何大复集》卷九，页117~118。
④ 李梦阳：《辕驹叹》，《空同集》卷十一，明嘉靖刻本。
⑤ 何景明：《赠望子五首》之五，《何大复集》卷八，页92。
⑥ 沈德符：《御制故相诗》，《万历野获编》卷一，页31。
⑦ 钱谦益：《列朝诗集小传》，乾集上，《武宗毅皇帝》，页4。
⑧ 沈德符：《御制元旦诗》，《万历野获编》卷二，页38。

靖九年（1530）七月，"敬一亭成，上复命儒臣落成锡宴进诗"。嘉靖十年（1531），"演马环碧殿，御制歌词赐同游，诸臣和之"。嘉靖十三年（1534），"臣自徽州赐环，上亲洒《钟粹宫词》，命和之"。嘉靖帝还借诗问候生病、致仕的侍臣，王世贞《弇山堂别集》载："肃庙以礼部尚书席书病目，赐诗问之，期以弼亮。以刑部尚书赵鉴致仕，赐诗送之，嘉其止足。"① 如果有人对他的这一喜好提出异议，自然会引来他的不满。当年张璁用事，"自愧不能诗，遂露章攻宏，诮其以小技希恩"。嘉靖皇帝"虽不诘责，而所处圣制渐希矣"②。嘉靖皇帝虽与文臣诗文唱和频繁，但从流传下来的资料来看，并未见其对正统诗文观的提倡，提倡诗文吟风弄月之用心倒是十分明显，如杨一清奉命拟赋上元诗进呈，"有'爱看冰轮清似镜'之句，上以为似中秋，改云'爱看金莲明似月'，一清疏谢，以为曲尽情景，不问而知为元宵矣"③。

万历皇帝从小喜欢舞文弄墨，于慎行《榖山笔麈》载："上初即位，好为大书，内使环立求书者，常数十纸；而外廷臣僚得受赐者，惟内阁讲臣数人而已。""丙子殿读，张公位及慎行补入讲幄"，"上顾相君曰：'新讲官二人尚未赐与大字'"。"内使已濡墨俟，上遂大书二副赐位及臣行。"④ "大婚以后，留意文史篇什，遇元旦、端阳、冬至，必命词臣进对联及诗词之属，间出内帑所藏书画，令之题咏，或游宴即宣索进呈，至讲筵尤为隆重，筵赏之外，间有横赐，先人于同年及前辈诸公，无日不从事楮墨，而禁脔法醖，亦时时及门。"⑤ 至于万历皇帝提倡的诗文创作倾向，《弇山堂别集》卷八十四载：万历十四年（1586）会试，考生应弘志所作"策奇丽甚，而语多刺讥时政，且侵言官之横者，大臣惜而不敢显置之前，上忽拔之，中外惊异称服"。⑥ 此外，明神宗喜好诗文的审美娱乐性，还可以从万历九年（1581）正月张居正所上的一份奏疏中得到佐证：

  伏睹皇上近日以来留神翰墨，一切嬉戏无益之事悉屏去不御。仰见圣学该洽，睿志清明，臣等不胜庆忭。夫人主一心，乃万化从出之原，亦众欲交攻之会。必使常有所系，然后纵欲之念不萌，而引诱之

---

① 王世贞：《弇山堂别集》卷十四。
② 沈德符：《御制元旦诗》，《万历野获编》卷二，页38。
③ 沈德符：《御制元旦诗》，《万历野获编》卷二，页38。
④ 于慎行：《榖山笔麈》卷二，明万历于纬刻本。
⑤ 沈德符：《翰林应制》，《万历野获编》卷十，页267。
⑥ 王世贞：《科试考四》，《弇山堂别集》卷八十四。

奸不入，故虽笔札小技非君德治道所关。而燕闲游息之时，藉以调适性情，收敛心态，比之珍奇玩好之属相去远甚，亦未必非进德养心之一助也。但臣等窃见前代好文之王，皆有文学之臣奉侍清燕，或丞诏等答、或应制赓酬，皆于语言文字之中微寓讽劝，箴规之益即今之翰林官是也。我朝廷置翰林，拔其英俊特异者除授此官，固储养德望以备启沃任枢机，然文史词翰、撰述讨论亦其本等职务，皇上即有任使，不必他求，如日讲诸臣，皆文学优赡。见今记注起居逐在馆供事外，其余翰林各官亦皆需次待用，臣等拟令分番入直，每日轮四员，同日讲诸臣在馆祗候，皇上万机之暇，如批阅古文，欲有所采录或鉴赏、名笔欲有所题咏，即属诸臣，令撰具草稿，送臣等看定，进呈圣览，或不时召至御前面赐质问，令其发抒蕴抱，各见所长，以观其才品高下，他日量能擢用，自可断于圣衷。①

张居正将神宗平日从事文事的行为视为"嬉戏无益之事"，规劝其多读"微寓风劝"之文，认为此当为君主该做之事。

就实在情形而言，正德皇帝、嘉靖皇帝和万历皇帝对诗文审美娱乐文风的提倡，是与此一时段的社会思潮变化、经济发展、文学自身发展要求相一致的。

最后，君臣诗文唱和传统中断。万历二十年（1592）前后，神宗不仅不与朝臣见面，而且对臣工的奏章一向是"留中不报"，这种状态一直持续到万历朝结束。君臣诗文唱和也由此而中断。沈德符说："上朝讲渐稀，宸游亦简，至今日而警跸不闻声，天庖不排，当岁时节序，亦未闻有一二文字进乙览，词臣日偃户高卧，或命酒高会而已。虽享清闲之福，而不蒙禁近之荣，似亦不如当时宠遇也。"② 神宗驾崩之后，长子朱长洛即位，是为泰昌帝，在位仅一个月的时间，就匆匆谢世了。其子朱由校即位，因不喜欢读书，对诗文翰墨毫无兴趣，整日沉醉于木匠技艺当中，朝政事务全由宦侍魏忠贤代理，文臣难得见主一面，更毋庸说是与君臣诗文唱和了。朱由校未有子嗣，驾崩之后弟弟朱由检即位，是为崇祯帝，因其刚愎自用，不信任朝臣，内阁官员频频大换班，在十多年时间当中，先后有四十多人入阁，多数又都是在入阁几个月后匆匆离去。在这种情境之下，君臣诗文唱和的机缘着实难以形成。可以说，自万

---

① 《明神宗实录》，页 2081~2083。
② 沈德符：《翰林应制》，《万历野获编》卷十，页 267。

历中期之后君、臣诗文唱和传统中断，意味着文风走向失去了昔日来自最高统治者的政治引导或约束，大大增强了诗文回归审美娱乐、回归文学本身的可能。

传统儒士的政治责任感与使命感一旦消失，那么国家作为寄托他们生命的主要载体也就不复存在了。按照中国传统士人儒、道互补的处世心理，在个人生命失去政治依托的情境之下，他们便会回归自我，关注个人人生，而此时的社会思潮变化、经济发展也为士人心态上发生的这种变化起了催化作用。士人心态上发生的这种变化反映到诗文创作、理论上，则外化为从正德前政治教化角色转向抒情娱乐角色，而弘治之后君主的上述行为导向所营造的政治氛围更使这种转化成为可能。

概而言之，在中国古代文学思想传统中，诗文扮演政治教化与审美娱乐双重角色。如果以正德朝为界将有明一代划分为两个时间段落，那么前期是政治教化唱主角，后期则是审美娱乐唱主角，其中促成主导角色地位转换的因素固然是多层面的，但若仅就政权运作层面来讲，除了有君主的行为导向外，手握重权当道官员的权力运作也是一个重要因素，此为明代政权集团不同权力阶层共同运作的结果。

第四章

明代政权运作与戏曲走向

戏曲做为一种重要的娱乐方式,在元代极其繁盛,以至在当时出现了"诸民间子弟,不务生业,辄于城市坊镇演唱词话、教习杂戏、聚众淫谑"①的狂热局面。元明鼎革之后,它并没有随着朝代政权的更迭立即消失,而是作为一种传统文艺进入了新的朝代。明初朝廷为消除这一文艺形式对其统治可能产生的负面影响,做出了多重限制。

第一节 洪、宣年间朝廷对戏曲行业的整治

朱元璋父子出于维护皇明王朝统治的考虑,对有明一代的戏曲做了多重规定。此后,这些规定便成为了明代朝廷管理戏曲的主要依据。

一、严禁优伶之外的人员参与戏曲表演

历经元末群雄多年的大混战,社会生产遭到了极为严重的破坏。全国各地,哀鸿遍野,饿殍满路,一片荒榛。杭州曾是五代和北宋数一数二的名城,也是南宋的京都,在元代的时候,人口有百万之众,可是到了元末,作为当时遭受破坏最小的区域,人口死亡也已达到十之二三。江西南部,由于陈友谅的部队素无纪律,后又乱兵充斥,遭受长期蹂躏,瑞金户口"亡绝过半,田多荒芜"。江南如此,江北更甚,唐宋时代的繁华盛地扬州,为青军元帅张明鉴所据,由于军粮短缺"日屠城中居民以为食",待朱元璋部将缪大亨攻取扬州时,幸存居民只有18家。河南北、山东西以及陕甘各地则是孛罗帖木儿、扩廓帖木儿与李思齐等军队反复洗劫之区,或者"多是无人之地,"或者"人骨山积","城邑空虚",或者"赤地千里"②。

---

① 宋濂等:《元史·刑法志》,中华书局,1976年版。
② 黄冕堂:《明史管见》,齐鲁书社,1985年版,页102。

面对此一残破局势，朱元璋认为当前的迫切任务是恢复生产，尽快从混乱的漩涡中挣脱出来，因此，他下令大力整治游乐之风，明令禁止优伶之外的其他人员涉足剧坛参与演出，并"于中街立高楼，令卒侦望其上，闻有弦管饮博者，即缚至倒悬楼上，饮水三日而死"①。当时的确有人因此而获罪。府军卫千户虞让的儿子虞瑞，因违禁吹箫唱曲，后被府军左卫军士告发，朱元璋勃然大怒，"命逮治之，"割去了他的上唇和鼻尖，洪武皇帝因此下诏："凡武臣子弟，嗜酒博奕，及歌唱词曲，不事武艺，或为市肆与民争利者，皆坐以罪，其袭职依前比试不中者，与其父并发边境守御，不与俸"②。"在京但有军官军人学唱的割了舌头。"③ 由此可见，朱元璋对违禁人员的惩处是十分严酷的。

为了革除元人聚众唱曲的遗风，朱元璋除了对违禁人员进行严酷惩治外，还通过对优伶制造社会歧视的方式来阻止业外人员参与表演。明代朝廷的服饰制度规定：伶人"戴绿头巾，腰系红褡膊，足穿布毛猪皮靴，不容街中走，止于道旁左右行。乐妇布皂冠，不许金银首饰。身穿皂背子，不许饰锈衣服"④。伶人不仅不能"街中走"，而且还必须穿戴示辱的服饰。"绿头巾"借指妻有外淫的男子，以此示辱。谢肇淛《五杂俎》云："今人以妻之外淫者，目其夫为乌龟。盖龟不能交，而纵牝者与蛇交也。隶于官者为乐户，又为水户。国初之制，绿其巾以示辱，盖古赭衣之意。"⑤ 优伶在当时毫无尊严可言。

值得注意的是，这种示辱的服饰只是针对供娱乐演出的优伶来说的，皇宫中供朝廷祭祀、庆典之用的乐工冠服与此截然不同。为了显示和维护皇权的威严，无论是服装的样式、配饰还是颜色，这些供朝廷祭祀、庆典之用的宫廷乐工冠服极为庄严华丽：

> 郊社宗庙用雅乐，协律郎幞头，紫罗袍，荔枝带；乐生绯袍，展脚幞头；舞士幞头，红罗袍，荔枝带，皂靴；文舞生红袍，武舞生绯袍，俱展脚幞头，革带，皂靴。朝会大乐九奏歌工：中华一统巾，红罗生色大袖衫，画黄莺、鹦鹉花样，红生绢衬衫，锦领，杏红绢裙，百绢大口袴，青丝绦，白绢袜，茶褐鞋。其和声郎押乐者：皂罗阔带

---

① 李光地：《榕村语录》卷二十二，文渊阁《四库全书》本。
② 《明太祖实录》卷二百，页2999；《明太祖实录校勘记》卷二百，页662。
③ 顾起元：《国初榜文》，《客座赘语》卷十，页346。
④ 徐复祚：《曲论》，中国戏曲研究院编《中国古典戏曲论著集成》（四），中国戏剧出版社，1959年版，页243。
⑤ 谢肇淛：《五杂俎》卷八，《明代笔记小说大观》（二），页1652。

巾，青罗大袖衫，红生绢衬衫，锦领，涂金束带，皂靴。

宫中女乐冠服。洪武三年定制。凡中宫供奉女乐、奉銮等官妻，本色鬏髻，青罗圆领。提调女乐，黑漆唐巾，大红罗销金花圆领，镀金花带，皂靴。歌章女乐，黑漆唐巾，大红罗销金裙袄，胸带，大红罗抹额，青绿罗彩画云肩，描金牡丹花皂靴。奏乐女乐，服色与歌章同。①

明代朝廷歧视优伶的政策远不止此，如"乐户与民分良贱"，"娼妇不许与良家一样妆束、及穿织金妆花补衣、戴金珠翡翠首饰，违者尽追入官，变价充孤老布花之用"②。禁止乐人女子与官吏及其子孙通婚，《大明律》规定："凡官吏娶乐人为妻妾者杖六十，并离异。若官员子孙娶者罪亦如之，附过后荫袭之日降一等于边远叙用。"③ "倡优隶卒之家子弟，不许妄送社学。"④ 娼优子弟不许参加科举考试，洪武二年（1369），朱元璋下诏："各省廪膳科贡，各有定额；南北举人名数，亦有定制。近来奸徒利他处寡少，诈冒籍贯，或原系娼优隶卒之家，及曾经犯罪问革，变易姓名，饶幸出身，访出拿问。"⑤ 由此可见，明代朝廷对优伶的歧视政策覆盖了服饰、婚姻、教育等多个层面。

二、在积极提倡演出治化剧的同时，严令禁止情欲剧的传播

关于人欲给国家、家庭、人身带来的危害，朱元璋是有着深刻认识的。为了最大限度阻止人欲可能产生的负面效应，朱元璋严令禁绝宣扬人欲观念戏曲的传播。在洪武二十二年（1389）三月二十五日的榜文中，他明确规定："娼优演剧，除神仙、义夫节妇、孝子顺孙、劝人为善及欢乐太平不禁外"，其它剧目一律禁演。⑥ 从禁令的规定可以看出，只有裨益朝廷治化的剧目才是他所提倡的。高则诚《琵琶记》只因以宣扬忠孝节义为主要内容，故备受他的青睐，并赢得了他的高度赞誉："《五经》、《四书》，布、帛、菽、粟也，家家皆有，高明《琵琶记》，如山珍海错，贵富家不可无"，并"日令优人进演"。⑦

---

① 张廷玉等：《舆服》，《明史》卷六十七，页 1650～1653。
② 吕坤：《禁谕乐户》，《吕公实政录》卷四，明末影抄本。
③ 刘惟谦等：《大明律》卷六，明嘉靖范永銮刻本。
④ 魏校：《教子弟以兴礼义》，《庄渠遗书》卷之九。
⑤ 佚名《卧碑》，《松下杂抄》卷下，转引自王利器《元明清三代禁毁小说戏曲史料》，上海古籍出版社，1981 年版，页 12。
⑥ 董含：《三冈识略》，转引自王利器《元明清三代禁毁小说戏曲史料》，页 12。
⑦ 徐渭：《南词叙录》，中国戏曲研究院编《中国古典戏曲论著集成》（三），页 240。

当时被朱元璋摒逐出外，禁止演出的主要是些被认为属于宣扬情欲类的剧目，此一点，可以从朱元璋对侍臣的言论中得到证实。洪武四年（1371）六月，朱元璋在观看乐人演出的时候，对身边侍臣说：

> 礼以道敬，乐以宣和，不敬不和何以为治？元时古乐俱废，惟淫词艳曲更唱迭和，又使胡虏之声与正音相杂，甚者以古先帝王祀典神祇饰为舞队，谐戏殿廷，殊非所以道中和，崇治体也，今所制乐章颇协音律，有和平广大之意，自今一切流俗喧哔淫亵之乐悉屏去之。①

朱元璋所说的"淫亵之乐"，当指情欲一类的作品。他认为这类作品会荡惑人心、乱人心术，有背于儒家思想，有碍于国家治化。

不过，朱元璋禁止搬演这些曲目的政策并非针对社会所有人员，而是有选择性的，皇室成员以及少数功臣不受此限。洪武初年，亲王之国，朱元璋"必以词曲一千七百本赐之"②。

就实在情形而言，经过元末战乱，明代以前的很大一部分剧本已经散佚，朱元璋所见的这1700本词曲，嘉靖间李开先说也多有遗失，我们今天已无法确知其具体内容，但很难说这些词曲都符合朱元璋上述禁令之规定。朱权为朱元璋第十七子，作有《太和正音谱》，在《杂剧十二科》中把元杂剧分为十二类：一曰神仙道化、二曰隐居乐道、三曰披袍秉笏、四曰忠臣烈士、五曰孝义廉节、六曰叱奸骂谗、七曰逐臣孤子、八曰钹刀赶棒、九曰风花雪月、十曰悲欢离合、十一曰烟花粉黛、十二曰神头鬼面。③ 第九类风花雪月剧是以叙写男女情事为主的，如果朱权没有见过此类剧目，他是不会作如此分类的。可以看出，言情剧目在亲王当中传播，朝廷并未加干预。

朱元璋严格限制普通人观看情欲类剧目的同时，却对皇室子孙观看此类剧目表现得如此宽容，此种行为背后当有着甚为复杂之原因。有学者认为，朱元璋允许子孙观赏此类剧目之目的，在于消磨他们的意志，让他们安享个人生活，从而消除他们觊觎皇位的心理，避免争夺皇位的隐患发生。也有学者认为，朱元璋此举是希望他的子孙们能够从戏曲中了解民情、学习历史、增长统治知识。④

---

① 《明太祖实录》卷六十六，页1245~1246。
② 李开先：《张小山小令后序》，《李开先全集》，文化艺术出版社，2004年版，页533。
③ 中国戏曲研究院编：《中国古典戏曲论著集成》（三），页24。
④ 王运熙，顾易生：《中国文学批评史新编》（下册），复旦大学出版社，2001年版，页74。

三、严禁装扮、亵渎圣帝、明王、忠臣、义士、圣贤等

为了维护皇权的威严,以实现对臣民的有效统治,朱元璋对戏剧演员扮演的角色做了明确规定。《明太祖实录》卷七十九载:

> 诏礼部申禁教坊司及天下乐人,毋得以古先、圣帝、明王、忠臣、义士为优戏,违者罪之。先是胡元之俗往往以先圣贤衣冠为伶人笑侮之,饰以侑燕乐,甚为渎慢,故命禁之。①

《御制大明律》卷二六载:

> 凡乐人搬做杂剧戏文,不许妆扮历代帝王后妃、忠臣烈士、先圣先贤神像,违者杖一百;官民之家,容令妆扮者与同罪。其神仙道扮,及义夫节妇,孝子顺孙,劝人为善,不在禁限。②

演员不仅不能妆扮历代帝王后妃、忠臣烈士、先圣先贤,甚至连容令妆扮的人也要受到杖责一百的惩处,由此可见,朱元璋对乐人扮演角色的规定是相当严厉的。

在永乐时期,朱元璋的此项政策得到了进一步强化。永乐九年(1411)七月初一,刑科都给事中曹润等奏:

> 乞敕下法司,今后人民倡优装扮杂剧,除依律神仙道扮,义夫节妇,孝子顺孙,劝人为善,及欢乐太平者不禁外,但有亵渎帝王圣贤之词曲、驾头、杂剧,非律所该载者,敢有收藏传诵、印卖,一时拿送法司究治。

随后朱棣亦下旨:

> 这等词曲,出榜后,限他五日,都要干净将赴官烧毁了,敢有收藏的,全家杀了。③

如果说朱元璋对情欲剧目的禁限,还只停留在演出传播上,那么朱棣则增加了另外一条禁限途径,已经扩展到了纸本传播。演员不唯不能妆扮历代帝王后妃、忠臣烈士、先圣先贤等,如果有人冒禁传播、收藏内容含有"亵渎帝王圣贤"的词曲纸本,则会遭到株连杀戮的严酷惩处。明代朝廷把优伶视为下等"贱民",自然也就不允许把这类身份低微的人和尊贵的皇权联系在一起,所以说,朱氏父子的这种强化等级观念的做法,显然是出于朝廷尊严免遭

---

① 《明太祖实录》卷七十九,页1440。
② 《御制大明律》卷二六。
③ 顾起元:《国初榜文》,《客座赘语》卷十,页347~348。

亵渎,出于强化皇权考虑的。

从如上的论述可以看到,朱棣对戏曲传播的多途规限,以及对违禁人员的惩处,要明显比朱元璋严格、残酷得多。这当然和他谋取皇位的手段有很大关系,其中最主要的原因在于他是从自己亲侄儿手里夺取皇位的,这显然与朱明王朝所宣扬、奉行的主流意识形态严重相背离,于情于理都为世人所不齿,既然与"谋逆篡位"的罪名难脱干系,那么要使普天下臣民心悦诚服,显然不是件容易的事情。事实上,登极后的朱棣陷入了一个两难的境地:讲"忠"显然与自己夺取皇位的行为相矛盾;不讲"忠"则日后又无法统治臣民。在这种两难的境况之中,朱棣采取了恩威并施的做法:对于臣服合作的前朝旧臣,如杨士奇、杨荣、胡广、金幼孜等人,朱棣通过提拔重用的方式来拉拢人心;对于拒绝合作的前朝旧臣,如方孝儒、练子宁、茅大方、程通等人,朱棣则通过严刑酷法,甚至极其残酷地诛连十族,以此对不臣服的士人加以威慑。他对敢以词曲"亵渎帝王圣贤"的人施以株连杀戮的严酷行为,似乎在一定程度上折射出了他的此种心态。

四、严禁官宦家庭蓄养家乐

本文所谓的家乐,是指家庭主人自行组建私有的小规模家庭乐班,朝廷赏赐给亲王及少数功臣的大型乐部不包括在内。

在中国古代社会,朝廷官员把妓女做为消遣娱乐的工具有很长的历史,唐、宋时期的仕宦"皆有官妓祗候"。① 明代初期,朱元璋虽然对各个领域进行了严厉整治,但还是将这种官妓制度保留了下来,曾设十六楼于金陵城,"在城内者曰南市北市,在聚宝门外之西者曰来宾,在聚宝门外之东者曰重译,在瓦屑坝者曰集贤、曰乐民,在西关中街北者曰鹤鸣,在西关中街南者曰醉仙,在西关南街者曰轻烟、曰淡粉,在西关北街者曰柳翠、曰梅妍,在石城门外者曰石城、曰讴歌,在清凉门外者曰清江、曰鼓腹"②。这些酒楼中的妓女主要由罪犯与俘虏的家人充任。祝允明《猥谈》就此说:"奉化有所谓丐户,俗谓之大贫,聚处城外,自为匹偶,良人不与接,皆官给衣粮。其妇女稍妆泽,业枕席,其始皆宦家,以罪杀其人而籍其化。官谷之而征其淫贿,以迄今也。金陵教坊称十八家者亦然。"《三风十怨记·记色荒》亦载:"明灭元,凡蒙古部落子孙流窜中国者,令所在编入户籍。其在京省谓之乐户,在州邑谓

---

① 王锜:《官妓之革》,《寓圃杂记》卷一,清钞本。
② 周晖:《金陵琐事》,周晖《金陵琐事》,文学古籍刊行社,1955年版。

之丐户。"① 按照朱元璋的规定,政府官员朝退后可以到此饮酒娱乐,②但绝对不能"挟娼饮宿",③ 如有敢于违禁宿娼,则"罪亚杀人一等;虽遇赦,终身弗叙"④。

事实上,当时的女妓除了弹奏唱曲、悦人视听外,往往还兼操卖身,针对女妓的这一特殊身份,为了防止朝廷官员宿奸,朱元璋还专门就此做出明确规定:"各处乐工纵容女子擅入王府、及容留各府将军、中尉在家行奸,并军民旗校人等与将军、中尉……俱问发边卫充军。"⑤ 朱元璋对此类事件之态度,明人马龙生有一段有趣的记载:

> 洪武中,欧阳都尉挟四妓饮,事觉,逮妓急,妓分必死,大毁其貌以往。一老胥谓曰:"予我千金能免尔死。"妓与之半,胥曰:"上位神圣,宁不知若曹之修肆?慎不可欺,当如常貌,更加饰耳。"妓曰:"何如?"曰:"须沐浴靓洁,以脂粉香泽面与身,令香透彻而肌理极其妍艳,首饰衣装悉以金宝锦绣,虽里衣亵裙不可以寸素间之,务穷尽妖丽,能夺目荡心则可。问其词,一味哀呼而已。"妓从之。比见上,上令自陈,妓无一言。上顾左右曰:"绑起杀了。"妓解衣就缚,自外及内备极华烂,绘彩珍具堆积满地,照耀左右,至裸体,肤肉如玉,香闻远近。上曰:"个小妮子使我见也当惑了,那厮可知俚?"即叱放之。⑥

小说家言,当以小说家视之,但其中所反映朱元璋整治挟妓风气的严厉态度还是可信的。

朱元璋严令禁止挟妓风气的行为,阻断了朝廷官员与女妓私密接触的机会,女妓不能进入仕宦家庭,所以也就消除了仕宦家庭蓄养女乐的可能。目前虽然没有直接证明朱元璋禁止蓄养男乐的材料,但另外一些相关政令的规定似乎已经断绝了这种可能。

一般来讲,家乐成员来源可分为两类:一类是由家庭内部成员(诸如妾)自行构成;另一类是由买进的外来人口充任。

---

① 转引自王书奴《中国娼妓史》,海三联书店,1988年版,页133。
② 吕毖:《六妓馆》,《明朝小史》卷二,车吉心《中华野史》明朝卷四,泰山出版社,2000年版,页4460。
③ 吕毖:《洪武纪六妓馆》,《明朝小史》卷二,《中华野史》明朝卷四,页4460。
④ 王琦:《官妓之革》,《寓圃杂记》卷一。
⑤ 刘惟谦等:《大明律》卷二。
⑥ 马生龙:《凤凰台记事》,《中华野史》明朝卷一,页27。

从前文可以知道，朱元璋禁止业外人员涉足剧坛演出、以及禁止倡优与仕宦通婚的禁令，已经阻断了家乐成员来源的第一条途径。

朱元璋为了发展农业生产，急需劳力：洪武五年（1372），他通令全国，凡是因战乱被迫当奴隶的，主家必须立即放还，恢复他们自由身份；凡是因饥荒而典卖为奴的男女，由朝廷代为赎身；普通地主不许蓄养奴婢，违者杖刑一百，所养奴婢放为良民；① 公侯和品级官员使用奴婢，"公侯家不过二十人，一品不过十二人，二品不过十人，三品不过八人"②。表面看来，官宦使用奴婢属于合法行为，而实际上这条律令所透露出的信息，则是朝廷对官宦使用奴婢的规限，即官宦只允许使用少量奴婢来完成必要的日常杂务，不允许占用更多的社会劳力，在这种情势下，谁还敢买入奴婢以供娱乐？所以，此项规定可谓阻断了家乐成员来源的第二条途径。

再者，蓄养家乐需要大量的物质作为基础条件，而建国之初，朱元璋大肆"芟夷豪族，诛求巨室，于是人以富为不祥，以贵为不幸"③。在这种政治背景之下，大部分人失去了占有巨额财富的可能，即使有人拥有蓄养家乐的经济实力，但也惧怕遭遇不测而不敢显富，所以物质储备的匮乏也限制了他们蓄养家乐的可能。

宣德时期，朝廷对士人的态度已经变得较为温和了，士人的生存环境也因此而宽松了很多。在这种宽松的生存环境之下，朝廷官员之间出现了淫乐的风气。宣德三年（1428），巡按湖广御史赵伦因与乐妓通奸，被宣德帝夺官，并发戍到了辽东。宣德四年（1429）八月，朱瞻基对行在礼部尚书胡濙说："祖宗时文武官之家不得挟妓饮宴，近闻大小官私家饮酒，辄命妓歌唱，沉酣终日，怠废政事，甚者留宿，败礼坏俗。尔礼部揭榜禁约，再犯者，必罪之。"④ 宣德时期官妓之制的废黜，昭示出明代朝廷禁止仕宦蓄养家乐的决心和态度，更加坚定与明朗化了。

第二节　洪、成年间之曲坛

一种文化政策得到有效推行后，其影响力往往会绵延很长一段时间。洪武

---

① 娄曾泉等：《明朝史话》，北京出版社，1984年版，页36。
② 申时行等：《民政》，《明会典》，卷五十二。
③ 陈和志：（乾隆）《震泽县志》卷二十五，清光绪重刻本。
④ 《明宣宗实录》卷五十七，页1366。

至宣德时期朝廷推行的文化政策，使得洪武以来曲坛之萧条一直延续到成化时期。

戏曲理论只出现了两部：一部是朱权的《太和正音谱》，"采摭当代群英词章，及元之老儒所作，依声定调，按名分谱"①。另一部是贾仲明的《录鬼薄续编》，记述元、明间戏曲、散曲作家之事迹。或为避祸，均未论及戏曲内容创作方面的问题。

在这一时段内，戏曲作家寥若晨星，主要有如下几位：

朱权（1378~1448），明太祖朱元璋第十七子，封宁王，号臞仙，又号涵虚子、丹丘先生。流传至今的剧作有两部：一部是《卓文君私奔相如》，即使讲述男女私奔之事，也不忘加上儒家说教："男尊女卑，理之常也；夫唱妇随，人之道也。"另一部是《冲漠子独步大罗天》，属于朝廷戏曲政策提倡的神仙道化剧。

朱有燉（1379~1439），明太祖朱元璋第六孙，洪武二十四年（1391）受封周世子，洪熙元年（1425）袭封周王爵。作有杂剧31种，依据其内容或情节，大致可归入三类：（一）神仙道化：《河嵩神灵芝庆寿》、《东华仙三度十长生》、《吕洞宾花月神仙会》、《四时花月赛娇容》、《南极星度脱海棠仙》、《群仙庆寿蟠桃会》、《紫阳仙三度常椿寿》、《惠禅师三度小桃红》、《张天师明断辰钩月》、《洛阳风月牡丹仙》、《福禄寿仙官庆会》、《十美人庆赏牡丹园》、《瑶池会八仙庆寿》、《小天香夜半朝元》、《李妙清花里悟真如》；（二）粉饰太平：《李亚仙花酒曲江池》、《孟浩然踏雪寻梅》、《天香圃牡丹品》、《挡搜判官乔断鬼》、《神后山秋弥得驺虞》、《善知识苦海回头》；（三）道德教化：《清河县继母大贤》、《赵贞姬身后团圆梦》、《刘盼春守志香囊怨》、《黑旋风仗义疏财》、《兰红叶从良烟花梦》、《豹子和尚自还俗》、《甄月娥春风庆朔堂》、《美姻缘风月桃源景》、《宣平巷刘金儿复落娼》、《关云长义勇辞金》。如此划分只是相对的，事实上这些种类之间大多又是相互交叉的。这些剧目显然是应明初朝廷政策创制的。

兰茂（1397~1476?），其《性天风月通玄记》是一部神仙道化剧，道德说教味道很浓，"观忠孝贤良，足见戏文大意"。

邵璨，江苏宜兴人，年轻时习举子业，未应科考，以生员终老，曾做过给谏之官。其传奇《香囊记》属于一部道德教化剧，第一出即点名"为臣死忠，

---

① 《太和正音谱》，《自序》。

明代政权运作与文学走向

为子死孝"之戏文主旨。

沈鲸,浙江平湖人,成化年间曾做过嘉兴府知事,其流传至今的《双珠记》、《鲛绡记》属于惩恶扬善剧。

丘濬(1421~1495),景泰五年进士,以理学家名,做过弘治六年(1493)会试殿试读卷官,官至宰辅。作有《伍伦全备忠孝记》,这是一部推行教化的作品,宣扬主旨如剧末所言:"大道根源出自天,人人身上伍伦全。今来古往忠为首,地义天经孝为先。须把居家移治国,从来坤道要承乾。交情不为存亡变,守志宁因祸乱迁。这本传记从古少,千年世上不流传。"

此时,良家子弟演剧之风也得到了有效遏制,如朱权在《太和正音谱》中所言:

> 杂剧,俳优所扮者,谓之"娼戏",故曰"勾栏"。子昂赵先生曰:"良家子弟所扮杂剧,谓之'行家生活',娼优所扮者,谓之'戾家把戏'。良人贵其耻,故扮者寡,今少矣,反以娼优扮者谓之'行家',失之远也。"①

由上可以看出,明初朝廷对戏曲行业的整治,深入影响到了洪(武)、成(化)年间不同地域、不同身份的剧作家,而且其对当时曲坛造成的萧条状况也是多层面的,除了戏曲理论贫乏、戏曲作家甚少之外,戏曲扮演者的身份与戏曲表现的内容也呈现出单一化的局面。此种状况,对政权的维系来说,有正面作用;而对戏曲的发展来说,则是负面的。

第三节 明代戏曲走向之转变及其政治原因

弘治前后,有明一代之曲坛发生了变化。

一、曲坛之转变

(一)优伶之外的人员加入到了戏曲表演行列

弘治(1488~1505)后期,冰封数十年的娱乐行业开始复苏,并渐至活跃起来,一些曾经有过仕宦经历的文人出于喜好,往往会粉墨登场献技。

祝允明(1460~1526),字希哲,号枝山,人称"祝枝山",长洲(今江苏苏州)人,出生于七代官宦之家,曾历官广东兴宁知县、应天府通判,史

---

① 朱权:《太和正音谱》,中央戏剧研究院编《中国古典戏剧论著集成》(三),中央戏剧出版社,1959年版,页24。

明代政权运作与戏曲走向

称他"不修行检，常傅粉黛，从优伶间度新声"①，"梨园子弟相顾弗如也"②。

王九思（1468~1551），字敬夫，号渼陂，陕西鄠县（今户县）人，弘治九年（1496）进士，选为庶吉士，后授检讨，历官吏部郎中、寿州同知等。康海（1475~1540），字德涵，号对山、沜西山人，沜东渔夫，西安府武功县（今陕西武功）人，弘治十五年（1502）状元，曾任翰林院修撰、经筵讲官等。王、康二人"每相聚沜东鄠、杜间，挟声伎酣饮，制乐造歌曲，自比俳优，以寄其怫郁。九思尝费重赀购乐工学琵琶。海挡弹尤善"③。他们的这种演曲行为还引起了旁人的仿效。④

李开先（1502~1568），字伯华，号中麓，山东章丘人，嘉靖八年（1529年）进士，历任户部主事、文选郎中、太常少卿等。史称他"征歌度曲，为新声小令，挡弹放歌，自谓马东篱、张小山无以过也"⑤。

屠应埈，字文升，平湖人，嘉靖五年（1526）进士，官至右谕德。史称他"长歌纵横，翩翩自喜"，"其音节激昂，往往揣摩北地"⑥。

汤显祖（1550~1616），字义仍，号海若、若士，别署清远道人，临川（今江西临川市）人，历任南京太常博士、詹事府主簿、礼部祠祭司主事、广东徐闻县典史、浙江遂昌知县等。他卸任后返归故里，每当曲作新完，即亲自表演，教家优搬唱。⑦

屠隆（1541~1605），字长卿、纬真，号赤水，别号由拳山人、一衲道人、蓬莱仙客，晚年又号鸿苞居士，鄞县（今属浙江）人，曾历官颍上知县、青浦令、礼部主事、郎中等。在任时就时常登台串演，史载："屠（屠隆）亦能新声，颇以自炫。每剧场辄阑入群优中作技。"⑧

随着文人士大夫演曲风气的兴盛，一些豪门望族弟子也加入到了这个行列，徐复祚《曲论》载："秦四麟为博士弟子，亦善歌金、元曲，无论酒间，

---

① 徐复祚：《曲论》，中国戏曲研究院编《中国古典戏曲论著集成》（四），页243。
② 钱谦益：《祝京兆允明》，《列朝诗集小传》丙集，页299。
③ 张廷玉等：《文苑二》，《明史》卷二八六，页7349。
④ "后人传相仿效，大雅之道微矣。"（《王九思传》，《明史》卷二百八十六，页7349）
⑤ 钱谦益：《李少卿开先》，《列朝诗集小传》丁集上，页377。
⑥ 钱谦益：《屠谕德应埈》，《列朝诗集小传》丁集上，页397。
⑦ "玉茗堂开春翠屏，新词传唱《牡丹亭》。伤心拍遍无人会，自拍檀痕教小伶。"（《七夕醉答君东》，《玉茗堂诗》卷十三，汤显祖《汤显祖全集》，北京古籍出版社，1999年版。）
⑧ 沈德符：《昙花记》，《万历野获编》卷二十五，页645。

153

兴到，辄引曼声；即独处一室，而呜呜不绝口。"① 管志道对明代后期上流社会人员参与戏剧表演的情状描述说："今之鼓弄淫曲，搬演戏文，不闻贵游子弟，庠序名流，甘与俳优下贱为伍，群饮酣歌，俾昼作夜，此吴、越间极浇极陋之俗也。而士大夫恬不为怪，以为魏、晋之遗风耳。"②

从明代后期参与戏曲表演人员的身份来看，除了文人士大夫与豪门望族子弟之外，平民百姓和下层文人也加入到了这个行列，他们积极参与表演之狂热情态极其放浪无羁，史料对此多有记载：

《菽园杂记》卷十云：

> 嘉兴之海盐、绍兴之余姚、宁波之慈溪、台州之黄岩、温州之永嘉，皆有习为倡优者，名曰戏文子弟。虽良家子不耻为之。其扮演传奇，无一事无妇人，无一事不哭，令人闻之，易生凄惨。此盖南宋亡国之音也。其赝为妇人者名妆旦，柔声缓步，作夹拜态，往往逼真。③

按：就"良家子"含义之界定来说，应包括平民百姓。

《深追先进遗风以垂家训议》云：

> 每见吴、越间缙绅燕会，即不张乐，幕宾亦以曲声唱和为常。愚谓雅歌投壶，古人之盛事也，与其以淫曲导欲增悲，曷若复古诗歌，更唱迭和之为雅哉！而今鹿鸣旧宴，且为戏乐所夺矣。④

按：明代后期的幕宾大多为没有获取功名的下层文人。

《陶庵梦忆》卷五云：

> 虎丘八月半，土著流寓，士夫眷属、女乐声伎、曲中名妓戏婆、民间少妇好女、崽子娈童，及游冶恶少、清客帮闲、傒童走空之辈，无不鳞集。自生公台、千人石、鹤涧、剑池、申文定祠下，至试剑石、一二山门，皆铺毡席地坐，登高望之，如雁落平沙，霞铺江上。

> 天暝月上，鼓吹百十处，大吹大擂，十番铙钹，渔阳掺挝，动天翻地，雷轰鼎沸，呼叫不闻。更定，鼓铙渐歇，丝管繁兴，杂以歌唱，皆"锦帆开"、"澄湖万顷"同场大曲，蹲踏和锣丝竹肉声，不辨拍煞。更深，人渐散去，士夫眷属皆下船水嬉，席席征歌，人人献

---

① 徐复祚：《曲论》，中国戏曲研究院编《中国古典戏曲论著集成》（四），页243。
② 管志道：《家宴勿张戏乐》，《从先维俗议》卷五，明万历三十年徐学文刻本。
③ 陆容：《菽园杂记》卷十，中华书局，1985年版，页124。
④ 管志道：《家宴勿张戏乐》，《从先维俗议》卷五。

技，南北杂之，管弦迭奏，听者方辨句字，藻鉴随之。二鼓人静，悉屏管弦，洞箫一缕，哀涩清绵，与肉相引，尚存三四，迭更为之。三鼓，月孤气肃，人皆寂阒，不杂蚊虻。一夫登场，高坐石上，不箫不拍，声出如丝，裂石穿云，串度抑扬，一字一刻，听者寻入针芥，心血为枯，不敢击节，惟有点头。然此时雁比而坐者，犹存百十余人焉。使非苏州，焉讨识者！①

按："士夫眷属、女乐声伎、曲中名妓戏婆、民间少妇好女、崽子娈童，及游冶恶少、清客帮闲、傒童走空之辈，无不鳞集"交代了游人的不同身份，"席席征歌，人人献技"道出了这些不同身份的游人演曲的热闹场面。

总而言之，在明代后期这一历史时段，世人对朝廷禁令的突破并不局限于哪一个阶层，哪一个群落，而是一个社会性、整体性的现象。从社会发展的层面来讲，优伶之外的人员参与演曲，势必会造成大量人力、财力的浪费，阻碍社会的发展；从戏曲本身的发展来看，优伶之外的人员参与演曲，势必会对戏曲作品创作、理论批评、表演技巧起到一定的促进作用，毕竟参与演曲的人员当中有很多人就是戏曲业的行家里手，诸如李开先、屠隆、汤显祖辈，本身就是戏曲作家和理论家。

（二）戏曲创作倾向之转变

明代后期的戏曲创作呈现出极为繁兴的发展势态，大批的文人投入到了戏曲创作领域，"南曲盛行于世，无不人人自谓作者"②。沈宠绥就此说："粤征往代，各有专至之事以传世，文章秒秦汉，诗词美宋唐，曲剧侈胡元……名公所制南曲传奇，方今无虑穷栋，将来未可充量，是真雄绝一代，堪传不朽者也。"③

情欲剧登上明代曲坛的时间当在弘治前后，此当以徐霖的《绣襦记》为代表，该作品叙写了士子郑元和与名妓李亚仙的一段恋情：郑元和至京应试，邂逅名妓李亚仙，后元和备礼造访，亚仙亦对其爱慕不已，二人遂私定终身。④

随后，大量情爱剧或含有情爱内容的作品纷纷问世。

---

① 张岱：《虎丘中秋夜》，《陶庵梦忆》，页85。
② 臧懋循：《元曲选后集序》，转引自吴毓华《中国古代戏曲序跋集》，页149。
③ 沈宠绥：《曲运隆衰》，《度曲须知》，中国戏曲研究院编《中国古典戏曲论著集成》（五），页197。
④ 郭英德：《明清传奇综录》，页320～321。

有叙写才子与妓女之间恋情的：

谢谠（1512～1569）《四喜记》，叙述了士子宋祁与妓女董青霞的一段恋情：教坊女妓董青霞郊外踏青，邂逅前来游春的宋祁，二人一见钟情，盟誓为配。后因鸨母阻挠，一对恋人天各一方，在历经多年的磨难之后，宋、董二人终得团圆。①

张凤翼（1527～1613）《红拂记》，叙写了才子李靖与歌舞妓红拂的一段恋情：李靖拜访西京留守杨素，被杨府歌舞妓红拂瞥见，因其见李靖"言慷慨、貌伟然、信翩翩、美少年"，"不觉神魂飞动"，爱慕不已，深夜私奔李靖住处，"托终身，效唱随"，二人遂结为夫妇。②

梅鼎祚（1549～1615）《玉合记》，叙写了才子韩翃与歌妓柳氏的一段恋情：南阳才子韩翃至西郊游玩，邂逅好友李王孙歌妓柳氏，互生爱慕之情，后经李王孙成全，韩、柳二人结为夫妇。③

纪振伦《霞笺记》，叙写了庠生杨彦直与名妓张丽容的一段恋情：杨彦直为妓馆丝竹之声赋诗，书于霞笺之上，适逢学师忽至，情急之中，团其诗扔于墙外，名妓张丽容拾得此诗后，和韵于霞笺之上，投回原处，杨彦直惊羡不已，经人引见，二人得以相会，私定终身，并以双霞笺为记。后因一系列突发事件，二人险些错失良缘，历经重重磨难之后，终得完婚。④

有叙写才子与官宦小姐之间恋情的：

高濂（1527～1603）《玉簪记》，叙写了书生潘必正与官宦之女娇莲的一段恋情：潘必正落第读书，适逢在金陵城外女贞观为尼的妙莲，二人一见倾心，经过叙谈、抚琴等情节，结下了不解之缘。⑤

童养中《胭脂记》，叙写了士子郭华与户部尚书之女王月英的一段恋情：郭华闲游，邂逅开胭脂铺的王月英，两人一见钟情。后经一番坎坷，终成眷属。⑥

汤显祖（1550～1616）《牡丹亭》，叙述了书生柳梦梅与南安太守之女杜丽娘的一段恋情：穷困书生柳春卿寓居广州，梦见一少女立于梅树之下，与他

---

① 郭英德：《明清传奇综录》，页50。
② 郭英德：《明清传奇综录》，页62～63。
③ 郭英德：《明清传奇综录》，页165～166。
④ 郭英德：《明清传奇综录》，页260～261。
⑤ 郭英德：《明清传奇综录》，页72～73。
⑥ 郭英德：《明清传奇综录》，页82。

说有姻缘之分。梦醒之后,遂更名为柳梦梅。南安太守杜宝有一女,取名丽娘,私游花园赏春,怀春之思顿然萌发。回房倦睡中,梦见一书生,手持柳枝,二人遂在牡丹亭结下了不解之缘。丽娘梦醒之后,难捱相思之情,自画真容,题诗"他年得傍蟾宫客,不在梅边在柳边"于画上。不日,恹恹病亡,留言藏其身于后院梅树之下,并让丫环春香藏其画像于庭中太湖石下。三年之后,柳梦梅参加科考,路经南安,养病于杜宝后院梅花庵,偶然间,拾得丽娘画像,带回房中倾情把玩,恰逢丽娘魂至,二人诉说衷肠。后柳梦梅在紫阳宫道婆石道姑的协助下发坟,丽娘起死回生,柳、杜二人遂结为夫妇。

汪廷讷《投桃记》,叙写了书生潘用中与兵部侍郎之女舜华的一段恋情:兵部侍郎之女舜华闻得潘用中笛声,两下生情,隔窗相望,以诗酬情,后经周妪协作,二人相会于翠微山房,私定终身。① 明人对剧中之情爱成分评价说:"完聚之第,以命不由父母,言不通媒约,婚媾大礼,男女为政,恐非所以正其始谓宜,儒者噤口不道,无如曷为取而编歌之?毋亦其腹笥便便,无所宣泄,乃风流玩弄而挥其才情之一斑乎。盖自太极分,则有阴阳,有阴阳则有交媾。恢恢宇宙,安能人绳以礼法,家束以廉偶?而私合之事何能无之?"②

汪廷讷《彩舟记》,叙写了士子江情与福州太守之女的一段恋情:士子江情乘舟回家,途遇同行的福州太守之女吴氏,二人隔船相望,互生爱慕之情,夜间私下幽会。后经一番磨难,二人喜结连理。

有叙写才子与富家女子恋情的:

纪振伦《西湖记》,叙写了才子秦一木与富家之女的一段恋情:秦一木游西湖,邂逅富家女如圭,二人一见倾心,一木想尽办法接近如圭,私下幽会,盟订终身。③

与众多纯情类剧目产生的同时,这一时段还出现了一些含有色情内容的剧作:

沈璟(1553~1610)《义侠记》第十四出《巧媾》:王婆诱骗潘金莲至家缝制寿衣,让看似不期而至的西门庆陪金莲吃酒,席间,西门庆挑逗金莲,二人初次相识之时,便酿出淫奸之事。④

许自昌(1577?~1621?)《水浒记》第二十一出《野合》叙写张山郎与

---

① 郭英德:《明清传奇综录》,页234~235。
② 无名氏:《题汪无如〈投桃记〉序》,转引自吴毓华《中国古代戏曲序跋集》,页105。
③ 郭英德:《明清传奇综录》,页256~257。
④ 毛晋:《六十种曲》,中华书局,1958年版。

阎婆惜偷情一事，"翠被鸳衾，鸾颠凤倒。房栊闭，语声娇。鸳鸯侣，鸾凤交。这情纵一时不觉逍遥"。作品对二人交会之事充满了赞美之意。①

洪武至成化年间，虽也出现过《卓文君私奔相如》这样的叙写男女情爱的剧目，但总免不了要加上一个道德说教的尾巴。而上述所列弘治之后出现的这些剧目则完全不同，已经褪掉了前期说教的尾巴，纯粹的宣情、宣欲，反抗儒家礼教的倾向非常明显。对于一个以父母之命，媒妁之言为男女结合准则的传统时代，《霞笺记》第八出戏文曰："岂不闻男女之际，大欲有焉，两心相约，虽父母之命不可止也。"在《红拂记》第十二出中，当张仲坚得知李靖、红拂私奔一事，唱道："看你胸襟洒落（手指李靖），仪容窈窕（手指红拂）。自合双飞双宿，姻缘分定，相逢千里非遥，多应你好述君子，择婿佳人，一见相倾倒，好似秦楼乘凤，去弄琼箫。那铜雀焉能锁二乔？"对私奔一事给予了积极肯定。

情欲剧的出现严重消解了程朱理学的禁欲观念，对于维护朱明王朝的治化显然是不利的。但从戏曲本身的发展来看，这又不能不说是一个重要的突破。

成化之后出现的这些情欲剧深得世人喜欢，流播甚广。

张伯起《红拂记》，沈德符《万历野获编》云："伯起少年作《红拂记》，演习之者遍国中。"② 行世的版本有：明万历二十九年（1601）金陵继志斋刻本、明万历间杭州容与堂刻本、明万历间金陵文林阁刻本、明万历间萧腾鸿刻本、明书林游敬泉刻本、明汪氏玩虎轩刻本、明末吴兴凌玄洲校刻朱墨套印本、明末汲古阁原刻初印本、汲古阁刻《六十种曲》所收本、明末刻本等。③

梅鼎祚《玉合记》，徐复祚说："梅禹金，宣城人，作为《玉合记》，士林争购之，纸为之贵。"④《万历野获编》云：梅禹金《玉合记》"最为时所尚"。行世的版本有：明万历间金陵世德堂刻本2卷、明万历间金陵继志斋刻本4卷、明杭州容与堂刻本2卷、明末汲古阁原刻初印本2卷、汲古阁《六十种曲》所收本凡40出等。⑤

汤显祖《牡丹亭》，《万历野获编》云："汤义仍《牡丹亭》梦一出，家

---

① 毛晋：《六十种曲》。
② 沈德符：《张伯起传奇》，《万历野获编》卷二十五，页644。
③ 郭英德：《明清传奇综录》，页62。
④ 徐复祚：《曲论》，中国戏曲研究院编《中国古典戏曲论著集成》（四），页237。
⑤ 郭英德：《明清传奇综录》，页165。

明代政权运作与戏曲走向

传户诵,几令《西厢》减价。"① 搬演此剧的人数众多,《调象庵稿》云:汤显祖"所为《紫箫》、《还魂》诸本,不佞(邹光迪)率童习之,以因是而见神情,想风度"。《静志居诗话》云:"太仓相君实(王锡爵)先令家乐演之,且云:'吾老年人,近颇为此曲(《牡丹亭》)惆怅"②,《笔梦》云:明代钱岱所蓄家庭戏班,擅长剧目有《牡丹亭》、《玉簪记》等。③ 行世的版本很多,有明万历间金陵文林阁刻本 4 卷、明万历间石林居士刻本、明万历间刻本 2 卷、明万历刻槐塘九我堂刻本 2 卷、明泰昌间刻朱墨套印本 4 卷、明末朱元镇校刻本 2 卷、明末蒲水斋校刻本 2 卷、明天启四年会稽张氏著坛校刻本 2 卷、明天启五年梁台卿刻《词坛双艳》本、明崇祯间独居点定《玉茗堂四种曲》所收本 2 卷、明末刻《玉茗堂四种曲》所收本 2 卷、明末汲古阁原刻初印本 2 卷、汲古阁刻《六十种曲》所收本、明刻本《批点牡丹亭记》二卷、明安雅堂刻本二卷。④ 当时还出现了根据《牡丹亭》删改而成的新曲目,如冯梦龙的《风流梦》、⑤ 硕园的《还魂记》。⑥

世人为搬演《水浒记》,竟然还闹出了诉讼官司。《香祖笔记》云:兖州阳榖县西北有冢,俗称"西门塚",有大族潘、吴二氏,自称是西门嫡室吴氏、妾潘氏之族。一日社会登台演剧,吴之族使演《水浒记》,潘族谓辱其姑,聚众大哄,互控于县令。⑦

崇祯十四年(1641),《玉簪记》竟然传至宫廷。《烬宫遗录》卷下云:"皇后千秋节,谕沈香班优人演《西厢记》五六出,十四年演《玉簪记》一二出。"⑧

通过如上叙述可知,宣扬情欲主题的剧目、或含有情欲情节的剧目,在明代后期社会各个阶层已经得到了广泛传播。但值得注意的是,开风气之先、最早突破朝廷禁令的当属市井阶层,文人士大夫是受市井阶层审美趣味影响之后才加入到这个行列的。

由于市井阶层自身文化素养的限制,通俗直白的民歌时调是他们接受和传

---

① 沈德符:《填词名手》,《万历野获编》卷二十五,页 643。
② 焦循:《剧说》卷二,稿本。
③ 据梧子:《笔梦》,民国六年初园丁氏精校铅印本。
④ 郭英德:《明清传奇综录》,页 180~181。
⑤ 郭英德:《明清传奇综录》,页 356。
⑥ 郭英德:《明清传奇综录》,页 498。
⑦ 转引自焦循:《剧说》卷六。
⑧ 佚名:《烬宫遗录》卷下,民国适园丛书本。

播情欲观念的一条主要途径。李开先《市井艳词》序云:"正德初尚〔山坡羊〕,嘉靖初尚〔锁南枝〕……二词哗于市井,虽儿女子初学言者,亦知歌之。但淫艳亵狎,不堪入耳。"①

顾起元《客座赘语》云:"里衖童孺妇媪之所喜闻者,旧惟有傍妆台、驻飞云、耍孩儿、皂罗袍、醉太平、西江月诸小令,其后益以河西六娘子、闹五更、罗江怨、山坡羊。山坡羊有沉水调,有数落,以为淫靡矣。后又有桐城歌、挂枝儿、乾荷叶、打枣干等,虽音节皆仿前谱,而其语益为淫靡,其音亦如之。视桑间濮上之音,又不翅相去千里。诲淫导欲,亦非盛世所宜有也。"②

沈德符《万历野获编》云:"嘉隆间,乃兴闹五更、寄生草、罗江怨、哭皇天、乾荷叶、粉红莲、桐城歌、银纽丝之属。自两淮以至江南,渐与词曲相远,不过写淫媟情态,略具抑扬而已。比年以来,又有〔打枣竿〕、〔挂枝儿〕二曲,其腔调约略相似,则不问南北,不问男女,不问老幼良贱,人人习之,亦人人喜听之,以至刊布成帙,举世传诵,沁人心腑。"③

王骥德《曲律》云:"迩年以来,燕、赵之歌童、舞女,咸弃其悍拨,尽效南声,而北词几废。何元朗谓:'更数世后,北曲必且失传。'宇宙气数,与此可觇。至北之滥流而为〔粉红莲〕、〔银纽丝〕、〔打枣竿〕,南之滥流而为吴之《山歌》、越之《采茶》诸小曲,不啻郑声,然各有其致。"④

兹不妨摘录数曲如下:

〔锁南枝〕傻酸角,我的哥,和块黄泥儿捏咱两个。捏一个儿你,捏一个儿我。捏的来一似活托,捏的来同床上歇卧。将泥人儿摔碎,着水儿重和过。再捏一个你,再捏一个我。哥哥身上也有妹妹,妹妹身上也有哥哥。⑤

〔山坡羊〕你性情儿随风倒舵,你见识儿指山卖磨。这几日无一个踪影,你在谁价家里把牙儿嗑?进门来床儿前快与我双膝儿跪着,免得我下去采你的耳朵。动一动就教你死,那一那惹下个天来大祸!你好似负桂英王魁也,更在王魁头上垒一个儿窝。哥哥,一心里爱

---

① 李开先:《李开先全集》,页469。
② 顾起元:《俚曲》,《客座赘语》卷九,页302。
③ 沈德符:《时尚小令》,《万历野获编》卷二十五,页647。
④ 王骥德:《论曲源第一》,《曲律》,中国戏曲研究院编《中国古典戏曲论著集成》(四),页56。
⑤ 李开先:《词谑·时调》,《李开先全集》,页1276~1277。

他？一心里爱我？婆婆，一头儿放水，一头儿放火！①

〔挂枝儿〕俏冤家，想杀我，今日方来到，喜孜孜，连衣儿搂抱着，你浑身上下都堆俏。搂一搂，愁都散，抱一抱，闷都消。便不得共枕同床也，我跟前站站儿也是好。②

从这些富有浓郁情欲观念的民歌时调，到情欲剧目在文人士大夫阶层的广泛传播，主要经历了两个环节：首先，市井阶层影响了文人的审美趣味，在当时，许多文人积极从民歌时调中汲取营养，李开先《词谑·时调》云：

有学诗文于李崆峒（李梦阳）者，自旁郡而之汴省。崆峒教以："若似得传唱〔锁南枝〕，则诗文无以加矣。"请问其详。崆峒告以："不能悉记也，只在街市上闲行，必有唱之者。"越数日，果闻之，喜跃如获重宝，即至崆峒处谢曰："诚如尊教。"何大复（何景明）继至汴省，亦酷爱之。曰："时调中状元也！如十五《国风》，出诸里巷妇女之口者，情词婉曲。有非后世诗人墨客操觚染翰、刻骨流血所能及者，以其真也。"每唱一遍，则进一杯酒，终席唱数十遍，酒数亦如之，更不及他词而散。③

其次，文人受市井审美趣味影响之后，开始雅化这些宣扬情欲的民歌时调，明人邱濬就此说：

今世南北歌曲，虽是街市子弟、田里农夫，人人都晓得唱念，其在今日亦如古诗之在古时，其言语既易知，其感人尤易入。近世以来做成南北戏文，用人搬演，虽非古礼，然人人观看，皆能通晓。尤易感动人心，使人手舞足踏，亦不自觉。但他作的多是淫词艳曲，专说风情闺怨，非惟不足以感化人心，倒反被他败坏了风俗。④

由此可见，文人雅化民歌时调为戏文的行为，与情欲剧目在上层社会得以流播有甚大之关系。

随着情欲剧目的大量出现和在文人士大夫当中广泛传播，明代后期还出现了吟咏剧中情事的诗作，如曹元禄《红拂宵征》：

紫衣轻着鬟鬟收，中夜怜欢独下楼，爱托丝萝从此去，关心不独

---

① 李开先：《词谑·市井艳词》，《李开先全集》，页1277。
② 冯梦龙：《私部》，《民歌集三种注解》卷一，中华书局，2005年版，页15。
③ 李开先：《时调》，《李开先全集》，页1276。
④ 《副末开场》，《五伦全备记》首出。

为风流。①

诗中所咏即为红拂与李靖私奔一事。此一文风也影响了士子的经义文创作：崇祯元年（1628），王厈会试的经义文论鬼神处云："如以为无，则慧娘之敲裴生之门也，丽娘之入柳生之室也。"②"丽娘之入柳生之室"用典于《牡丹亭·幽媾》中，柳梦梅与杜丽娘魂魄深夜相会之事。

（三）优伶装扮的角色突破了明初朝廷戏曲禁令的规定

为了维护皇明政权的威严，明初朝廷禁止乐人演剧妆扮历代帝王、后妃、忠臣、烈士、先圣、先贤等角色，然而到了正统（1436～1449）之后，由于朝廷纲纪出现松动，优伶演曲就已经开始突破了这一限制。

成书于正统十年（1445）至成化十年（1474）期间的《水东日记》，较早地记载了这一时段优伶扮演"晋王休徵、宋吕文穆、王龟龄诸名贤"的事实。③

至于优伶装扮帝王、后妃的事例，则集中出现在明代后期。《祁忠敏公日记》云：（钱）"德舆尽出家乐，合作《浣纱》之《采莲》剧而别"④。《浣纱记》乃梁辰鱼（1519～1591）所作，《采莲》为此一剧本之第三十出，从这一出戏文的人物角色来看，既有吴王夫差〔净〕，亦有娘娘西施〔旦〕。

同《浣纱记》一样，汤显祖《牡丹亭》也是明代后期演出较多的一个剧目，邹迪光与王锡爵的家伶都曾搬演过。⑤ 从《牡丹亭》的戏文来看，共有两位皇帝登场：一位是大金皇帝完颜亮（见该剧第十五出《虏谍》），另一位是大宋朝皇帝（见该剧第五十一出《榜下》与第五十五出《园驾》）。除了《牡丹亭》之外，陈汝元《金莲记》中亦有帝王戏，如第三十二出《觐圣》中有宋徽宗出场的情节。张岱《陶庵梦忆》也记载了优伶扮演唐明皇的场景：

> 女戏以妖冶恕，以啴缓恕，以态度恕，故女戏者全乎其为恕也。若刘晖吉则异是。刘晖吉奇情幻想，欲补从来梨园之缺陷。如《唐明皇游月宫》：叶法善作，场上一时黑魆地暗，手起剑落，霹雳一

---

① 费元禄：《甲秀园集》卷十八诗部，明万历刻本。
② 周亮工：《因树屋书影》，清康熙六年刻本。
③ 叶盛：《小说戏文》，《水东日记》卷二十一，页 213～214。
④ 祁彪佳：《祁忠敏公日记》"已卯弃录"，《祁彪佳文稿》。
⑤ "义仍既肆力于文，又以其绪余为传奇，丹青栩栩，备出生态，高出胜国人上。所为《紫箫》、《还魂》诸本，不佞（邹迪光）率童子习之，以因是以见神情，想丰度。诸童扮演曲折，洗去格套，羌亦不俗"。（《与汤义仍》，《调象庵稿》卷之三十五）；"娄江王相国（王锡爵），偶出家乐，演《牡丹亭》。"（《剧说》卷二）

声,黑幔忽收,露出一月,其圆如规,四下以羊角染五色云气,中坐常仪,桂树吴刚,白兔捣药。轻纱幔之,内燃"赛月明"数株,火焰青黎,色如初署,撒布成梁,遂蹑月窟,境界神奇,忘其为戏也。其他如舞灯,十数人手携一灯,忽隐忽现,怪幻百出,匪夷所思,令唐明皇见之,亦必目睁口开,谓谓氍毹场中那得如许光怪也。①

由如上列举的实例可以看出,明代后期优伶装扮角色突破朝廷禁令规定已是事实。从朝廷政令的规定来讲,优伶扮演这些角色显然是违法的,但从舞台表演之实际需要来看,优伶的这种行为又在一定程度上丰富了舞台表演的角色,使舞台表演不至于显得如禁令所规定的那样单调。此外,表演场景的连贯性对于好的舞台演出也是非常重要的,试想一下,在演员演出过程中每当遇到扮演帝王、后妃、先圣、先贤等情节,演员都省略不演,舞台演出效果将会怎样?

(四)世人蓄养家乐之风盛行

从搜集到的资料来看,有明一代自正统朝(1436~1449)始,已经出现了士大夫蓄养家庭乐班的实例,《明史》卷一百六十三载:"襄城伯李隆守备南京,每留饮,声伎满左右。"② 到了弘治(1488~1505)末之后,"士大夫居家无乐事,搜买儿童,教习讴歌"③,蓄乐很快成为时尚,到了举国如狂的地步,祝允明④、康海⑤、杨慎⑥、许宗鲁⑦、李开先⑧、李先芳⑨、屠隆⑩、曹学佺⑪、冯梦祯⑫等人,都蓄有家庭乐班。

明人蓄养家庭乐班之确切数目,实难以确知,但据《明清家乐情况简表》所列⑬,我们完全能够感知到当时世人蓄养家乐之庞大规模。表中共列有据可

---

① 张岱:《刘晖吉女戏》,《陶庵梦忆》卷五,页89。
② 张廷玉:《陈敬宗传》,《明史》卷一百六十三,页4425。
③ 陈龙正:《政书》,《几亭全集》,卷二十二,转引自王利器《元明清三代禁毁小说戏曲史料》,页171。
④ 钱谦益:《祝京兆允明》,《列朝诗集小传》丙集,页299。
⑤ 钱谦益:《康修撰海》,《列朝诗集小传》丙集,页313。
⑥ 钱谦益:《杨修撰慎》,《列朝诗集小传》丙集,页354。
⑦ 钱谦益:《许副都宗鲁》,《列朝诗集小传》丙集,页362。
⑧ 钱谦益:《李少卿开先》,《列朝诗集小传》丁集上,页377。
⑨ 钱谦益:《李同知先芳》,《列朝诗集小传》丁集上,页426。
⑩ 钱谦益:《屠仪部隆》,《列朝诗集小传》丁集上,页446。
⑪ 钱谦益:《曹南官学佺》,《列朝诗集小传》丁集上,页606。
⑫ 钱谦益:《冯祭酒梦祯》,《列朝诗集小传》丁集下,页620。
⑬ 刘水云:《明清家乐研究》附录二,上海古籍出版社,2005年版。

查的蓄乐主人246人。事实上，或由于蓄乐行为当时根本没有被记载下来、或由于记载有畜乐行为的史料没有存留下来，表中246人的统计数据，要远远小于明人蓄养家乐的真实数目。在这246人中，正统年间2人、景泰年间2人、天顺年间3人、成化年间2人、弘治年间3人、正德年间7人、嘉靖年间52人、隆庆年间7人、万历年间117人、天启年间8人、崇祯年间65人①，尽管表中所收人数不能全尽明人蓄乐之真实人数，但从这些数字来看，正德之后蓄乐人数迅速递增之动向还是十分明显的，这种动向清楚地展现了明人蓄养家乐日益高涨的热情。在这些家乐主人当中，有很多人还同时蓄养多个戏班，如礼部尚书董份家蓄"青童都雅者五十余人，分为三班，各攻鼓吹戏剧"②。泰州季寓庸"家有女乐三部，悉称音姿妙选。阁宴宾筵，更番佐酒"③。

规模如此庞大的家庭乐班消耗的人力、财力，给社会发展带来的负面影响自不必多说④，但从戏曲本身的发展来看，正是由于蓄乐风气的盛行，才使得一些出身贫穷、但又有着良好戏曲造诣的作家、乐师和演员，能够凭借富人家庭提供的物质条件潜心专研戏曲艺术，推动戏曲行业的繁荣发展，明代后期戏曲业繁荣局面的形成当与此一时段兴盛的蓄乐之风有着密不可分的联系。

通过《明清家乐情况简表》提供的信息，可以总结出明人蓄养家乐有如下规律：

第一，这些家乐主人多为达官贵人和商人。这与蓄养家乐需要雄厚的财力作为支撑是分不开的。范守己《曲洧新闻》卷二载：董份"富冠三吴，田连苏、湖诸邑殆千顷。有质舍百余处，各以大商主之，岁得子钱数百万。家蓄僮仆不下千人，大航三百余艘，各以号次听差遣"。这显然是董份蓄养家乐班子必备的物质条件。

第二，文人士大夫是蓄养家乐的主体，其中很多还是名噪一时的风云人物，如杨一清、康海、王九思、李开先、李先芳、严讷、徐学谟、王锡爵、申时行、屠隆、冯梦祯、邹迪光、叶宪祖、余有丁、袁宏道、袁中道、李维桢、沈鲤、阮大铖等。家乐演出之剧目毕竟属于高雅的艺术，文化素养太低的人对

---

① 如果同一个人蓄乐时间跨越两个或多个朝代，那么每个朝代都要计算一次。
② 范守己《曲洧新闻》卷二，《御龙子集》，明万历十八年侯廷珮刻。
③ "季寓庸"，徐树丕《识小录》卷四，民国五年印本。
④ 明人潘允端购买优伶费用统计：万历十六年（1588），呈翰2两5钱、呈清1两、呈春15两、呈节8两；万历十七年（1589），呈良2两5钱、钱义2两5钱、顾瑞3两；万历十八年（1590），呈鹤20两、呈辅10两、呈嘉12两；万历二十年（1592），来仪7两、许应魁10两。（转引自《明清家乐研究》，页237）

此自然是不容易接受的。

第三，家乐的蓄养地集中在今江苏苏南地区、上海和浙江的东部地区。原因大致有四：首先，有明一代这些地区考取进士的人数明显高于全国其它地方，吴宣德做过统计：南直隶4283人、浙江3704人、江西3023人、北直隶1771人、福建2382人、山东1746人、河南1608人、湖广1503人、四川1369人、山西1206人、陕西1002人、广东876人、云南120人、广西195人、贵州32人、辽东都司17人、高丽与交趾共6人。① 大量高素质人员的汇集为戏曲的繁盛提供了人力支持。其次，明代后期，这些地方作为全国的经济、文化中心，吸引了大量的外地人口，为戏曲的售卖与演出提供了便利。复次，这些地区在许多方面具有很大的相似性，明人王鏊《姑苏志》曾曰："大江以南，风俗大抵略同。"② 明代后期，这些地方商业繁荣、奢华风气甚炽，这种世风较为一致的大面积土地之聚合，更容易培植出规模较大、声势较猛、较为一致的社会风气，所以这种天然的外在环境使蓄乐之风于此繁兴成为可能。明代后期，虽然在其他地区也零星有人蓄养家乐，但终究没能在当地形成强大风气，很大程度上已经说明了这一点。最后，嘉靖之后，这些地区经济极为发达，王稚登说："嘉靖间海宇清谧，朝野熙熙，江左最称为饶富。"③ 这里聚集了大量财富、汇集了大批拥有雄厚财力的豪族，"富室之称雄者，江南则推新安，江北则推山右。新安大贾，鱼盐为业，藏镪有至百万者，其它二三十万则中贾耳。山右或盐或丝，或转贩或窑粟，其富甚于新安。"④ 财富的大量积聚也为蓄养家乐之风在此勃兴提供了必要的物质支持。

二、戏曲走向转变之政权运作原因

（一）当政者兴起的纵欲风气为情欲剧的创作与传播营造了现实氛围

到了明代后期，朱氏君主大多缺乏自控能力，纷纷陷入了纵欲享乐之中。武宗皇帝登极不久，为满足纵欲之需，即移居豹房，广置女嬖，恣行淫乐。"锦衣卫都督同知于永擅阴道秘术"，被召入豹房之后，大获圣宠。为了献媚，他还曾向武宗进言："回回女暂润而瑳粲，大胜中土"，并矫旨索都督吕佐家"回女善西域舞者，得十二人以进，歌舞达昼夜。顾犹以为不足，乃

---

① 吴宣德：《明代各政区进士分布总状况表》。
② 王鏊：(正德)《姑苏志》卷十三，明正德刻嘉靖续修本。
③ 王稚登：《马湘兰传》，《绿窗女史》卷十二，天一出版社，1985年版。
④ 谢肇淛：《五杂俎》卷四，《明代笔记小说大观》(二)，页1556。

讽上请召诸侯伯中故色目籍家妇人入内，驾言教舞，而择其美者留之不令出。"①后军都督府右都督马昂有个妹妹甚为美艳，已经嫁给毕指挥，时已有孕在身，正德皇帝令"中使迎取之至豹房"，因此女"弱艳丽质，顾善骑射，解胡乐，能道达语"，深得武宗宠幸，"马氏一门，无大小皆赐蟒衣，内庭大珰皆呼昂为舅，赐第太平仓东，熏灼动京师"。武宗除了在豹房淫乐外，他还经常出宫依仗权势抢占民家妻女。正德十一年（1516）十月，他带领侍从至马昂家饮酒，酒酣之时，即召马昂之妾侍寝。②正德十二年（1517）九月，武宗被江彬诱至宣府，迟迟不肯回京临朝，"每夜行，见高屋大房即驰入，或索饮，或搜其妇女，居民苦之，至有阴赂彬求免者"③。正德十三年（1518），武宗出游至大同，"凡车驾所至，近侍先掠良家女以充幸御，至数十车"④。至绥德州，"幸总兵官戴钦第"，"纳钦女"。驻偏头，"大索女乐于太原"。正德十四年（1519），武宗又以征讨宸濠为由，御驾南下，十二月初至扬州，太监吴经为了邀宠，四处掳掠妇女供其淫乐。史载：（吴经）"密觇寡妇及倡优家，夜半遣数骑促开城，传呼驾至，令通衢燃烛光如昼。经乃率官校径入所知家，捽诸妇出，有匿者破垣毁屋，必搜得乃已，无一脱者，哭声震远近"⑤。

　　嘉靖皇帝崇信道教，除了追求长生久视外，另外一个重要原因，则是道教房中术对其产生了强烈的诱惑，沈德符《万历野获编》云：嘉靖间，"诸佞幸进方最多，其秘者不可知，相传至今者，若邵、陶则用红铅：取童女初行月事炼之如辰砂以进，若顾、盛则用秋石：取男童小遗去头尾炼之如解盐以进……世宗中年始饵此及他热剂，以发阳气，名曰长生，不过供秘戏耳"⑥。陈继儒《眉公见闻录》亦称：（世宗）"志在长生，半为房中之术所误"⑦。当时有人因进房中密术而大获圣宠，陶仲文"献房中秘方，得倖世宗，官至特进光禄大夫柱国少师少傅少保、礼部尚书、恭诚伯。禄荫至兼支大学士俸，子为尚宝司丞，赏赐至银十万两，锦绣蟒龙、斗牛、鹤麟、飞鱼、孔雀罗缎数百袭，狮蛮玉带五六围，玉印文图记凡四，封号至神霄紫府阐范保国弘烈宣教振法通真

---

① 毛奇龄：《武宗外纪》，《明太祖平胡录》（外七种），北京古籍出版社，2002年版，页77～78。
② 毛奇龄：《武宗外纪》，《明太祖平胡录》（外七种），页81。
③ 毛奇龄：《武宗外纪》，《明太祖平胡录》（外七种），页81～82。
④ 毛奇龄：《武宗外纪》，《明太祖平胡录》（外七种），页86。
⑤ 毛奇龄：《武宗外纪》，《明太祖平胡录》（外七种），页86。
⑥ 沈德符：《进药》，《万历野汇编》卷二十一，页547。
⑦ 陈继儒：《眉公见闻录》卷六，伟文图书出版社有限公司，1977年版，页299。

忠孝秉一真人。见则与上同坐绣墩，君臣相迎送，必于门庭握手方别。至八十一岁而殁，赐四字谥"①。除了陶仲文之外，因进秘术获嘉靖皇帝宠幸的还有邵元节、梁指甲、段癞子、朱隆禧、盛端明、顾可学等人，沈德符《万历野获编》卷二十一《秘方见幸》就此云：

> 陶在隆庆初元已尽削夺，陶之前则有邵元节，亦至封伯官三孤，亦得四字谥，但以年稍不久，故尊宠大逊陶。同时又有梁指甲者封通妙散人，段癞子亦封宣忠高士，恩礼不过十之一耳……应天府丞朱隆禧、都御史盛端明、布政司参议顾可学，皆以进士起家，俱以方药受知世宗，与邵、陶诸人并列。

胡宗宪被革职在家闲住时，因在万寿节向世宗"献秘术十四"，"帝大悦，将复用之"②。

世宗如此，其子穆宗朱载垕亦精于此道，沈德符说："穆宗以壮龄御宇，亦为内官所蛊，循用此等药物，致损圣体，阳物昼夜不仆，遂不能视朝。"③高拱亦称：冯保"平日造进诲淫之器，以荡圣心；私进邪燥之药，以损圣体。先帝因以成疾，遂至弥留"④。

有明一代，在位最久的当属万历皇帝，大婚之后，他终日纵欲，在沉湎女色的同时，还贪恋男童，沈德符就此说："今上壬午癸未以后，选垂髫内臣之慧且丽者十余曹，给事御前，或承恩与上同卧起"⑤。在大婚以后短短十余年时间里，万历皇帝终因房事过密，一度出现头晕眼黑、身体严重亏虚的症状。

与万历皇帝相比，光宗朱常洛在位期限当属另一极端，仅仅一个月的时间，他的一生可谓如履薄冰。或许是与他的人生处境和经历有关，自从册封为皇太子以后，日渐沉迷女色，即位后，郑贵妃逢迎谄媚，向他进献了八名美女，光宗"一日退朝，升座内宴，以女乐承应。是夜，连幸数人，圣容顿减"⑥，从此便一病不起，数日后竟殒命黄泉。

崇祯皇帝曾让宦官到南京、扬州等地，买妓女入宫，"甚宠之"。⑦

事实上，明代后期这些君主公开纵欲的行为，已经对洪武时期制定的禁欲

---

① 沈德符：《秘方见幸》，《万历野获编》卷二十一，页546。
② 张廷玉等：《胡宗宪传》，《明史》卷二百五，页5415。
③ 沈德符：《进药》，《万历野获编》卷二十一，页547。
④ 高拱：《病榻遗言·矛盾原由》，《高文襄公文集》卷四十三。
⑤ 沈德符：《十俊》，《万历野获编》卷二十一，页548。
⑥ 李逊之：《上不豫》，《泰昌朝记事》卷一，清抄本。
⑦ 孙承泽：《思陵典礼录》，丛书集成初编本，1936年版。

政策产生了严重消解，在他们的引导之下，朝野上下对人欲的宣泄有了一种普遍的认同，上至朝廷官员，下至普通百姓，似乎不再视之为洪水猛兽，对这一与生俱来的自然本能表现出了高度的热情。

权倾一时的辅臣严嵩，甚好女色，尝以白金铸美人，"以其阴承溺"。①

令后人褒贬不一的首辅张居正，曾收受武将戚继光私下进献的美女，一度纵欲，滥用药石，以致疾病缠身。按照王世贞的说法：居正"得之多御内而不给，则日饵房中药，发强阳而燥，则又饮寒剂泄之，其下成痔"②。沈德符亦称：居正"以饵房中药过多，毒发于首，冬月遂不御貂帽"③。张居正短寿，与其纵欲的生活方式实有很大关系。据说，居正因长期服食药石，去世之时体肤呈龟裂状。

大司马谭纶受房中术于陶仲文，"一夕御妓女"而亡。④

王稚登十二岁就开始出入青楼妓馆了，他说：

> 仆十二而游青楼，三十二遂断绝。中间二十载，虽未尝不与此曹燕昵，钗珥纵横，履舄错杂，连袂接枕，迷花醉月，而此心非石，更不可转。年来既修头陀行，娈童季女之好，寂然不萌，食火吞针，游戏三昧而已。⑤

袁宏道把纵欲列入人生五大"乐事"之一，万历二十三年（1595）任吴县令时给龚仲庆写信说：

> 真乐有五，不可不知。……千金买一舟，舟中置鼓吹一部，妓妾数人，游闲数人，泛家浮宅，不知老之将至，四快活也。然人生受用至此，不及十年，家资田地荡尽矣。然后一身狼狈，朝不谋夕，托钵歌妓之院，分餐孤老之盘，往来乡亲，恬不知耻，五快活也。士有此一者，生可无愧，死可不朽矣。⑥

万历三十四年（1606），宏道还曾向王稚登讨教房中秘术："闻王先生益健饭，犹能与青娥生子，老勇可想。不肖未四十已衰，闻此甚羡。恐足下自有秘戏术，不则诳我也。"⑦

---

① 沈德符：《权臣籍没怪事》，《万历野获编》卷八，页211。
② 王世贞：《嘉靖以来首辅传》卷八，明抄本。
③ 沈德符：《貂帽腰舆》，《万历野获编》卷九，页231。
④ 沈德符：《秘方见倖》，《万历野获编》卷二十一，页546。
⑤ 王稚登：《答朱十六》，《王百谷集》卷三，明刻本。
⑥ 袁宏道著，钱伯城笺校：《龚惟长先生》，《袁宏道集笺校》，页205～206。
⑦ 袁宏道著，钱伯城笺校：《与王百毂》，《袁宏道集笺校》，页1270～1271。

在袁氏三兄弟当中,除了宏道之外,另一位疯狂纵欲者就属三弟小修了。他对自己纵欲行为说:"予少年时,烟霞粉黛,互战而不相降。迩烟霞,则入烟霞;近粉黛,亦趋粉黛。"①

嘉靖时期,朝廷官员纵欲成风,甚至还出现了因纵欲而废政的现象,姜准(字平仲,万历间聘修郡志,不赴。)在《岐海琐谭集》卷七中说:"台、温二郡,经方氏窃据之后全乖人道,其地多倡,家中朝使者以事至多,挟倡饮酒,有司罢于供应,熊君鼎为浙金事,下永嘉令籍倡户数千械送之京。"朝廷官员为挟娼饮酒而不理政务,明代后期纲纪废弛之情状由此可见一斑!

明代后期下层百姓纵欲风气的形成,经历了一个由隐蔽到公开的发展过程,姜准对此描述说:

> 予闻嘉靖初,载妓女接客,载之以船舣于西山诸处,其时风气犹淳,人尚惜耻,非泊幽僻,来过者稀。既而移诸西郊浦,移诸外沙浦,虽渐就近,犹隔市里。今则拱辰门外,负郭危楼,充为烟花渊薮,延及市镇,阛阓之场、官廨公署之侧,粉黛腻绿,竞媚争妍,檀板歌喉,献娇卖俏,官不之禁,民忘其耻。何今昔之顿殊耶!甚而荐绅之家,富赡之室,拉友邀宾,动辄招致,或事清讴、或演杂剧,男女混淆,酣歌倡饮,虽与父子兄弟同筵,恬莫之怪。②

嘉靖初期,妓女接客大多集中于地远人稀的西山地区,此后便向市区一再推进,到了万历之后,竟然还将妓院开到了公署衙门的旁边。在一个以程朱理学为主流意识形态的时代,这种不顾廉耻的纵欲风气着实让人愕然!

最能反映明代后期普通百姓纵欲行为的,莫过于数目众多淫乐场所和大量妓女的出现。余怀《板桥杂记》载:

> 旧院人称曲中,前门对武定桥,后门在钞库街,妓家鳞栉,比屋而居。屋宇精洁,花木萧疏,迥非尘境。到门则铜环半启,珠箔低垂。升阶则狗儿吠客,鹦哥唤荣。登堂则假母肃迎,分宾抗礼。进轩则丫环毕妆,捧艳而出。坐久则水陆备至,丝肉竞陈。定情则目挑心招,绸缪宛转。纨绔少年、绣肠才子,无不魂迷色阵,气尽雌风矣。③

---

① 袁中道:《东游记》,《珂雪斋集》卷十三,上海古籍出版社,1989年版,页584。
② 姜准:《岐海琐谭集》卷七,民国二十五年排印本。
③ 余怀:《板桥杂记》,清康熙刻《说铃》本。

金陵为帝王建都之地，公侯戚畹、甲第连云，宗室王孙，翩翩裘马，以及乌衣子弟，湖海宾游，靡不挟弹吹箫……妓家各分门户，争妍献媚，斗胜夸奇。凌晨则卯饮淫淫，兰汤滟滟，衣香满室。①

谢肇淛《五杂俎》亦载：

今时娼妓布满天下，其大都会之地，动以千百计，其它偏州僻邑，在在有之，终日倚门献笑，卖淫为活。生计就此，亦可怜矣！②

妓院林立，妓女如潮，明代后期普通百姓的纵欲之风已经不难想象了。

明代后期出现的这些妓女，有的是教坊乐妓，沈德符说：

今两京教坊，诸妓家门，多设半扉，其上截吊起，或时歌姬辈立于内，露半身以窥客，若金陵又多用竹箦织成，尤轻巧可喜，但不知所始。偶见元末张昱辇下曲云："似嫌慧日破愚昏，白昼寻常下吊轩。男女倾城求受戒，就中秘密不能言。"……其妇人受戒时，特下吊轩，以防他人窃觑。今两都淫室，遂仿效之至于今。③

有的是贫家女子，《梅圃余谈》云：

近世风俗淫靡，男女无耻。皇城外娼肆林立，笙歌杂沓；外城小民度日难者，往往勾引丐女数人，私设娼窝，谓之窑子。室中天窗洞开，择向路边屋壁作小洞二三。丐女修容貌，裸体居中，口吟小词，并做种种淫秽之态，屋外浮梁子弟，过其处，就小洞窥，情不自禁，则叩门入，丐女遂队裸而前，择其可者投钱七文，便携手登床，历一时而出。④

张岱《陶庵梦忆》卷四对当时下层妓女卖淫的情状做了描述：

广陵二十四桥风月，邗沟尚存其意。渡钞关，横亘半里许，为巷者九条。巷故九，凡周旋折旋于巷之左右前后者什百之。巷口狭而肠曲，寸寸节节，有精房密户，名妓歪妓杂处之。名妓匿不见人，非向导莫得入。歪妓多可五六百人。每日傍晚，膏沐薰烧，出巷口，倚徙盘礴于茶馆酒肆之前，谓之"站关"。茶馆酒肆、岸上下、纱灯百盏，诸妓掩映闪灭于其间。款者帘，雄趾者阈。灯前月下，人无正色，所谓"一白能遮百丑"者，粉之力也。游子过客，往来如梭，

---

① 余怀：《板桥杂记》。
② 谢肇淛：《五杂俎》卷八，《明代笔记小说大观》（二），页1651。
③ 沈德符：《钓阅》，《万历野获编》卷二十三，页603。
④ 转引自王书奴《中国娼妓史》。

摩睛相觑，有当意者，逼前牵之去；而是妓忽出身分，肃客先行，自缓步尾之，至巷口有侦伺者，向巷门呼曰："某姐有客了。"内应声如雷，火燎即出，一一俱去，剩者不过二三十人。沈沈二漏，灯烛将尽，茶馆黑魁无人声。茶博士不好请出，惟作呵欠。而诸妓酾钱向茶博士买烛寸许，以待迟客；或发娇声，唱《劈破玉》等小词。或自相谑浪嘻笑，故作热闹，以乱时候。然笑言哑哑声中，渐带凄楚。夜分不得不去，悄然摸黑如鬼。见老鸨，受饿受笞俱不可知矣。①

朝野上下兴盛起来的这股纵欲风气，严重消解了程、朱理学对世人思想的束缚，改变了世人的生活趣味，明代后期情欲作品的产生与传播当与此一风气有着密不可分的关系。

（二）当政者扶植心学为情欲剧的创作与传播提供了思想支持

明代朝廷将程、朱理学作为国家的主流意识形态，试图以之规范世人思想、约束世人的行为。正德中期之后，阳明心学作为有别于程、朱理学的思想潮流迅速崛起，传遍大江南北。起初，曾经一度遭受了朝廷的严厉打击。

嘉靖元年（1522），礼科给事中章侨上疏："三代以下论正学莫如朱熹，近有聪明才智足以号召天下者，倡异学之说，而士之好高务名者，靡然宗之。大率取陆九渊之简便，惮朱熹为支离，及为文辞，务崇艰险。乞行天下痛为禁革。"② 在章侨看来，阳明心学不仅与程、朱理学在学理上相悖，而且还吸引了大批追随者，已经对朝廷独尊程、朱的文化政策造成了严重破坏。对于此时的嘉靖皇帝来说，或因继承大统根基未稳、或因对心学了解不深，他还是比较谨慎的，在经礼部商议后才做出禁革心学决定。③ 这与七年之后的态度存在明显差异。嘉靖八年（1529）二月，也就是王阳明在南安去世的第二年，对王阳明生前功过论定时，在吏部的组织下，展开了对心学性质的讨论，得出的最终结论是：

守仁事不师古，言不称师，欲立异以为名，则非朱熹格物致知之论；知众论之不与，则著《朱熹晚年定论》之书；号召门徒，互相唱和。才美者乐其任意，或流于清谈；庸鄙者借其虚声，遂敢于放肆传习，转讹悖谬日甚。其门人为之辩谤，至谓杖之不死，投之江不

---

① 张岱：《二十四桥风月》，《陶庵梦忆》卷四，上海古籍出版社，1982年版，页39~40。
② 《明世宗实录》卷十九，页568~569。
③ 《明世宗实录》卷十九，页569。

死，以上渎天听，几于无忌惮矣。……今宜免夺封爵，以彰国家之大信；申禁邪说，以正天下之人心。①

阳明心学被定性为"邪说"之后，嘉靖皇帝的态度强硬起来，断然批复：

卿等议是，守仁放言自肆，诋毁先儒，号召门徒，声附虚和，用诈任情，坏人心术。近年士子传习邪说，皆其倡导……都察院仍榜谕天下，敢有踵袭邪说，果于非圣者，重治不饶。②

在此之后，世宗皇帝制定了打击心学的具体措施。嘉靖十六年（1537），御史游居敬奏请禁约王守仁及湛若水所著之书，并毁阳明弟子所创书院，"戒在学生徒勿远出从游"。世宗颁布政令："书院不奉明旨，私自创建，令有司改毁。自今再有私创者，巡抚御史参奏。比年阳倡道学，阴怀邪术之人，仍严加禁约，不许循袭，致坏士风。"③ 心学书籍不仅要遭到禁毁，就连阳明弟子创立讲学的书院也不许存留。嘉靖十七年（1538）十一月，世宗皇帝又特意告谕提学官和学校师生："士大夫学术不正，邪伪乱真，以致人材卑下，文章政事日趋诡异，而圣贤大学之道不明，关系治理，要非细故。朕历览近代诸儒，惟朱熹之学醇正可师。祖宗设科取士，经书义一以朱子《传注》为主，诚有见也。比年各处试录文字往往诡诞支离，背戾经旨，此必有一等奸伪之徒假道学之名，鼓其邪说，以惑士心，不可不禁。礼部便行与各该提学官及各学校师生，今后若有创为异说，诡道背理，非毁朱子者，许科道官指名劾奏。"④ 嘉靖二十年（1541），他公开斥责心学弟子王龙溪为"伪学小人"。⑤ 可以说，嘉靖皇帝对心学深恶痛绝，欲消除之而后快！

然而，明代朝廷打击心学的政策并没有一直持续下去，嘉靖后期发生了转折，由全力打击转变为大力扶植。此时，世宗皇帝身居内宫，潜心修道，对心学的发展变得漠然起来，而心学弟子徐阶入直内阁，可以说，这种情势的转变成为了心学发展的极好机缘。徐阶入直内阁后，利用手中权力，以官方的名义举行了多次大规模的心学讲学活动。嘉靖三十五年（1556），徐阶"邀铎（颜山农）主会天下来觐官三百五十员于灵济宫三日。越七日，又邀铎陪赴会试

---

① 《明世宗实录》卷九八，页2299。
② 《明世宗实录》卷九八，页2299~2300。
③ 余继登：《典故纪闻》卷十七，页311。
④ 《明世宗实录》卷二一八，页4485；《明世宗实录校勘记》卷二一八，页1139。
⑤ 沈德符：《讲学见绌》，《万历野获编》卷二，页52。

举人七百士,亦洞讲三日"①。嘉靖三十七年(1558),太仆少卿何迁"复推阶(徐阶)为主盟,仍为灵济宫之会"②。嘉靖四十四年(1565),"徐阶存斋公倡集百官,大会于灵济宫。外官自方伯而下,列坐于堂之左西向,京官自亚相李石麓公而下,列坐于堂之右东向,士人以会试到京及庠生皆得赴会"③。

事实上,自嘉靖后期至万历初期,进入朝廷权力中心的心学弟子很多,除了徐阶外,还有赵贞吉、耿定向等。一批心学弟子在利用朝廷权力扩大心学影响的同时,还在竭力从官方政策上为心学争取合法地位,积极倡导守仁从祀学官即为实施此一计划的一个重要步骤。

隆庆元年(1567),副都御史徐栻、给事中魏时亮、赵参、曾宗洪,选御史谢廷杰、梁许、萧廪、徐乾贞等人主张守仁从祀,而给事中赵思诚、御史石槚却以守仁党众立异、非圣毁朱为由,坚决反对。到了万历十二年(1584),申时行为首辅、沈鲤为礼部尚书时,罗近溪弟子詹事讲向皇帝上疏:

> 孔子有功万世,宜飨万世之祀。诸儒有功孔子,宜从孔子之祀。我太祖高皇帝表扬先师,加意斯学。二百年间,诸儒聿兴,直肩斯道,若薛文清瑄、王文成守仁、陈简讨献章,其最著者也,曩言官以三人从祀。上请皇上从礼臣议,以薛瑄入祀矣,乃守仁、献章格于议而不得与。夫守仁之功烈文章、献章之出处大节,谁不知之?臣考其学问,虽专言良知,专言主静,若近于偏枯。顾言知而未始废行,言静而未尝离动,合一之功与宋诸大儒论同归一致,独奈何议论之纷纷也!臣欲陛下大奋乾断为斯文主将王守仁、陈献章从祀。④

詹事讲泯灭了守仁心学与程、朱理学之间的差别,认为守仁有功于孔子,请求朝廷准予守仁从祀。詹事讲的这一要求又在朝臣之间掀起了一场激烈的论争。根据史料记载,当时支持守仁从祀者仅有30%的人,反对者占绝对多数。万历皇帝没了主意,问首辅申时行该做如何处置。时行站在了詹氏的一边,为守仁从祀一事辩护:

> 彼訾诋守仁、献章者,谓其各立门户,必离经叛圣,如佛、老、庄、列之徒而后可,若守仁言致知出于《大学》,言良知本于《孟子》。献章主静,沿于宋儒周敦颐、程颢,皆祖述经训,羽翼圣真,

---

① 颜钧著,黄宜民校点整理:《自传》,《颜钧集》卷三,中国社会科学出版社,1996年版。
② 徐学谟:《世庙识余录》卷二十一,明许光祆活字印本。
③ 罗汝芳:《罗近溪先生全集》卷十付集,明万历四十六年序刻本。
④ 《明神宗实录》卷一五五,页2865~2868。

岂其自创一门户耶？谓其禅家宗旨必外伦理、遗世务而后可。今孝友如献章，出处如献章，而谓之禅，可乎？气节如守仁，文章如守仁，功业如守仁，而谓之禅，可乎？谓其无功圣门，岂必著述而后为功圣贤于道，有以身发明者，比于以言发明，功尤大也。谓其崇王则废朱，不知道固互相发明，并行而不悖。在宋时，朱、陆两家如仇隙，今并祀学宫。朱氏之学，昔既不以陆废，今独以王废乎？诚祀守仁、献章，一以明真儒之有用而不安于拘曲；一以明实学之自得而不专于见闻，斯于圣化大有裨。若居仁之纯心笃行，众议所归，亦宜并祀。伏惟圣明裁断主持，益此三贤，列于薛瑄之次，以昭熙代文运之隆。

经过申时行的一番说服，万历皇帝准许了守仁从祀孔庙。① 从此，官方真正摘掉了阳明心学"伪学"的帽子，获取了朝廷政策认定的正统地位，变成了官方的正统学说。

心学自嘉靖后期得到朝廷的扶植以来，取得了很大的发展，嘉、万期间，其势力几乎遍及全国，不仅心学弟子遍布海内，而且还形成了多个门派，黄宗羲将其分为浙中、江右、南中、楚中、北方、闽粤、泰州七个学派。

王阳明学说的核心是回归自我，为善去恶，知行合一。阳明心学建立的初衷，是为了提升道德水准，达到改变士风世风之目的。但是这一学说有一个极其重要的观念，就是回归自我，王阳明对其进行理论阐述的时候，在人有没有情欲、情欲之自然存在如何处置的问题上，始终含混不清，解决起来也模棱两可。阳明学说的这一缺陷最终给后学在理论发展上提供了两个路向：一种是通向成圣之路；另一种是通向私欲之路。面对明代后期商业繁荣，城市生活巨变的社会现状，心学当中的一部分人选择了后者，诸如颜钧、邓豁渠、何心隐、李贽等，在理论上将其发展到了极端，② 程、朱理学极力消灭的人欲得到了他们的肯定，如颜钧主张"好贪财色，皆自性生"③。把人欲作为人与生俱来的天性，对人欲给予了充分肯定。再如何心隐认为，"欲惟寡则心存，而心不能以无欲也。欲鱼、欲熊掌，欲也；舍鱼而取熊掌，欲之寡也。欲生、欲义，欲也，舍生而取义，欲之寡也。欲仁非欲也？得仁而不贪，非寡欲也？从心所欲，非欲也？欲不逾矩，非寡欲乎？"④ 同颜钧一样，何氏也肯定了人欲存在

---

① 《明神宗实录》卷一五五，页2865~2868。
② 参看罗宗强：《明代后期士人心态研究》第二章、第五章。
③ 王世贞：《嘉隆江湖大侠》，《弇州史料后集》卷三十五。
④ 黄宗羲著，沈芝盈点校：《明儒学案》卷三十二，中华书局，1985年版，页705。

的合理性。

思想领域发生的这种变化,把世人从昔日禁欲的铜墙铁壁中解脱了出来,使得他们开始关注自我,敢于、乐于释放个人的情欲,可以说,世人心理上发生的这一转变,为这一时段情欲文学的发展起了一定的导向作用。

(三) 皇帝破坏明初戏曲禁令为戏曲的发展营造了宽松空间

有明一代近三百年中,前朝制定的政策,尤其是洪武、永乐时期制定的政策,会成为后朝须要恪守的准则,每当政局出现重大事件,总会有人搬出"祖制"来对违制之举提出匡正,试图使有违祖制的行为回到祖宗规定的轨道上来,无论是嘉靖初期震动朝野的大礼议,还是万历中期争执不下的立储风波,无不显示出"祖制"在其中发挥的强大干涉效应。永乐之后的十三位皇帝尽管他们各自也都具有立法的权力,但又都毫无例外的身受祖宗规定的牵制,他们既是当朝政令的制定者,同时理念上又是"祖制"的遵从者。事实上,在明代后期,尽管没有一个皇帝敢于站出来公开下令废除祖制,但真正能够按"祖制"规定立身行事的皇帝已经不多了。

明武宗十分喜欢戏曲,正德后期到江浙一代巡幸的时候,朝廷文臣为了谄媚,纷纷向他进献曲本,史称:"武宗南幸,好听新剧及散词,有进词本者,即蒙厚赏,如徐霖与杨循吉,陈符所进,不止数千本焉。"① 在兴致酣浓之余他还会亲自登台表演,黎士弘就此说:"武宗南巡","竟演登场"。② 正是由于正德皇帝的痴迷,竟然还出现了伶人侍宠干政的闹剧。沈德符《万历野获编》载:"武宗之宠优伶,几同高齐及朱耶之季,至赐飞鱼等禁服。然官秩犹为有节,惟臧贤以教坊司右司乐,请告疏云:'病不能侍左右'。上优诏勉留,仍升本司奉銮供职,其礼视朝士有加焉,已为异矣。至中书官光禄卿周惠畴,既以聚劾允其去矣,复托贤恳于上,以家远难归,乞暂留京师。诏仍复职,犹曰异途也。编修孙清者,登弘治壬戌一甲第二,以士论不齿去官,复用贤荐,起为山西提学副使。"③ 伶人臧贤依靠武宗的宠信,参与了朝廷的人事任免,朝臣的去留升降全凭他的一己之辞,与明初相比,此时优伶的地位确实是大不相同了。

明神宗对戏曲同样充满了兴趣,万历二十六年(1598),即使在御倭战

---

① 周晖:《金陵琐事》,文学古籍刊行社,1955年版。
② 黎士弘:《仁恕堂笔记》。
③ 沈德符:《伶官干政》,《万历野获编》卷一,页33。

争连连失利的紧急情况之下，神宗仍然会兴致满怀地观看宦侍演剧。① 内廷供皇帝娱乐观赏的戏剧演出原本由钟鼓司负责，演出的内容也大多是金、元院本和杂剧，然而，对于万历皇帝来说，这些曲目已经没有什么吸引力了，很难满足他的要求，故而他竟弃钟鼓司不用，另"选近侍三百余名于玉熙宫"②"习外戏，如弋阳、海盐、昆山诸家俱有之"，"颇采听外间风闻，以供科诨"。③

在明王朝的这些皇帝中，有过登台演曲经历的，除了明武宗之外，还有明熹宗朱由校，陈悰《天启宫词》载："（熹宗）尝于亭中自装宋太祖，同高永寿辈演《雪夜访赵普》之戏"，"演戏当初夏，两物（云字披肩、扁辫）咸非所宜，上欲肖雪夜戎装，故冒暑服之"。无论是从熹宗的身份来讲，还是从熹宗演戏的装束来看，着实让人难以理解。他沉迷戏曲，有时候表现得极其骄横，如果有人敢于执意阻拦，自然不会有什么好的下场。天启元年（1621）十月，刘宗周上疏要天启皇帝屏绝"平日俳优驰骋"游乐之习，险遭重处，好在叶向高等人的多方解劝，最终才以罚俸半年的惩处勉强了事。④

无论是这些皇帝亲自演曲，还是皇帝废钟鼓司不用而让内官表演，均违反了明初朱元璋制定的禁止优伶之外人员演曲的规定，势必也会引起上行下效风气的产生。可以说，明代后期这些君主的行为，在严重削弱明初制定的戏曲政策约束力的同时，还对这一时段戏曲的发展起了一定的导向作用。

（四）当道官员废政为戏曲的发展提供了自由发展的空间

有明一代从正统朝开始，纲纪开始出现松弛，当道官员对朝廷颁布的戏曲禁令置若罔闻，所谓"有官者不以为禁，士大夫不以为非；或者以为警示之为，而忍为推波助澜者，亦有之矣"⑤。

到了明代后期，朝廷纲纪大坏。谢肇淛《五杂俎》云：

> 上官莅任之初，必有一番禁谕，谓之通行，大率胥曹抄袭旧套以欺官，而官假意振刷以欺百姓耳。至于参谒有禁，馈送有禁，关节有禁，私奸有禁，常例有禁，迎送有禁，华靡有禁，左右人役需索有

---

① "沈一贯惧。会玉熙宫宦侍演《东征》剧，荧惑圣听，上为之霁颜，复召一贯入阁。（谷应泰《明史纪事本末》）
② 高士奇：《金鳌退食笔记》卷下，文渊阁《四库全书》本。
③ 沈德符：《禁中演戏》，《万历野获编》，补遗卷一，页798。
④ 《明熹宗实录》卷十五，页776~778。
⑤ 叶盛：《小说戏文》，《水东日记》卷二十一，中华书局，1980年版，页214。

禁,然皆自禁之而自犯之,朝令之而夕更之,上焉者何以表率庶职,而下焉者何以令庶民也。至于文移之往来,岁时之申报,词讼之招详,官评之册揭,纷沓重积,徒为鼠蠹薪炬之资,而劳命伤财不知纪极。噫,敝也久矣。①

政务文移变成了一堆陈年废纸,苛任禁谕化为了掩人耳目的形式。当时,永嘉地区"每岁元夕后,戏剧盛行"②。搬演的时候,地方当道官员偶尔也会下令禁止,事实上,这只不过是虚张声势而已,对搬演者的隐瞒行为并不深究,据明人姜准说:"每岁元夕后,戏剧盛行,虽延过酷暑弗为少辍。如府县有禁,则托为禳灾赛祷,率众呈举,非迁就于从祀,则移香火于戏所,即为瞒过矣。"③只要移祭祀香火于戏场,做一些表面文章,就可蒙混过关,逃脱官府查禁。

朝廷政令主要是通过由上而下层层转传的方式来告知民众的,明代后期的很多官员缺乏责任心,在政令的传达与执行过程中,往往随心所欲的删减政令内容,使得上级政令传达的信息因被删减而不能完全落实执行。例如朱元璋《御制大明律》对戏剧搬演规限为:"凡乐人搬做杂剧戏文,不许妆扮历代帝王后妃、忠臣烈士、先圣先贤神像,违者杖一百;官民之家,容令妆扮者同罪。其神仙道扮,及义夫节妇,孝子顺孙,劝人为善,不在禁限。"④ 而魏校(1483~1543)在嘉靖初期担任广东提学副使时,要求民众遵守的内容则是:"不许造唱淫曲,扮演历代帝王,讪谤古今,违者拿问。"⑤ 可见,朱元璋不许妆扮历代帝王后妃、忠臣烈士、先圣先贤的角色,已经被魏校缩减为不许"扮演历代帝王",在这种情况之下,下层百姓又如何知道妆扮历代后妃、忠臣烈士、先圣先贤等角色同样属于违法行为呢?

禁令不能严格推行,明初朝廷对戏曲的种种规限变得几同虚设,这种局面势必给明代后期的戏曲提供了一个宽松、自由的发展空间。

综上所述,在明代前期和后期这两个不同时段,政权运作对戏曲走向的影响方式是有差异的。在明代前期,政治环境苛严,朝廷是通过对戏曲制定政令、法规,借助直接干预的手段来影响戏曲走向的;到了明代后期,朝廷不仅

---

① 谢肇淛:《五杂俎》卷十四,《明代笔记小说大观》(二),页1789。
② 姜准:《岐海琐谭集》卷七。
③ 姜准:《岐海琐谭集》卷七。
④ 刘惟谦:《大明律》卷二六。
⑤ 魏校:《敦朴俭以保家业》,《庄渠遗书》卷九。

不再针对戏曲制定政令、法规，而且明初制定的那些政令、法规也在悄无声息中被废止，政权运作一改往日直接干预戏曲走向的方式，而是通过影响当时的世风、意识形态、戏曲发展的政治环境等来间接影响戏曲走向的。

第五章

明代政权运作与小说创作

洪（武）、永（乐）年间，朝廷对政府公文、科试经义文、诗文和戏曲之创作倾向做了明确规定，或许由于小说在当时的社会影响较弱之缘故，这一文体并未进入朝廷整治的视野，朝廷未曾对这一文体之创作倾向做出明确要求，但这并不意味着朝廷的政权运作对这一文体没有影响，本文拟对这一问题做出探讨。

第一节 洪、弘年间政权运作与文言小说创作

洪武至弘治年间，明人主要创作的文言小说共有 5 部，即《剪灯新话》、《剪灯余话》、《效颦集》、《钟情丽集》和《花影集》，兹依据其内容作如下归类：①

作品	创作	作者简况	道德教化	神仙道化	劝诫讽谏	粉饰太平	惩恶扬善	其他
剪灯新话	洪武十一年（1378）	瞿佑（1341~1427），洪武时期，由贡士荐授仁和训导，历浙江临安教谕、河南宜阳训导，后升任周王府长史	《三山福地志》、《金凤钗记》、《联芳楼记》、《令狐生冥梦录》、《腾穆醉游聚景园记》、《牡丹灯记》、《富贵发迹司志》、《爱卿传》、《翠翠传》、《龙堂灵会录》、《修文舍人传》、《鉴湖夜泛》、《绿衣人传》、《寄梅记》	《水宫庆会录》	《华亭逢故人》	《天台访隐录》	《永州野庙记》、《申阳洞记》、	《渭塘奇遇记》、《秋香亭记》

---

① 表中同一作品，有的同时兼具多个类别的特点，在此也只归入其中一个类项，不做二次归类。在"道德说教"类项中，不论作品最终的故事结局如何，只要作品中出现了道德说教的语句或思想，皆归入该类项，"劝诫"类与"粉饰太平"类项皆做类似处理。

				63.6%	4.6%	4.6%	4.6%	13.6%	9.0%
剪灯新话	永乐十七年(1378)	瞿佑(1341~1427)，洪武时期，由贡士荐授仁和训导，历浙江临安教谕、河南宜阳训导，后升任周王府长史	李昌祺(1376~1451)，永乐二年(1404)进士，选庶吉士，预修《永乐大典》，历官礼部郎中、广西左布政使、河南左布政使。《月夜弹琴记》、《何思明游酆都录》、《两川都辖院志》、《连理树记》、《田洙遇薛涛联句记》、《青城舞剑录》、《鸾鸾传》、《凤尾草记》、《琼奴传》、《胡媚娘传》、《洞天花烛记》、《泰山御史传》、《江庙泥神记》、《芙蓉屏记》、《秋千会记》、《贾云华还魂记》	《幔亭遇仙录》、《听经猿记》、《武平灵怪录》	《秋夕访琵琶记》	《长安夜行录》		《至正妓人行》
				72.8%	13.7%	4.5%	4.5%	0	4.5%
效颦集	永乐中至宣德三年(1428)	赵弼(1364~1450)，永乐元年(1403)以明经修行荐举入仕，历任新繁、资县、汉阳三县儒学教谕①	《续宋丞相文文山传》、《宋进士袁镛忠义传》、《蜀三忠传》、《何忠节传》、《王峰赵先生传》、《张绣衣阴德传》、《孙鸿胪传》、《赵氏伯仲友义传》、《愚庄先生传》、《新繁胡大尹传》、《觉寿居士传》、《三贤传》、《钟离叟妪传》、《邓都报应录》、《续东窗事犯传》、《铁面先生传》、《蓬莱先生传》、《两教辨》、《丹景报应录》、《木棉庵记》、《繁邑古祠对》、《疥鬼对》、《梦游番阳彭蠡传》		《泉蛟传》	《青城隐者记》		
				92%	0	4%	4%	0	0

---

① 李剑国、陈国军：《赵弼生平著述考》，《文学遗产》2003年第1期，页65~74。

钟情丽集	成化(1465~1487)末年	署玉峰主人著，姓名、生平不详	《钟情丽集》				
			100%	0	0	0	0	0
花影集	成化(1465~1487)末期至弘治(1488~1505)初期	陶辅(1441~?)，生于武官世家，做过应天卫指挥	《退逸三子传》、《刘方三义传》、《华山采药传》、《潦倒子传》、《梦梦翁录》、《节义传》、《贾生代判录》、《东丘侯传》、《广陵观灯记》、《管鉴录》、《邙亭宵会录》、《邮亭午梦》、《心坚金石传》、《四块玉传》、《庞观老录》、《丐叟歌诗》、《翟吉翟善歌》、《闲评清会录》		《云溪樵子记》		《晚趣西园记》
			90%	0	0	5%	0	5%

在这5部作品当中，《剪灯新话》首出，书成之后，深受读者喜爱，作者在自序中说："客闻而求观者众，不能尽却之。"① 并由此而引发了一阵模拟之风，作者们毫不讳言。李昌祺说："客有以钱塘瞿氏《剪灯新话》贻余者，复爱之，锐欲效颦，虽奔走氛埃，心志荒落，然犹技痒弗已，受事之暇，捃摭搜闻，次为二十篇，名曰《剪灯余话》。"② 赵弼说："余尝效洪景庐瞿宗吉，编述传记二十四篇……所谓效西施之捧心而不觉自炫其丑，因题其名曰《效颦集》。"③ 陶辅说："余昔壮年，尝得宗吉瞿先生《剪灯新话》、昌祺李先生《剪灯余话》、辅之赵先生《效颦集》，读而玩之……予不自揣，遂较三家得失之短，约繁补略，共为二十篇，题曰《花影集》。"④ 在《花影集》成书之前的正统七年（1442），朝廷曾下令禁毁过《剪灯新话》，在这一年的二月，国子监祭酒李时勉上奏明英宗：

近有俗儒，假托怪异之事，饰以无根之言，如《剪灯新话》之

---

① 史仲文：《中国文言小说百部金典》第23册，北京出版社，2000年版，页7797。
② 《剪灯新话》，上海古籍出版社，1981年版。
③ 赵弼：《效颦集》，嘉靖二十七年赵子伯重刻本。
④ 《古本小说丛刊》，中华书局，2008年版，页9。

类，不惟市井轻浮之徒争相诵习，至于经生儒士，多舍正学不讲，日夜记忆，以资谈论。若不严禁，恐邪说异端，日新月盛，惑乱人心。乞救礼部，行文内外衙门，及提调学校佥事御史，并按察司官，巡历去处，凡遇此等书籍，即令焚毁，有印卖及藏习者，问罪如律，庶俾人知正道，不为邪妄所惑。

李氏的意见得到了明英宗的采纳。李时勉此处所说的"假托怪异之事，饰以无根之言"，主要指涉及鬼精神怪一类的作品。叙写鬼精神怪实为中国古代文言小说的创作传统，瞿佑进行文言小说创作，自然无法割断这一传统。这里需要提到的是，在明代初期，曾有人向朱元璋奏过鬼神之事，指出此为"妄诞"之说，不足信。朱元璋还就此专门写了一篇《鬼神有无论》进行驳斥，反复强调鬼神之存在不仅于世无害，还可以让人有畏于天，发挥"暗助王纲"的治世功效。事实上，也正是朱元璋对鬼神存在的认可，才使这部"涉于语怪"的作品在明初文网严苛的政治环境中得以广泛传播，并产生了随后亦步亦趋的模仿之作。宣德八年（1433），建宁知县公开刊刻《剪灯余话》并作序，也透露了明初朝廷允许此类观念传播的事实。《花影集》当中也有鬼神之事，从该作品成书的时间与作者直言不讳的表述，以及成化三年（1467）《剪灯新话》与《剪灯余话》被刊刻的事实，① 可以知道，正统七年朝廷颁布的这条禁毁令并没有产生太大影响，并未取得实质性的约束效果。

无论是道德教化、神仙道化、劝诫讽谏、粉饰太平，还是惩恶扬善，皆是明初朝廷对诗文、戏曲创作倾向做出的规定。而"其他"类项中的4篇作品，《渭塘奇遇记》讲述元至顺年间，有一王生的男子，"资状甚美"，至松江收租，回舟过渭塘时，在一酒肆饮酒，与肆主之女不期而遇，二人互生爱慕。待王生离去后，肆主之女相思成疾。一年之后，当王生再过其处时，由肆主做媒，二人结为夫妇，终以偕老。《秋香亭记》讲述元至正年间，男子商生年幼时，其祖姑欲将孙女采采许配给他。二人亦因商氏之言，倍生爱恋。后张士诚兵起，三吴扰乱，为逃避战乱，生父挈家南归临安，女家北徙金陵，两家十年间音信全无。在吴元年天下混一之时，商生派人到金陵寻找采采，不料采采已在战乱之时为求活命嫁给了太原王氏，多情鸳鸯就此天各一方。这两部作品所述男女恋情皆是在以家长之命为前提之下产生的，符合男女婚事由"父母之命、媒妁之言"决定的儒家教条。《至正妓人行》讲述了一位妓人的惨淡人

---

① 陈大康：《明代小说史》，页684。

生。至于《晚趣西园记》，则叙写了夕川翁的闲适生活。这4篇作品无论是思想内容还是词句，虽于朝政无益，但也无害于朝政。

概而言之，此种倾向虽在很大程度上受制于这一文体自身的创作传统，但只要与此前、此后均有宣欲文言小说产生的情状做一纵向对比，我们就会发现，洪武至弘治年间产生的这些作品无一例外地与朝廷之倡导相合，朝廷推行的如上文化政策显然是促成此一局面不可或缺的因素，此一时段的文言小说创作倾向牢牢被朝廷文化政策控制着。从创作者的身份来看，既有朝廷官员，亦有涉世未深年轻的文人①；就创作者所处地域而论，既有中央的，也有分布在地方的；就创作者所居权力阶层来看，既有权力中心的，也有权力边缘的。朝廷要控制文言小说创作之倾向，自然是要从控制文人入手，尽管《剪灯馀话》、《效颦集》和《花影集》模仿《剪灯新话》成书的缘由比较特殊，但明代前期政权运作高效运作之状态，大力推行程朱理学，血腥镇压文士，整肃文风等手段，对于这一时段文言小说创作倾向之影响，无疑也发挥了至关重要的约束效应，前文已就此做过详细论述，此不赘述。

第二节　明中后期施政者行为导向与宣欲文言小说创作

关于情欲造成的危害，朱元璋有深刻的认识。君临天下之后，他将唐人李山甫《金陵怀古》诗书于揭屏间，时刻儆惕自己："南朝天子爱风流，尽守江山不到头。总为战争何年得？却因歌舞破除休。尧将道德终无敌，秦把金汤不自由。试问繁华何处在？雨花烟草石城秋。"② 他尝说："声色乃伐性之斧斤，易以溺人，一有溺焉，则祸败随之，故其为害，甚于鸩毒。"③ 在他看来，人一旦沉迷声色的欲望之中，就会因难以自拔而滋生祸害，于己于政都会产生严重危害。

与此同时，朱元璋还将此种意识形态贯穿到文艺演出当中，洪武二十二年（1389）三月二十五日榜文规定："娼优演剧，除神仙、义夫节妇、孝子顺孙、

---

①　《钟情丽集》于"南通州乐庵中人"序后，有简庵居士本年序，称"余友玉峰生……暇日所作《钟情丽集》以示余"，又言："弱冠之士，有如是之才华，有如是之笔力，其可量乎？"故知此书为"玉峰生"二十岁左右所作。

②　江盈科：《江盈科集》，岳麓书社，1997版，页836~837。

③　余继登：《典故纪闻》，中华书局，1981版，页46。

劝人为善及欢乐太平不禁外",其它剧目一律禁演。① 从禁令的规定可以看出,只有裨益国家治化的剧目才是朱元璋所提倡的。高则诚《琵琶记》只因以宣扬忠孝节义为主要内容,故备受他的青睐,高度赞誉说:"《五经》、《四书》,布、帛、菽、粟也,家家皆有,高明《琵琶记》,如山珍、海错,贵富家不可无。"② 当时被朱元璋屏逐出外、禁止演出的,主要是些被认为属于宣扬情欲的剧目。他认为此类作品会荡惑人心、乱人心术,有碍国家治化。

前文已经说过,从成化朝开始,朱氏君主大多缺乏自控能力,纷纷陷入了纵欲享乐之中,如宪宗、武宗、世宗、穆宗、神宗、光宗、毅宗等。这些君主公开纵欲的行为,已经对洪武时期制定的禁欲政策产生了严重消解,在他们的引导之下,朝野上下对人欲的宣泄有了一种普遍的认同,上至朝廷官员,下至普通百姓,似乎不再视之为洪水猛兽,对这一与生俱来的自然本能表现出高度热情。朝野上下兴盛起来的这股纵欲风气,严重消解了程朱理学对世人思想的束缚,改变了世人的生活趣味。与此同时,朝廷推行的意识形态也发生了变化。思想领域发生的这种变化,把世人从昔日禁欲的铜墙铁壁中解脱了出来,使得他们开始关注自我,敢于、乐于释放个人的情欲,可以说,世人心理上发生的这一转变,对这一时段文言小说的创作产生了重要的导向作用。

也正是在这一环境之下,文言小说创作之倾向发生了转变。在洪武至弘治年间主要出现了5部文言小说,即《剪灯新话》、《剪灯余话》、《效颦集》、《钟情丽集》和《花影集》,这些作品虽有些篇什也有叙写男女情色的内容,但总少不了道德说教或让浪荡者为其行为付出代价的成分,然而从正德朝始,有一部分文言小说完全摆脱了道德说教与因果报应的叙事窠臼,出现了纯粹宣欲的创作倾向。

《花神三妙》,即孙楷第《中国通俗小说书目》所著录之《三妙传六卷》,丁日昌禁书目著录。作品共分 13 则,叙述了书生白景云游春之际,邂逅赵锦娘、李琼姐与陈奇姐三名绝色女子,景云对之甚是爱恋,三人对景云亦有爱慕之情。三女子退去后,景云尾随之,探明其住处,"僦赵之左屋附居,乃得与三姬为邻",以邻居之名,"结拜赵母",恰逢赵母生病,景云以探视为由,经常与锦娘相会,并发生了性关系。锦娘心知琼姐与奇姐对景云亦有爱慕之意,遂中间撮合,四人秘密往来,联床淫乱。后来赵母将琼姐许配给景云,陈夫人

---

① 王利器:《元明清三代禁毁小说戏曲史料》,上海古籍出版社,1981 年版,页 12。
② 中国戏曲研究院:《中国古典戏曲论著集成》(三),中国戏剧出版社,1959 年版,页 240。

欲将奇姐许配给贵宦之子,"奇姐忽称疾,绝粒者三日",陈夫人得知女儿已"与白郎殷慇盟誓,生死相随,决不相背",无奈之下,遂将奇姐许配给了景云。① 故事当中并没有让浪荡主人公受到谴责或惩罚,而是以大团圆结局:"生后擢魏科,登高第,官次翰苑为名士夫。徽音生二子,琼姐生一子,皆擢进士,后琼姐、奇姐、徽音与白生合葬于南洲之南,迄今佳木繁茂,多产芳兰,子孙履墓,里许闻香。世人皆以为和气致祥云。"以这种形式宣欲的作品还有《浪史奇观》,共44回,署名"风月轩入玄子著"。作品叙写了秀才出生的浪子与王监生妻子李文妃私通,又私寡妇赵大娘,复奸赵氏之女妙娘。王监生病死,浪子因纵欲过度而患病,康复后,又私寡妇潘素秋,为潘素秋耍弄,再度患病。后浪子娶李文妃为妻,伙同男宠陆珠及李文妃三人联床淫乱。在访友人铁木朵因时,浪子又与其妻私。浪子中进士后,不愿侯选,娶七美人、十一侍妾,淫乐无度,人呼为"地仙"。② 明人张誉将其列入"获罪名教"之列。③ 明人张誉将《浪史奇观》归入"获罪名教"之列。④ 原因是此书为了肆意宣欲,严重破坏了儒家的人伦纲常。

朱元璋在明初曾对人伦观念做了严格规范:

> 今再诰一出,臣民之家,务要父子有亲;率土之民,要知君臣之义,务要夫妇有别;邻里亲戚,必然长幼有序,朋友有信。众尊有德,不拘年之壮幼,不序长幼之分。此古人之大礼也。此诰也。朕本非能,不过申明先王之旧章,而民从之,家和户宁。吉哉!倘有不如朕言者,父子不亲,罔知君臣之义,夫妇无别,卑凌尊,朋友失信。乡里高年并年壮豪杰者,会议而戒训之。凡此三而至五,加至七次,不循教者,高年英豪壮者拿赴有司,如律治之。有司不受状者,俱在律条。慎之哉,而民从之。⑤

朱元璋将子须孝父、臣须忠君、妇须从夫等儒家信条予以法律化,要求世人必须恪守,不得违反。在他看来,只要人与人之间的尊卑等级关系分明,即可达到家和户宁、天下有序而治的目的。对于肆意破坏等级秩序者,则要严厉打

---

① 《花神三妙》,《中国古艳稀品丛刊》第四辑,台湾联经出版事业公司影印本。
② 风月轩入玄子著:《浪史奇观》,《中国古艳稀品丛刊》第五辑,台湾联经出版事业公司影印本。
③ 《平妖传序》,转引自丁锡根《中国历代小说序跋集》,人民文学出版社,1996年版,页1347。
④ 《平妖传序》,转引自丁锡根《中国历代小说序跋集》,人民文学出版社,1996年版,页1347。
⑤ 朱元璋:《大诰续编·申明五常》,钱伯城主编《全明文》卷二九,页623。

击。朱元璋依据人际关系与破坏程度的不同，制定了一系列相应的惩治措施。

如在奴婢与主人的关系当中，《大明律》规定：“凡奴婢殴家长者，皆斩；杀者，告凌迟处死；过失杀者，绞；伤者，杖一百，流二千里。若殴家长之期亲及外祖父母者，绞；伤者，告斩；过失杀者，减殴罪二等；伤者，又减一等；故杀者，告凌迟处死。殴家长之缌麻亲，杖六十，徒一年；小功，杖七十，徒一年半；大功，八十，徒二年。"① 值得注意的是，《大明律》并未对家长、家长戚亲伤害奴婢的行为做出明确规定。从《大明律》的规定来看，奴婢的社会地位处于绝对劣势，奴婢不论是对主人，还是对主人戚亲，只要犯有过失，皆要遭受严厉惩处。

在妻、妾与丈夫的关系当中，妻、妾则处于绝对劣势，她们要绝对尊从丈夫，不得侵犯丈夫的尊严。明律规定，"妻妾殴夫笃疾"、"背夫在逃因而改嫁"、"妻妾因奸同谋杀死亲夫"、"妻妾杀故夫"、"妻妾殴夫死"者，皆要被处死。

在这一时段还出现了一部对此后情色小说产生重要影响的《则天皇后如意君传》，该作品不分卷，日本旧刻本署名"吴门徐昌龄著"。作品叙写了武则天淫乱的私人生活：武则天在14岁的时候，被文皇帝纳入后宫，期间曾与太子私通。高宗驾崩之后，武则天自立为帝，先后与多名男子共淫。其中薛敖曹身体健壮，又擅长采纳之术，故深得武则天欢心。最后薛敖曹出走，"人于成都市见之。羽衣黄冠，童颜绀发，如二十许人，谓其得道云，以后竟不知其所终"。武、薛二人作为作品中的浪荡主人公，同样没有受到谴责或惩罚。

此类色情作品的出现，除了与士风、世风的变化有关外，与朝廷主流意识形态影响的减弱、当政者兴起的纵欲风气、朝廷纲纪的严重废弛有着密不可分的关系，如在充斥着类似大量性事描写的白话小说《金瓶梅》问世后，明代后期的这些朝廷官员一面指责"其猥琐淫媟，无关名理"②，一面疯狂地相互传播，争相阅读收藏。曾任吴县知县的袁宏道看了《金瓶梅》前半段，兴致难抑，写信给董其昌说：“《金瓶梅》从何得来？伏枕略观，云霞满纸，胜于枚生《七发》多矣。后段在何处，抄竟当于何处倒换？幸一得示。"③ 金坛太

---

① 刘惟谦：《斗殴律》，《大明律》卷二十；"婢殴家长"条，申时行等《明会典》卷一百二十一。

② 谢肇淛：《金瓶梅跋》，转引自朱一玄《金瓶梅资料汇编》，页190。

③ 袁宏道：《与董思白书》，《袁中郎全集》卷一，伟文图书出版社有限公司，1976年版。

史曾王宇泰曾以重资购《金瓶梅》"抄本二帙"。① 官至南京吏部郎中的袁中道"往晤董太史思白（董其昌），共说诸小说之佳者。思白曰：'近有一小说，名《金瓶梅》，极佳'"②。读过该作品的朝廷官员还可以举出很多，如：黄训，嘉靖间进士，官至副都御史；王世贞，嘉靖间进士，官至刑部尚书；徐阶，嘉靖间进士，曾出任首辅；王肯堂，万历间进士，官至福建参政；刘承禧，万历间进士，官至锦衣卫千户；谢肇淛，万历间进士，官至广西右布政使；董其昌，万历间进士，官至南京礼部尚书；吏部稽勋郎中；丘志充，万历间进士，官至山西右布政使；文在兹，万历间进士，初受翰林庶吉士；屠本畯，万历间名士，以荫历太常典薄，辰州知府；李日华，万历间进士，官至太仆少卿；马之骏，万历间进士，官至户部主事；汤显祖，万历间进士，曾任南京礼部主事、遂昌知县。③ 上自位极人臣的宰辅，下自小小知县，无不如此。明代后期，唯一对此类作品提出禁毁的是崇祯年间的江西右参议提督学政侯峒，他制定的《江西学政申约》规定："提学官按临，生童毕集，多有射利棍徒，刊刻淫秽邪僻之书，如《金瓶梅》、《情闻别纪》等项，迷乱心志，败坏风俗，害人不小，今后但有卖者，提调官即时严拿书坊，究问何人成稿，何以发刻。申解提学官将正身从重治罪，原板当堂烧毁。如系生员，革退枷示。"④ 事实上，这条禁令并没有发挥多大作用，当时阅读、收藏《金瓶梅》的人很多，但迄今为止却很难找到当时有人受此牵连的史料，明代后期纲纪废弛由此可见一斑。

值得注意的是，在这一时段还出现了一批以同性恋为题材的宣欲作品，《弁而钗》卷一《情贞记》中，新科状元花凤翔偶遇扬州书生赵王孙，甚是爱慕，为了能够接近赵王孙，凤翔费尽心机，好好翰林不做，重新去做学生。在开始交往的过程中，凤翔不时以性事挑逗王孙，遭王孙斥责后，相思成病，卧床不起，后来王孙为其真情所感动，遂以身相许。卷二《情侠记》中，天津人张机容貌秀美，秀才钟图南甚爱之，设计用酒将张机灌醉，趁其醉酒熟睡之机，强行与之交合。张机酒醒之后大怒，赵图南苦苦相求，张机深为感动，二

---

① 屠本畯曰：不审古今名饮者，曾见石公所称"逸典"否？……往年予过金坛，王太史宇泰出此（金瓶梅），云以重资购抄本二帙……复至王征君百谷家，又见抄本二帙，恨不得睹其全。（屠本畯《山林经济籍》）
② 袁中道：《游居柿录》卷九。
③ 陈大康：《明中后叶官员、名士与通俗小说关系简表》，《明代小说史》，页588~590。
④ 侯峒曾：《侯忠节公全集》卷十七。

人遂成为了莫逆之交。卷三《情烈记》中，浙江苕溪人文韵落难为戏子，才子云汉见而爱之，恰遇一个名叫石敢当的人欺凌文韵，云汉挺身相救，文韵为了报恩，遂以身相许。卷四《情奇记》中，福建人李又仙为救父沦落到南院，北京人匡人龙对其甚为赏识，将其救出风尘，李又仙知恩图报，遂以身相许。

有明一代，好男风之习气最早兴起于宫廷，《万历野获编》卷三载："有都督同知马良者，少以姿见幸于上（明英宗），与同卧起。比自南城返正，益厚遇之。驯至极品，行幸必随，如韩嫣、张放故事。"① 皇帝好男风至明代后期则表现得更为突出，武宗、② 神宗③皆有此种嗜好。

随后这种好男风之习气蔓延到了朝廷官员，《万历野获编》有一段记载臧懋循好男风的文字：

> 今上乙酉岁，有浙东人项四郎名一元者，挟赀游太学，年少美丰标。时吴兴臧顾渚懋循，为南监博士，与之狎，同里兵部郎吴涌澜仕诠，亦朝夕过从，欢谑无间。臧早登第负隽声，每入成均署，至悬毯子于舆后，或时潜入曲中宴饮……南中人为之语曰："诱童亦不妨，但莫近项郎。一坏兵部吴，再废国博臧。"④

在当政者的引领之下，这种风气还蔓延到下层文士，张岱《自为墓志铭》也提到了自己好男风的事情：

> 少为纨绔子弟，极爱繁华，好精舍，好美婢，好娈童，好鲜衣，好美食，好骏马，好华灯，好烟火，好梨园，好鼓吹，好古董，好花鸟，兼以茶淫橘虐，书蠹诗魔。⑤

按照常理来说，墓志铭向来是标榜墓主生平显耀一面的，张岱将好男风写入墓志铭，并无丝毫隐讳之意，这清楚地说明，明代后期世人对好男风之事普遍认同的心态，世人好男风已经变得司空见惯了，在这种风气的熏染之下，在朝廷纲纪严重废弛的大环境之中，此类同性恋作品的出现也就是很自然的事情了。

这些宣欲小说的出现与公开传播还与此一时段朝廷纲纪废弛有关，主要表现为三个方面：

首先，当道官员对亵渎帝王的行为持宽容态度，据褚人获《坚瓠集》辛

---

① 沈德符：《英宗重夫妇》，《万历野获编》卷三，页79。
② 张廷玉等：《江彬传》，《明史》卷三百七，页7886。
③ 沈德符：《十俊》，《万历野获编》卷二十一，页548。
④ 沈德符：《项四郎》，《万历野获编》卷二六，页676。
⑤ 张岱著，云告点校：《琅嬛文集》，岳麓书社，1985年版，页199。

集卷二"豪放贾祸"载:"凤洲有奴胡忠者,善说平话,洒酣辄命说列传解颐,每说唐明皇、宋艺祖、明武宗,辄自称'朕',称'寡人',称人曰'卿'等,自古已然。士骥携忠至酒楼说书侑酒,而间阎辄闻者辄曰:'彼且天子自为。'以是并为士骥罪。"生在嘉、隆年间的王世骥是幸运的。在此时,亵渎帝王已是一个可大可小的罪名。由于阁臣的宽容和斡旋,他很快就被营救出来了。要是在永乐朝,仅这一项罪名就会全家性命不保!其次,隆、万时期,当道官员废政严重。前文已述,此不赘述。最后,朝政严重腐败,致使君、臣心理疏离,君主不信任臣工,对之多行罢斥,臣工亦无意于国家大政,纷纷致仕。其结果是朝廷政权机构官员严重短缺。沈一贯于万历二十四年(1597)写给神宗的《催行取及补科道官揭帖》中提到:"六科中见在止有掌科一人,署印五人,此外守科仅有四人。十三道中并无一人掌印,只得借巡视京营御史一人暂带,其外止有巡视光禄一人,巡视五城三人,夫以科道紧要,两衙门而见在止有此数人"①,这与"祖宗旧制六科给事中多至五十余员,十三道御史多至一百余员"②的规模相比,官员空缺已经达到了极为严重的地步了!"空虚之极一至于是,纲纪岂有不废驰乎?"③

概而言之,文言小说宣欲的创作倾向并非始于明人,且这股文风在此时再度兴起的原因也甚为复杂,关涉的层面也很多。因论题所限,本文仅选取了几个与施政者行为导向有关的侧面进行了上述探讨,力求理清施政者行为导向与这股文风再度兴起的内在理路。通过研究发现,明代中后期的施政者是通过影响当时的世风、意识形态,提供宽松的政治环境等,以间接影响的方式为宣扬情欲的文言小说创作提供支持的。这些作品严重败坏了世风,于朱明王朝的治化是极为不利的,然而若就小说发展进程而言,则对编创手法的演进起着一定的积极推动作用。只要与万历朝时主要流行的讲史演义、神魔小说作一对比,就可以清楚地看到,讲史演义和神魔小说不是叙述古事,就是描绘仙境佛国,与现实生活都有较大的距离。相比之下,情欲小说虽污秽腐臭,却是将小说创作由注重传奇性引入注重写实性的轨道。④它们之所叙说描写,已经回到人间,回到现实生活。

---

① 沈一贯:《敬事草》,明刻本,四库存目丛书史部63,页23。
② 沈一贯:《敬事草》,明刻本,四库存目丛书史部63,页139。
③ 沈一贯:《敬事草》,明刻本,四库存目丛书史部63,页23。
④ 陈大康:《明代小说史》,人民文学出版社,2007年版,页422~435。

第三节　明代中后期政权运作与亵渎帝王小说创作

前文已经说过，朱元璋深识儒学的治世功能，君临天下之后，他为实现皇明王朝的长治久安，开始大力推行儒学。洪武三年（1370）《设科取士诏》规定：乡试、会试首场考《五经》义，《易》程、朱氏注、古注疏，《书》蔡氏传、古注疏，《诗》朱氏传、古注疏，《春秋》左氏、公羊、谷梁、胡氏、张洽传，《礼记》古注疏，《四书》义。① 在全面推行儒学的背景下，他大力强化对帝王尊严的维护。《孟子》中有许多挑衅君主绝对权威的思想，朱元璋对此深恶痛绝，必欲除之而后快。洪武二十七年（1394），他做出编修《孟子节文》的决定，命刘三吾删除其中85章有关触犯王权之绝对权威的内容，诏令此85章之内，课士不以命题，科举不以取士！朱元璋还将此一尊君政策延伸到戏曲演出，诏令"礼部申禁教坊司及天下乐人，毋得以古先、圣帝……为优戏，违者罪之"②。"凡乐人搬做杂剧戏文，不许妆扮历代帝王……违者杖一百；官民之家，容令妆扮者与同罪。"③ 在永乐时期，朱元璋此一尊君政策被进一步强化。

然而，有明一代发展至嘉靖朝，本朝帝王尊严遭到严重挑衅。需要特别指出的是，这种违反明初禁令的行为竟发轫于当朝的最高统治者。

《明实录》是明代的国史，每一位皇帝刚刚即位，便会亲自下诏，让勋戚大臣、内阁首辅组织开展先帝实录的修撰工作，以"垂宪万世"，"维持天下于永久"。由于《明实录》是朝廷组织修撰的史著，所以其中大大小小事情的结论都是代表朝廷意志的，具有极其重要的舆论导向作用。按照朱元璋制定的帝位继承统序，在有明一代当中，先皇驾崩空出的帝位要由太子来继承，新登基的皇帝在修其父亲实录的时候，会顺理成章地大肆宣扬父亲的功德，极力讳饰父亲的不足。然而由于多种原因，明王朝子承父位的帝位继嗣统序几次中断。在这种情况之下，后任皇帝在修实录的时候，往往不再为先帝讳饰不足，而是极力暴露其丑行，攻击其政绩，尤其是在先帝本身行为存在过错的时候。正德皇帝生前所做的荒唐事在明代君主中是出了名的，因其没有子嗣，驾崩之

---

① 王世贞：《弇山堂别集》中华书局，1985年版，页1540。
② 《明太祖实录》，页1440。
③ 刘惟谦：《大明律》，卷二十六。

后，按照传统礼仪，由身为藩王之子的堂弟朱厚熜即位，在修《武宗实录》的时候，朱厚熜大肆揭露正德皇帝的丑行，让其堂兄朱厚照之君威扫地，如《武宗实录》正德十二年（1517）十一月癸酉条载：

> （武宗）私幸郊外，旬日弗反，遍历怀来、宣大等处，纵意所如，天下臣民罔不惊骇。陛下嗣位十有二年，天下仰治，如饥如渴，而乃聚傈轻之徒，日从事于驰骋之乐，蝶嫚之戏，浮屠之教，胡虏之技，而于官吏贤否、政事得失、生民休戚、国本安危，若罔闻。①

正德皇帝昏聩之丑行也因此而传诸后世。

朱长洛是个短命的皇帝，即帝位仅一个月，还没来得及给父亲修实录就死了，其子朱由校只做了七年的皇帝，完成了《神宗实录》十年的内容也死了，因其无子，死后由其同父异母的弟弟朱由检继承帝位，史称崇祯皇帝。在崇祯年间续修的《神宗实录》当中，对万历皇帝生前的丑行毫不隐讳，甚至将大臣辱骂万历皇帝的奏疏也载入其中，如《神宗实录》卷一百七十九载：

> 臣伏观陛下自九月十六以后，连日免朝，窃自叹异。前日忽传头晕力乏，暂免朝讲，连服药饵，身体虚弱，享庙遣官恭代，且令传示，非敢偷逸，恐弗成祀。臣愚捧读，不觉惊惶欲涕。夫祀莫重于祭，而疾莫甚于虚，《易》曰："王假有庙"。孔子曰："吾不与，祭如不祭"，此言祭之当亲也。医家曰："肝虚则头晕，此养之当慎也。"臣窃观陛下，春秋鼎盛，精神强固，头晕眼黑等证，皆非今日所宜有者，不宜有而有之。上伤圣母之心，下骇臣下之听，而又因以废宗庙之大典，臣不知陛下之心何安也？然臣所闻，尚有异于此者，先二十六日传旨免朝，即闻人言，藉藉谓陛下以试马伤额，恐为臣子所见，故引疾自讳。果如人言，则偶以一时驰骋之乐而昧周身之防，其为患也浅；果如圣谕，则以目前衽席之娱而忘保身之术，其为患也深。君乃为圣德之累，则均焉而已，此臣所以痛心疾首，而不愿陛下有一于此者也。建言诸臣一涉宫闱，则天威震怒，往往降黜以去群臣，何为不争相粉饰，以成陛下纯白之行，而甘触其所讳，以蹈不测之祸哉？然而此群臣之幸，非主上之福也。人主之举动，近则天下视之，远则后世传之，诚于中必形于外，要有难于终掩者，今日诸臣即使尽惮陛下威严，莫敢明目张胆以匡君过，万一有稗家野史掇拾道听，私托笔

---

① 《明武宗实录》卷一百五十五，页 2986。

札，垂之后世，陛下岂能尽禁之，而又何以自解乎？①

再如《神宗实录》卷二百一十八载：

> 臣入京阅岁余，仅朝见于皇上者三，此外，惟见经年动火，常日体软，即郊祀庙享遣官代之。圣政久废而不亲，圣学久辍而不讲。臣以是知皇上之恙，药饵难攻者也。惟臣四箴可以疗病，请敬陈之：皇上之病，在酒、色、财、气者也。夫纵酒则溃胃，好色则耗精，贪财则乱神，尚气则损肝。以皇上八珍在御，宜思德将无醉也，何醲味是耽，日饮不足，继之长夜，此其病在嗜酒者也；以皇上妃嫔在侧，宜思戒之在色也，何幸十俊，以开骗门，溺爱郑妃，惟言是从，储位应建而久不建，此其病在恋色者也；以皇上富有四海，宜思慎乃俭德也，夫何取银动支几十万，索潞？至几千匹，甚至拷宦官，得银则喜，无银则不喜，沂之疮痍未平，而鲸凭钱神复入此，其病在贪财者也；以皇上不怒而威，宜思有忿速惩也，夫何今日杖宫女，明日杖宦官，彼诚有罪，置以法律责之、逐之可也，竟使毙于杖下，甚则宿怨，藏怒于直臣，范俊、姜应麟、孙如法俾幽滞拘禁，抱屈而不伸，此其病在尚气者也。夫君犹表也，表端则影正。皇上诚嗜酒矣，何以禁臣下之宴会？皇上诚恋色矣，何以禁臣下之淫荡？皇上诚贪财矣，何以惩臣下之饕餮？皇上诚尚气矣，何以劝臣下之衷？②

首辅张居正死后，万历皇帝长期潜居深宫，不上朝理政，这种行为激起了群臣愤怒。这两条材料是礼部祠祭司主事卢洪春、大理寺左评事雒于仁写给万历皇帝的奏疏。从疏文的内容和措辞来看，卢、雒二人对万历皇帝既谴责，又威胁，毫无君臣之礼，更毋庸说是维护君主威严了。崇祯帝将这些内容载入实录之中，意在让万历帝之丑行暴露后世，有意打压万历帝君威之用心昭然若示。

对于君主之威严，作为国史的《明实录》尚且如此亵渎，野史笔记自然会更加肆无忌惮。如沈德符《万历野获编》记载嘉靖皇帝纵欲之事曰："诸佞幸进方最多，其秘者不可知，相传至今者，若邵、陶则用红铅：取童女初行月事炼之如辰砂以进；若顾、盛则用秋石：取男童小遗去头尾炼之如解盐以进……世宗中年始饵此及他热剂，以发阳气，名曰长生，不过供秘戏耳"③。记

---

① 《明神宗实录》卷一百七十九。
② 《明神宗实录》卷二百一十八。
③ 沈德符：《进药》，《万历野汇编》卷二十一，页547。

载隆庆皇帝纵欲之事曰:"穆宗以壮龄御宇,亦为内官所蛊,循用此等药物,致损圣体,阳物昼夜不仆,遂不能视朝"①。孙承泽《思陵典礼录》记载崇祯皇帝曾让宦官到南京、扬州等地,买妓女入宫,"甚宠之"②。等等。

当朝君主威严可以如此肆意挑衅,更毋庸前朝历代的君主威严了。在这样一个政治气氛宽松的时代,加上小说家们以史为鉴的创作理念,亵渎帝王的作品便会应运而生,据明人杜濬《变雅堂集》载,明时伎艺人已演武宗事为小说。③ 朱元璋、朱棣父子严禁一切亵渎帝王威严行为的禁令因此也遭到了破坏。

亵渎帝王的作品主要有两种情况,一种是以亵渎帝王作为主题,另一种是写有亵渎帝王的言论。如《隋炀帝艳史》全书分8卷40回,卷首署"齐东野人编演,不经先生批评"。④ 作品叙述了这样一个故事:文帝统一天下之后,立长子杨勇为太子。次子杨广为争夺太子之位,巧言令色,百般伪装,以博得独孤后的好感。与此同时,他还联合权臣杨素,让杨素与独孤后一起说服文帝,废除了长兄杨勇太子之位,立他为太子。文帝病危弥留之际,杨广则盼父早死,急欲登极。文帝新丧,杨广为了巩固自己的帝位,设计害死了长兄杨勇。与此同时,他为满足淫欲,竟收奸了庶母宣华,还广选天下美女,不分昼夜,恣肆淫乐,致使朝政久废。故事终以杨广被迫缢死做结。

《封神演义》(封神榜)全书共100回,署名许仲琳著。在这部作品中,纣王劣迹斑斑:

> 陛下身为天子,继天立极,亶聪明,作元后,元后作民父母。今陛下沉湎酒色,弗敬上天,谓宗庙不足祀,社稷不足守。动曰:"我有民,有命。"远君子,亲小人,败伦丧德,极古今未有之恶:罪之一也。

> 皇后为万国母仪,未闻有失德。陛下乃听信妲己之谗言,断恩绝爱,剜剔其目,炮烙其手,致皇后死于非命,废元配而妄立妖妃,纵淫败度,大坏彝伦:罪之二也。

> 太子为国之储贰,承祧宗社,乃万民所仰望者也。轻信谗言,命晁雷、晁田封赐尚方,立刻赐死;轻弃国本,不顾嗣胤,忘祖绝宗,

---

① 沈德符:《进药》,《万历野获编》卷二十一,页547。
② 孙承泽:《思陵典礼录》,丛书集成初编本,1936年版。
③ 孙楷第:《中国通俗小说书目》,页61。
④ 齐东野人编演:《隋炀帝艳史》,《明清善本小说丛刊初编》,天一出版社,1985年版。

得罪宗社：罪之三也。

　　黄耇大臣，乃国之枝干。陛下乃播弃荼毒之，炮烙杀戮之，囚奴幽辱之，如杜元铣、梅伯、商容、胶鬲、微子、箕子、比干是也。诸君子不过去君之非，引君于道，而遭此惨毒，废股肱而昵比罪人，君臣之道绝矣：罪之四也。

　　信者人之大本，又为天子号召四方者也，不得以一字增损。今陛下听妲己之阴谋，宵小之奸计，诳诈诸侯入朝，将东伯侯姜桓楚、南伯侯鄂崇禹，不分皂白，一碎醢其尸，一身首异处，失信于天下诸侯，四维不张：罪之五也。

　　法者非一己之私，刑者乃持平之用，未有过用之者也。今陛下悉听妲己惨恶之言，造炮烙，阻忠谏之口；设虿盆，吞宫人之肉。冤魂啼号于白昼，毒焰障蔽于青天。天地伤心，人神共愤；罪之六也。

　　天地之生财有数，岂得妄用奢靡，穷财之力，拥为己有，竭民之生？今陛下惟污池台榭是崇，酒池肉林是用，残宫人之命，造鹿台广施土木，积天下之财，穷民物之力；又纵崇侯虎剥削贫民，有钱者三丁免抽，无钱者独丁赴役，民生日促，偷薄成风，皆陛下贪剥有以倡之：罪之七也。

　　廉耻者乃风顽惩钝之防，况人君为万民之主者。今陛下信妲己狐媚之言，诳贾氏上摘星楼，君欺臣妻，致贞妇死节；西宫黄贵妃直谏，反遭摔下摘星楼，死于非命。三网已绝，廉耻全无：罪之八也。

　　举措乃人君之大礼，岂得妄自施张？今陛下以玩赏之娱，残虐生命。斫朝涉者之胫，验民生之老少；刳剔孕妇之胎，试反背之阴阳。民庶何辜，遭此荼毒：罪之九也。

　　人君之宴乐有常，未闻流连忘反。今陛下禽夜暗纳妖妇喜媚，共妲己在鹿台昼夜宣淫，酗酒肆乐。信妲己以童男割炙肾命，以作羹汤，绝万姓之嗣脉。残忍惨毒，极今古之冤：罪之十也。①

　　在这两部作品中，存有大量辱骂帝王的言论。《隋炀帝艳史》第七回，炀帝为满足淫欲之需，决定广选天下美女，杨素闻知曰："小儿子，吾提挈他作大家郎，如何这等胡行！"臣唤君"小儿子"，可谓大不敬。《封神演义》第九回，商容手指纣王骂曰："昏君！你心迷酒色，荒乱国政。独不思先王克勤克

---

① 许仲琳：《封神演义》，上海古籍出版社，2005年版，页681~683。

俭，聿修厥德，乃受天明命。今昏君不敬上天，弃厥先宗社，谓恶不足畏，谓敬不足为，异日身弑国亡，有辱先王。且皇后乃元配，天下国母，未闻有失德，昵比妲己，惨刑毒死，大纲已失。殿下无辜，信谗杀戮。今飘刮无踪，父子伦绝。阻忠杀谏，炮烙良臣，君道全亏。眼见祸乱将兴，灾异叠见。不久宗庙丘墟，社稷易主。可惜先王竭精挖髓遗为子孙万世之基，金汤锦绣之天下，被你这昏君断送了个干干净净的！你死于九泉之下，将何颜见你之先王哉！"①

不论是商纣王，还是隋炀帝，因二者本身行迹就存卑劣，故受到历代正统文人贬抑，这两部小说以如此方式叙写他们，似乎是情理之中的。

除了《隋炀帝艳史》与《封神演义》中有亵渎帝王的言辞外，《金瓶梅》中亦有，如第七十一回有这样一段话："这帝皇……朝欢暮乐，依稀似剑阁孟商王；爱色贪花，仿佛如金陵陈后主。""朝欢暮乐"、"爱色贪花"皆含贬损之意。

虽然这种亵渎帝王的小说不惟明人所始创，亦或本为小说自身的创作传统，但这样的作品在明前期是断断不可出现的，按照明初立下的"禁止亵渎帝王"之禁令，亵渎者是要被满门抄斩的！此类作品之所以能够在明代中后期出现，除了与滥觞于当朝最高统治者亵渎先帝的行为引导有直接关系外，还与此一时段朝廷纲纪废弛关系甚大。前文已有论述，此不赘述。

兴盛于明代中后期的这种亵渎帝王的创作风气实由多种机缘促成，如社会思潮变化、经济发展、小说自身发展规律等，但若仅就政权运作层面来讲，除了有最高统治者的行为导向外，手握重权当道官员的权力运作、政权运作体系本身的建构状态也是其中的重要因素，此为明代政权集团不同权力阶层共同运作、政权运作体系本身建构坏损共同促成的结果。这些亵渎帝王的小说严重损伤了国家的威严，于朱明王朝的治化是极为不利的。然而若就小说创作发展而言，这有利于小说创作题材的丰富、多元，是值得肯定的。

第四节　通俗演义繁荣的政治原因及其表现情态

在小说当中，通俗演义在明人的心目中具有特殊的地位，无碍居士是这样说的：

《六经》、《语》、《孟》，谭者纷如，归于令人为忠臣，为孝子，

---

① 许仲琳：《封神演义》，上海古籍出版社，2005年版，页63。

为贤牧，为良友，为义夫，为节妇，为树德之士，为积善之家，如是而已矣。经书著其理，史传述其事，其揆一也。理著而世不皆切磋之彦，事述而世不皆博雅之儒。于是乎村夫稚子，里妇估儿，以甲是乙非为喜怒，以前因后果为劝惩，以道听途说为学问，而通俗演义一种，遂足以佐经书史传之穷。①

经书史传雅致的语言特点，对接受者的文化素养提出了较高要求，俊彦博儒之外的平民百姓，由于文化素养的限制无法通晓其中义理，圣人教化之道因此也就无法深入到平民阶层，而通俗演义浅显的语言形式"尤便于下里之耳目"，② "篡逆乱臣贼子，忠贞贤明节孝，悉采载之传中。今人得而观之，岂无爽心而有浩然之气者，诚美矣"③。通俗演义作为经史的重要补充，不容偏废。明人张尚德在《三国志通俗演义引》中也明确了这一观点：

客问于余曰："刘先主、曹操、孙权各据汉地为三国，史已志其颠末，传世久矣。复有所谓《三国之通俗演义》者，不几近于赘乎？"余曰："否，史氏所志，事详而文古，义微而旨深，非通儒夙学，展卷间，鲜不便思困睡。故好事者，以俗近语，櫽括成编。欲天下之人，入耳而通其事，因事而悟其义，因义而兴乎感，不得研精覃思，知正统必当扶，窃位必当诛，忠孝节义必当师，奸贪愚佞必当去；是是非非，了然于心目之下，裨益风教，广且大焉，何病其赘耶？"

可观道人亦云：

凡国家之废兴存亡，行事之是非成毁，人品之好丑贞淫，一一胪列，如指诸掌。是故鉴于褒姒、骊姬，而知嬖不可以篡嫡；鉴于子颓、阳生，而知庶不可以奸长；鉴于无极、宰嚭，而知佞不可以参贤；鉴于囊瓦、郭开，而知贪夫之不可与共国；鉴于楚平、屠岸贾、魏颗、豫让，而知德怨之必反；鉴于秦野人、楚唐狡、晋里凫须，而知襟量之不可以隘；鉴于二姜、崔、庆，而知淫风之足以亡身而覆国……孔父、仇牧、荀息、王蠋、肥义、屈原之忠义……共姜、叔姬、杞梁妻、昭王夫人之志节，往迹种种，开卷瞭然，披而览之，能令村

---

① 无碍居士：《警世通言叙》，转引自丁锡根《中国历代小说序跋集》，页777~778。
② 兼善堂：《警世通言识语》，转引自丁锡根《中国历代小说序跋集》，页777。
③ 王黉：《开辟衍绎通俗志传序》，转引自丁锡根《中国历代小说序跋集》，页858。

夫俗子与缙绅学问相参。若引为法诫，其利益亦与六经诸史相垺，宁惟区区稗官野史资人口吻而已哉？①

事实上，通俗演义也的确起到了这样的作用，明人吴翼登说：

余读三国而知统之必以正者为尊也。抚昭烈帝之潜跃，按卧龙之始终，惟以仁以义，无诈无虞。迨汉祚既移，始建元称号，羽扇纶巾，堂堂正正，鞠躬尽瘁，大义凛然。君可以媲美汉高，臣可以下薄萧曹；若关若张若赵常山等，又岂出淮阴下哉？虽数限一隅，志不偏安，一时君臣喜起，大义赖以不坠。曹鬼孙犬，何敢望其后尘。信乎统之必以正也。虽谓三国，止一国；三国之志，止一国之志可。②

《隋唐两朝志传》、《东西两晋演义》等，就是在这一创作宗旨下编纂完成的，诚如作者所言："遍阅隋唐诸书所载英君名将、忠臣义士，凡有关于风化者，悉为编入，名曰：《隋唐志传通俗演义》。"③《东西两晋演义》实"严华裔之防，尊君臣之分，标统系之正闰，声猾夏之罪衍"④。

或许正是基于明人如上的认识和创作理念，才使得通俗演义得到了官方的大力支持。

明代的司礼监具有很高的权势，不仅拥有督理皇城内一切仪礼刑名、代拟圣旨或对阁臣票拟文件进行"批红"的权力，还掌握着侦查、缉捕与审办的大权。嘉靖元年（1522），司礼监率先刊刻了《三国志通俗演义》，开启了通俗演义迅速发展的大门。

明代的都察院是纠劾百官、辨明冤枉、督察各道的最高监察机构，拥权极重，其公开刊刻《三国演义》与《水浒传》的行为，对明代后期通俗演义的发展起了主要的引导作用。

武定侯郭勋为明初开国勋臣武定侯郭英的六世孙，历任提督三千营、两广总督、京师左军都督掌团营，主管四郊兴建之事，被授予太保兼太子太傅之衔，并经常代表嘉靖帝行祭祀天地、祖宗之事，权势显赫。他不仅刊刻过《三国演义》与《水浒传》，还曾模仿这两部作品撰写了《国朝英烈传》，⑤ 对明代后期通俗演义的发展起了推波助澜的作用。

---

① 可观道人：《新列国志传叙》，转引自丁锡根《中国历代小说序跋集》，页865~866。
② 吴翼登：《叙三国志传》，转引自丁锡根《中国历代小说序跋集》，页892。
③ 《隋唐两朝志传序》，《镌杨升庵批评隋唐两朝志传》卷首。
④ 雉衡山人：《东西两晋演义序》，转引自丁锡根《中国历代小说序跋集》，页940。
⑤ 郑晓：《今言》卷一。

在官方的引领和倡导之下,立刻爆发了通俗演义创作的浪潮,此一时段,产生的通俗演义主要有:

《大宋演义中兴通俗演义》,熊大木撰,共卷80则。今所见明人演宋中兴事者,以此书为最早。

《唐书志传通俗演义》,熊大木撰,此书所演以唐开国事为主。

《全汉志传》,熊大木撰,共12卷,东汉6卷,西汉6卷。今存明万历16年刊本。

《南北宋志传》,熊大木撰,南北宋分叙,合为12卷,南宋演太祖事,北宋演宋初及真、仁二朝事。今存明建阳余氏三台馆刊本。

《列国志传》,余邵鱼撰,今无法看到原刊本,只能看到8卷本及12卷本2本,并万历刊本。8卷本名为《新刊京本春秋五霸七雄全像列国志传》,12卷本名为《新镌陈眉公先生批评春秋列国志传》。

《三宝太监西洋记通俗演义》,罗懋登撰,共20卷100回。今存明万历精刊本。

《东汉十二帝通俗演义》,谢诏撰,共10卷146则,今存周氏大业堂刊本。

《新列国志传》冯梦龙编,共108回,不分卷,是作者根据古书对余邵鱼《列国志传》疏漏处修订而成的。

《东西晋演义》,撰者未详,此书东西晋分叙,不标回数。今存明万历四十年周氏大业堂刊本。

《杨家通俗演义》,撰者未详,共8卷58则。今存明万历丙午精刊本。

这些作品成书之后,时人争相传抄、刊刻,于是产生了很多版本,如《大宋演义中兴通俗演义》有嘉靖壬子杨氏清白堂刊本、万历间周氏万卷楼刊本、明内府抄本等,《唐书志传通俗演义》有杨氏清江堂、唐氏世德堂、余氏三台馆、武林藏珠馆四本,《列国志传》有内府刊刻和万历间刊本。①

与这类官方认可的史传演义小说相比,艳情小说因受朝廷推行的主流意识形态的抑制,其流播似乎没有这么通畅。面对突如其来获罪名教的艳情小说,明人在激动之余,又始终无法彻底摆脱背叛名教所带来的惶恐心理与罪恶感。如马仲良劝沈德符刊刻《金瓶梅》,沈氏的回应是:"此等书必遂有人板行,但一刻则家传户到,坏人心术,他日阎罗究诘始祸,何辞置对?吾岂以刀锥博

---

① 孙楷第:《中国通俗小说书目》。

泥犁哉！"① 百年之后惧怕阎罗质问，清楚地说明了获罪名教在沈氏内心产生的罪恶感。明人薛冈看到《金瓶梅》深感不安，对送书给他的友人说："此（金瓶梅）虽有为之作，天地间岂容有此一种秽书？当急投秦火。"②

明代后期已经是一个出版业极为发达的时代，孙庆增《藏书纪要》云："明季刻本至繁。自南北监板以至藩邸刻本，御刻本，钦定本，各学刻本，各省抚按等官刻本；又有闽板，浙板，金陵板，太平板，蜀板，杭州刻本，河南刻本，延陵板，袁板，樊板，锡安氏板，坊板，凌板，葛板，陈明卿板，内监厂板，陈眉公板，胡文焕板，内府刻本，闽氏套板，所刻不能悉数。"③ 与此同时，制墨业也一扫元代颓势，"制墨名家倍出，流派众多，墨质精良，墨式新奇，有人将此比喻为诗之盛唐，词之宋时"。④ 此时，印刷技术较之前代也有了明显提高，很多私人刻坊都具备出版鸿篇巨制的能力，胡应麟《经籍会通》云："吴会金陵，擅名文献，刻本至多，巨册类书，咸会萃焉。"据《汲古阁校刻书目》记载，仅常熟人毛晋的汲古阁刻书总数就达587种，其中只用来刊刻四书五经、十三经和十七史的雕版就达36264叶。⑤ 当时许多图文并茂的作品，如《三国演义》、《水浒传》、《西厢记》、《牡丹亭》等，均有多种刻本问世，万历三十一年之后的二十年间，《三国演义》共被刊刻了9次，几乎每两年就有一个版本问世。⑥ 吴兴闵氏刊刻的闽寓本《西厢记》仅彩色套印图就达21幅。⑦ 金陵周氏万卷楼刻本《万宝全书》的30多个门类中，每一门都有大小不等的插图。

在一个出版业如此发达的时代，有些刻坊主受正统观念的约束，根本不愿意刊刻宣欲之作，诚如明书坊主兼善堂所言，"奈射利者而取淫词，大伤雅道。本坊耻之。兹刻出自平平阁主人手授，非警示劝俗之语，不敢滥入。"⑧ 事实上，也正是世人对情欲作品产生的这种抵制心理，导致了《金瓶梅》刊

---

① 沈德符：《金瓶梅》，《万历野获编》卷二十五，页652。
② 《天爵堂笔余》卷二，转引自朱一玄《金瓶梅资料汇编》，南开大学出版社，1985年版，页168。
③ 孙庆增：《藏书纪要》，转引自宋原放《中国出版史料》古代部分第一卷，湖北教育出版社、山东教育出版社，2004年版，页119。
④ 周心慧：《明代版刻述略》，宋原放《中国出版史料》第一卷，页519。
⑤ 缪咏禾：《毛晋汲古阁的出版事业》，宋原放《中国出版史料》古代部分第一卷。
⑥ 许振东：《17世纪白话小说的创作与传播》，中国社会科学出版社，2005年版，页20。
⑦ 《西厢记图》，天津美术出版社，1991年版。
⑧ 《警世通言识语》，转引自丁锡根《中国历代小说序跋集》，页777。

本不能及时问世，而是以抄本形式流传了至少24到25年之久①。明人谢肇淛说："《金瓶梅》一书，不著作者名代。相传永陵中有金吾戚里，凭怙奢汰，淫纵无度，而其门客病之，采摭日逐行事，汇以成编，而托之西门庆也。……其不及《水浒传》者，以其猥琐淫媟，无关名理。……此书向无镂板，钞写流传"。② 就目前所知，《金瓶梅》在明代只出现过两种刻本：一种是刊刻于万历四十五年的《金瓶梅词话》，另一种是刊刻于崇祯时期的《金瓶梅》。较之通俗演义等小说刊刻的次数，其差距可谓是天壤之别。不仅《金瓶梅》如此，其它宣欲色彩浓厚的作品又何尝不是如此呢？《痴婆子传》、《绣榻野史》、《如意君传》、《浪史奇观》、《昭阳趣史》、《弁而钗》、《宜春香质》等作品，在明代虽然有刊本问世，③ 但其刊刻的次数同样是少之又少的，目前仅存这些作品的明刊本连确切的刊刻时间都没留给后人。可见，明代后期尽管政策宽松了很多，虽然为背离朝廷主流意识形态的情欲小说开启了传播之门，但事实上其获得的传播空间又是十分有限的。

然而，让明代朝廷万万没有想到的是，通俗演义的公开刊行，最终还危机到了国家的安全。崇祯（1628～1644）末期，兵乱四起，战火连天，《水浒传》成为了农民起义的军事教科书。事实上，袁中道早在万历二十四年（1596）就曾下过"《水浒》崇之则海盗"④ 的论断，未曾想还真的成为了一句谶语。朱由检不得不在崇祯十五年（1642）颁下圣旨："凡坊间、家藏《水浒》并原版，尽令速行烧毁，不许隐匿。"⑤ 可惜朱明王朝对通俗演义小说产生的破坏作用警觉得太晚了，两年之后，这个延续近三百年的东方大帝国便轰然崩塌！

总而言之，较之政府公文、科试经义文、戏曲和诗文，在明代前期，或许在当时的社会影响较弱之缘故，小说在本文所论述的五种文体当中，是唯一极少受到朝廷直接干预的文体。在这一时段，政权运作对小说走向的影响力，主

---

① 齐裕焜先生认为，《金瓶梅》抄本最早的流传时间当在万历二十年（1592）或二十一年（1593）。（齐裕焜《明代小说史》，页271）

② 谢肇淛：《金瓶梅跋》，转引自朱一玄《金瓶梅资料汇编》，页190。

③ 《如意君传》在嘉靖四十一年（1562）前已经出版；《痴婆子传》在万历四十年（1612）前已经出版；《浪史奇观》在泰昌元年（1620）前已经出版；《昭阳趣史》在崇祯五年（1632）刊行；《宜春香质》、《弁而钗》崇祯十二年（1639）左右在杭州刊行。（齐裕焜《明代建阳坊刻通俗小说评析》，载于《福建师范大学学报》，2006年第1期）

④ 袁中道：《游居柿录》，青岛出版社，2005年版，页194。

⑤ 王利器：《元明清三代禁毁小说戏曲史料》，上海古籍出版社，1981年版，页17。

要来源于朝廷对其他文体制定的相关政策,可以说,这种影响是极为间接的。到了明代后期,政权运作对小说这一具有娱乐性质文体的影响,主要是通过影响社会思潮、社会风气间接地对这一文体发生作用。但不论是前期还是后期,政权运作对小说的影响力主要集中在内容的创作倾向上。

结束语

在中国古代的文学发展过程中，文学与政治的关系极为密切。政教之用，是儒家文学思想的核心内容。所谓"政教之用"，包含着两个层面：一是有益于政权，一是有利于道德教化。自有利于政权言，当政者要求文学要有利于政权的巩固，不应该对政局、政权起破坏作用；自道德教化言，则主要是以儒家的道德理想、道德准则教民化俗。以往在研究这个问题的时候，学界只知道儒家的文学观念是讲教化、讲经世之用的，重视教化层面，却忽视了政权的力量对文学的影响。

从明代前、后期文学的发展中，我们可以清晰地看到政权的力量在文学发展过程中的作用。明代文学前、后期变化极大，这当然有诸多的原因，但是，政权的运作状况与文学的发展趋向却有着颇为密切的关系。

政权的运作对文学走向的影响，最直接的当然是有关政策的制定与执行，与之有关的是皇帝与当道官员自身言行、趣味、文章写作倾向的导向。前述各章已论及明初朱元璋有关文学艺术的诸项政策，他要求入继大统的子孙们恪守他制定的这些规定和采取的相应措施，以确保朱氏江山长安久治。洪武二十八年（1395）九月，他在《颁祖训条章谕礼部敕》中明确规定：

> 自古国家建立法制，皆在始受命之君，以后子孙，不过遵守成法，以安天下。盖创业之君，起自侧微，备历世故艰难，周知人情善恶。恐后世守成之君，生长深宫，未谙世故。山林初出之士，自矜己长。至有奸贼之臣徇权利、作聪明，上不能察而信任之，变更祖法，以败乱国家，贻害天下。故日夜精思，立法垂后，永为不刊之典。如汉高祖刑白马盟曰：非刘氏者不王。以后诸吕用事，尽改其法，遂至国家大乱，刘氏几亡，此可为深戒者。朕少遭乱离，赖皇天眷命，剪除群雄，混一天下。即位以来，劳神焦思，定立法制，革胡元弊政。至于开导后世，复为《祖训》一编，立为家法，俾子孙世世守之。

尔礼部其以朕训颁行天下诸司,使知朕立法垂后之意,永为遵守。后世敢有言改更祖法者,即以奸臣论无赦。①

依据祖制要求,朱元璋对不同文体做出的诸多规定、以及采取的相应措施,理所当然的要成为朱氏子孙们必须恪守的准则。

洪武、永乐、宣德时期,阁臣和各级官员与朱元璋、朱棣、朱瞻基的思想保持一致,他们的行为规范与政权运作的需要也是一致的。皇帝推行程、朱理学,朝廷要员崇儒重道;社会需要稳定,皇帝励精图治,朝廷要员自律勤政。这种上下一致风气的形成,当缘于多方面的原因:首先,中国社会经历了元末明初的战乱,百姓受尽了颠沛流离之苦,朱明王朝建立之后,天下思安心切,明初朝廷制定的一系列政策,正是应时代需要而产生的,大势所趋,人心所向,所以它是能够赢得广泛支持的;其次,明代初期朝廷吏法苛严,士人为官处世稍有不慎,便会遭来杀身之祸,本能的自保心理迫使士人们必须严格执行朝廷的政策、政令和法规,不能出现任何失误或闪失;再次,永乐至宣德时期,几位入继大统的皇帝通过提拔、褒奖等手段拉拢文臣,这些承蒙皇恩的文臣出于感激的心理,自然也会心甘情愿地为朝廷效力。

这种上下一致,政权高效运作的政治环境,左右着文坛风气。明代前期,无论是文学理论主张,还是文学创作思想内容,皆以程、朱理学为核心,要求表现性情之正,作品不是歌功颂德、粉饰太平,就是宣扬儒家思想以发挥其政治教化的功能,感情的表达则温厚和平,既没有大悲哀,亦没有大喜乐,陈陈相因,重重复复,既没有新思想的创造,亦缺乏感情的力量。可以说,明代前期的文学更多的是共性而缺乏个性。

有明一代发展至正统朝,特别是在发生了"土木之变"之后,朝廷的根基开始动摇,政权的凝聚力出现松散,政权控制社会的能力变得衰弱。到了正德朝之后,这些表征变得更为明显。也正是从此一时段开始,在剩下的一百多年时间当中,皇帝纵欲行乐,不理朝政;朝臣唯利是图,相互倾轧;君臣之间相互猜疑,有时各自为了私利,甚至以不惜牺牲国家利益为代价,因之,明初朝廷制定的维系政权正常运行的一系列政策、措施再也无法推行下去,整个政权运作机制几乎陷入了瘫痪状态。加之思潮的变化,明初程朱理学一统的局面已经为思想的多元化所取代。儒学内部发生很大的变化,阳明心学取代程朱理学的地位,影响几乎遍及士林。道家、道教与佛教的影响,进入社会的各个领

---

① 《明太祖实录》卷二四一,页 3503~3504。

域。思想的多元与政权运作的能力耗散,明初朝廷制定的文艺政策、理想的文艺导向,已经很难贯彻下去了,昔日政权对文学的束缚被解除了,文学自身所具有的本质特点,如注重个人感情的抒发、追求华美的辞采、注重审美特质的展现等,因此而被一一解放了出来,并得到了充分地发展,与此同时,伴随着社会思潮与审美趣味的多元化,文学的走向亦呈现出多元发展的风貌。

从政权运作与文学发展趋向的关系中,我们可以看到一种值得注意的现象,就是当政局处于稳定、政治权力处于上升期,朝廷所倡导的主流文学观念就得以推行。当政局不安定,政权运作能力削弱,朝廷所倡导的主流文学观念就难以推行。政权的衰落,也影响着社会思想潮流的一统化。思想潮流的多元,又影响文学的发展,使文学的发展渐渐地与政治权力疏离。

自政权的巩固言,对文学约束的减弱,对政权是不利的。自文学自身的发展言,则有利于其艺术特质的允分发挥,有利于文学发展的多元、丰富。

从明代政权运作与文学的发展趋向看,政权的影响力和影响方式对于不同的文体是不同的。影响最为直接的是政府公文和科试经义文。政府公文是从事朝政事务使用的公用文书,是朝廷传达政令与处理政务的载体,具有极强的实效性和时效性,朱元璋除了要求此类文体在内容上做到平实外,还对此类文体之形式做出了多重规定,如语言要直白浅显、形式要简洁省净、禁止使用华美的语言形式、文章语气要做到平和有威。科试经义文是朝廷用来选拔人才的媒介,对经义文的要求,影响着人材的培养过程,对于士人的思想起着熏陶、约束的作用,关系着皇明王朝的前途命运,朱元璋对其做出了理宗儒学、文辞简洁的规定,洪武之后经永乐帝的进一步完善,此一要求得到了进一步加强。政府公文和科试经义文中,属于文学作品的是极少数,但是对于它们的要求却直接影响着文风(尤其是诗文)的趋向。士人习惯于政府公文和科试经义文的写作规范,于潜移默化中形成一种习惯,容易把此种习惯带到其它文体的写作中来。

明代朝廷的政权运作对诗文创作的影响是除政府公文与科试经义文之外最为广泛的。此种影响除政策的约束之外,主要是皇帝与当道官员的引导,洪武朝的君臣倡和与永乐朝的台阁重臣所倡导的台阁文风,都是例子。而明代后期诗文文风的变化,与朝廷政权运作能力的下降、思想管制的松动也有甚大之关系。

明代朝廷政权运作对戏曲与小说的影响,没有对公文、经义文和诗文文风那么直接。除明代初期对戏曲的诸多限制之外,朱元璋对待戏曲与小说的态度，并未像对待公文与经义文那样苛刻，只是为这两种文体划定了一条底线，即最好能够起到辅助王朝治化的作用，但绝对不能对皇明王朝的统治产生消极影响。这可能与这两种文体的特点有关。它们除了教化功能之外，还具有审美和娱乐的作用，与朝廷政权运作过程不如政府公文、科试经义文那样有更为直接的关系。而且，这两种文体的发展受着社会思潮、社会风气、社会审美趣味的影响更大。只要不干预朝政，它们在艺术上的发展有更大的空间。

总之，不同的文体与朝廷政权运作的关系，是有差别的。

附　录

明代朝廷文艺法令史料表年

凡　例

一、分年、月载录；月份不明者，录于该年之末；年份不明者，录于该朝之末。

二、起讫时间为公元 1368～1644 年。

三、所录政令或为皇帝亲令、或为礼部颁布，未获朝廷批准的臣工奏请不予载录。

四、所载文艺门类包括政府公文、科试经义文、诗文、戏曲和小说。

五、各条史料皆注明出处。

洪武元年（1368）

今后笺文，只令文章平实，勿以虚辞为美也。（余汝楫《礼部志稿》卷六四《笺文勿用虚词》）

洪武二年（1369）

三月：朱元璋对侍臣詹同说："古人为文章，以明道德，通事务。典谟之言，皆明白易知。至如诸葛孔明《出师表》亦何尝雕刻为文？而诚意溢出，至今诵之，使人忠义感激。近世文士，立辞虽艰深，而意实浅近，即使相如、扬雄，何裨实用！自今翰林为文，但取通道理、明事务者，无事浮藻。"（中华书局编辑部编《历代纪事本末》，页 2173）

洪武三年（1370）

乡试、会试文字程式。第一场试《五经》义，各试本经一道，不拘旧格，惟务经旨通畅，限五百字以上。《易》程朱氏注、古注疏，《书》蔡氏传、古注疏；《诗》朱氏传、古注疏；《春秋》左氏、公羊、谷梁、胡氏、张洽传；

《礼记》古注疏。《四书》义一道，限三百字以上。第二场试礼乐论，限三百字以上，诏诰表笺。第三场试经史时务策一道，惟务直述，不尚文藻，限一千字以上。第三场毕后十日面试，骑观其驰骤便捷，射观其中数多寡，书观其笔画端楷，律观其讲解详审。殿试时务策一道，惟务直述，限一千字以上。（王世贞《弇山堂别集》卷八一，页1540。）

洪武四年（1371）

六月：朱元璋在观看乐人演出时，对身边侍臣说："礼以道敬，乐以宣和，不敬不和何以为治！元时古乐俱废，惟淫词艳曲更唱迭和，又使胡虏之声与正音相杂，甚者，以古先帝王祀典神祇饰为舞队，谐戏殿廷，殊非所以道中和，崇治体也。今所制乐章颇协音律，有和平广大之意，自今一切流俗喧譊淫亵之乐悉屏去之。"（《明太祖实录》卷六六，页1245~1246）

七月：朕观前代人君，多喜佞谀以饰虚名，甚至臣下诈为瑞应，以恣矫诬。至于天灾垂戒，厌闻于耳。如宋真宗亦号贤君，初相李沆，日闻灾异，其心犹存警惕。厥后，澶渊既盟，大臣首启天书以侈其心，群下曲意迎合，苟图媚悦，致使言祥瑞者相继于途，献芝草者三万余本。朕思凡事惟在于诚，况为天下国家而可以伪乎？尔中书，自今凡祥瑞不必奏，如灾异及蝗旱之事，即时报闻。（《明太祖实录》卷六七，页1255）

七月：丁卯，中书奏科举定制。凡府州县学生员、民间俊秀子弟，及学官吏胥，习举业者，皆许应试。上曰："科举初设，凡文字词理平顺者皆预选列，以示激劝。惟吏胥心术已坏，不许应试。"（《明太祖实录》卷六七，页1258）

洪武五年（1372）

八月：命罢天下进贺圣节冬至表笺。（明太祖实录》卷七五，页1390）

洪武六年（1373）

九月：上命翰林儒臣择唐、宋名儒表笺可为法者。翰林诸臣以柳宗元《代柳公绰谢表》及韩愈《贺雨表》进。上命中书省臣录二表颁为天下式。因谕郡臣曰："唐虞三代典谟训诰之辞，质实不华，诚可为千万世法。汉、魏之间，犹为近古。晋、宋以降，文体日衰，骈俪绮靡，而古法荡然矣！唐、宋之时，名儒辈出，虽欲变之而卒未能尽变。近代制、诰、章、表之类，仍蹈旧习。朕常厌其雕琢，殊异古体，且使事实为浮文所蔽。其自今，凡告谕臣下之辞，务从简古，以革弊习。尔中书，宜播告中外臣民，凡表、笺、奏、疏，毋用四六对偶，悉从典雅。"（《明太祖实录》卷八五，页1512~1513）

朝廷，礼法之所自出，天下之所瞻视。凡文武官于朝班奏对之际，言辞当详雅切实，勿为浮溢之语。若莅事临下，须有惠有威，使人畏服，切戒忿怒及恶言加人。先圣云："非礼勿言"。《礼》云："君子恶言不出于口。"卿等为礼官，当致谨于此，庶无忝于尔职也。（《明太祖实录》卷八五，页1509）

洪武十四年（1381）

七月：礼部颁布政令：表笺文词不得用骈丽，务在典雅。（《明太祖实录》卷一三八，页2171）

洪武十六年（1383）

十一月：令内外奏扎，宜减省繁文。（《明太祖实录》卷一五八，页2447）

洪武十七年（1384）

三月：乡试八月初九日，第一场试《四书》义三道，每道各二百字以上，经义四道，每道各三百字以上，未能者许各减一道。《四书》义主朱子集注；经义：《诗》主朱子集传；《易》主程、朱传义；《书》主蔡氏传及古注疏；《春秋》主左氏、公羊、谷梁、胡氏、张洽传；《礼记》主古注疏。（《明太祖实录》卷一六〇，页2467）

洪武二十二年（1389）

三月：二十五日榜文规定：在京军官、军人，但有学唱的，割了舌头。娼优演剧，除神仙、义夫节妇、孝子顺孙、劝人为善及欢乐太平不禁外，如有亵渎帝王圣贤，法司拿究。（董含《三冈识略》一，转引自王利器《元明清三代禁毁小说戏曲史料》，页12）

洪武二十四年（1391）

朱元璋下令：凡作《四书》经义破承之下，便入大讲，不许重写官题。（俞汝楫《礼部志稿》卷二三《凡文字格式》）

洪武二十五年（1392）

刑部尚书开济上奏："钦惟圣明治在复古，凡事务从简。今内外诸司议刑奏扎动辄千万言，泛滥无纪，失其本情，苟非禁革，习以成弊。"朱元璋说："虚词失实，浮文乱真，朕甚厌之！"随即命刑部会诸司官吏讨论成式，并榜示中外。（雷礼《皇明大政纪》卷三）

洪武二十九年（1396）

七月：颁表笺文式于天下。先是天下诸司所进表笺多务奇巧，词体骈俪，上甚厌之。乃命翰林院学士刘三吾、右春坊右赞善王俊华撰庆贺谢恩表笺成

式，颁于天下诸司。令凡遇庆贺谢恩，则如式录进。(《明太祖实录》卷二四六，页3576~3577)

洪武三十年（1397）

五月：凡乐人搬做杂剧戏文，不许妆扮历代帝王后妃、忠臣烈士、先圣先贤神像，违者杖一百；官民之家，容令妆扮者与同罪。其神仙道扮，及义夫节妇，孝子顺孙，劝人为善，不在禁限。(御制大明律》卷二六)

陈言事理并要直言简易，每事各开前件，不许虚饰繁文。(刘惟谦等《大明律》卷一二《上书陈言》)

诏礼部申禁教坊司及天下乐人，毋得以古先、圣帝、明王、忠臣、义士为优戏，违者罪之。先是胡元之俗往往以先圣贤衣冠为伶人笑侮之，饰以侑燕乐，甚为渎慢，故命禁之。(《明太祖实录》卷七九，页1440)

若官民有言者，许陈实事，不许繁文，若过式者问之。(钱伯城主编《全明文·建言格式序》，页194)

六经之文简奥，《史》、《汉》之文太繁，至于唐、宋愈加繁矣，所以后人不如古人也。予于文不喜其繁，唯爱简直。孔子曰："辞达而已矣。"卿当辞命，宜以简古为尚，不以艳丽为工也。(王弘《山志》卷五《文贵简直》，页267)

如问钱粮即言钱粮，如问水利即言水利，孰得孰失，务在典实，不许敷衍繁文。遇当写题处，亦止曰云云，不必重述。(申时行等《明会典》卷七七，页448)

永乐九年（1411）

七月：初一，刑科都给事中曹润等奏："乞敕下法司，今后人民倡优装扮杂剧，除依律神仙道扮、义夫节妇、孝子顺孙、劝人为善、及欢乐太平者不禁外，但有亵渎帝王圣贤之词曲、驾头、杂剧，非律所该载者，敢有收藏传诵、印卖，一时拿送法司究治。"朱棣下旨："这等词曲，出榜后，限他五日，都要干净将赴官烧毁了，敢有收藏的，全家杀了。"(顾起元《客座赘语》卷十《国初榜文》，页347~348)

洪熙元年（1425）

五月：殿下天资明睿，非君臣所及，学问所得必见于行事，为文章不事雕饰，达意而止。(《明仁宗实录》，页312)

五月：俞廷辅奏准：科目取士，务求文辞典雅、议论切实者进之。(王世贞《弇山堂别集》卷八四《科试》)

宣德七年（1432）

四月：朱瞻基对礼部尚书胡濙说："考官取士，但据文章不悖经意即可充选。"（《明宣宗实录》卷八九，页2037）

宣德帝在《御制诗集序》中说："舜命夔典乐以教，曰'诗言志。'孔子曰：'诗三百，一言以蔽之，曰思无邪。'盖人心之感物而形于言，心之所感，不能以皆正而言，必归于正，此诗之所以为教也。三百篇经圣人之手，其言皆为万世法。降而屈宋之流，犹有发乎情，止乎礼义之意。自是而后，盖唐杜甫氏不失其正，卓然名家而行远也。朕喜吟咏，耳目所遇，兴趣所适，往往有作。虽才思弗逮，而志乎正者，未尝不自勉。盖人之志必在乎正，而志必因言而可见。"（朱瞻基《大明宣宗皇帝御制集》卷三）

正统元年（1436）

五月：士贵实学，比来习俗颓敝，不务实得于己，惟记诵旧文以图侥幸，今宜革此弊。凡生员四书、本经必要讲读精熟，融会贯通。至于各经、子、史诸书皆须讲明，时常考试勉励。庶几将来得用，不负教养。学者所作四书经义、论策等文，务要典实，说理详明，不许虚浮诡诞，至于习字须端楷。（《明英宗实录》卷一七，P345）

正统七年（1442）

二月：国子监祭酒李时勉上奏明英宗："近有俗儒，假托怪异之事，饰以无根之言。如《剪灯新话》之类，不惟市井轻浮之徒争相诵习，至于经生儒士，多舍正学不讲，日夜记忆，以资谈论。若不严禁，恐邪说异端，日新月盛，惑乱人心。乞敕礼部，行文内外衙门，及提调学校佥事御史，并按察司官，巡历去处。凡遇此等书籍，即令焚毁，有印卖及藏习者，问罪如律。庶俾人知正道，不为邪妄所惑。"诏下礼部议。尚书胡濙等以具言多切理，可行（《明英宗实录》卷九〇，页1813）

正统十二年（1447）

九月：礼部右侍郎兼翰林院侍讲学士马愉卒。愉，字性和，山东林临朐县人。宣德丁未进士第一，擢翰林修撰。上嗣位初，愉侍经筵。寻，升侍读。宣宗实录成，升侍读学士。正统五年，奉诏入阁预典机务。十年，升礼部右侍郎兼侍讲。学士晨起趋朝，得疾，仆，不能语。上命医往视，越四日卒，年五十三。上深嗟悼，赐棺椁赙钞万缗，命有司归丧营葬。赠礼部尚书兼翰林学士旧例，无赠两官者，赠两官自愉始。愉端重简默，不设城府，两考会试尽心择才，为文章不务雕斫，论事不苟为异同。（《明英宗实录》卷一五八，页3072

~3073）

正统间，北京满城忽唱《妻上夫坟》曲。有旨，命五城兵马司禁捕。（徐充《暧姝由笔》，转引自王利器《元明清三代禁毁小说戏曲史料》，页15）

景泰二年（1451）

今年会试，礼部奏准取士不分南北。臣等窃惟江北之人文词质实，江南之人文词浮赡，故试官取南人恒多，北人恒少。……今礼部妄奏变更，意欲专以文词，多取南人。（王世贞《弇山堂别集》卷八一《科试》）

天顺三年（1459）

浙江温州府永嘉县教谕雍懋上疏：“朝廷每三年开科取士，考官出题多摘裂牵缀，举人作文亦少纯实典雅。比者，浙江乡试《春秋》，摘一十六股配作一题，头绪太多。及所镂程文，乃太简略而不华实。且《春秋》为经，属词比事，变例无穷，考官出题往往弃经任传，甚至参以己意，名虽搭题，实则射覆，遂使素抱实学者，一时认题与考官相左，即被黜去。乞敕：自后考官出题，举子作文，一惟明文是遵，有弗悛者，罪之。”英宗"命礼部议行。"（俞汝楫《礼部志稿》卷七一《出题禁割裂》）

天顺六年（1462）

正月：敕谕天下提督学校、监察御史等官。陈政等曰："习举业亦穷理之事，果能精道四书本经，便会行文。有等生徒，无实之工夫，惟记诵旧文，意图侥幸出身。今亦痛革此弊。其所作四书经义、策论等文，务要典实平顺，说理详明，不许浮夸怪诞，至于习字亦须端楷，庶不乖教养之意……"（《明英宗实录》卷三三六，页6866）

成化十三年（1477）

少詹事黎淳上疏："士子有文理差错、行文有疵、表失平仄、字画差错者，皆宜究治。"礼部复议："平仄不顺、字画差错与文理差谬者不同，宜仍令会试。"（余继登《典故纪闻》，页271）

出题校文，须依经按传，文理纯正。（俞汝楫《礼部志稿》卷二三《凡文字格式》）

成化二十三年（1487）

十月：工部主事林沂言：……奏上，得旨：沂所陈多饰繁文，又欲变乱旧制，引用偏僻之人，俱不允。（《明孝宗实录》卷五，页89）

弘治七年（1494）

令作文务要纯雅通畅，不许用浮华险怪艰涩之辞。（《古今图书集成·文

学典》，页 77573）

弘治十四年（1501）

八月：己未，兵部尚书马文升以近年地震之异……陛下益怀忧畏，仰答天戒，许两京文武官员各陈时政之缺，凡可以裕财用而固邦本，攘夷狄而强中国，修德教而振纲纪者，俱明白条陈，毋虚饰繁文。漫应故事，其言之可采，有裨治道者，陛下则断自宸衷，期于必行，毋为群议所惑，以消弭灾异于无形。上嘉纳之。（《明孝宗实录》卷一七八，页3277~3278）

嘉靖三年（1524）

十二月：朱厚熜下令："自今不许烦词，第宜明白，开陈要旨，庶易省阅。都察院晓示内外，咸使知之。"（徐学聚《国朝典汇》卷一一〇，页5370）

嘉靖六年（1527）

嘉靖皇帝奏准"科场文字，务要平实典雅，不许浮华险怪，以坏文体"。（申时行等《明会典》卷七七，页448）

嘉靖七年（1529）

八月：大学士张璁言：成化以前，诰敕之体犹为近古，其于本身不过百余字，祖父母、父母并妻室不过六七十字，言之者无费词，受之者无愧色。近来藻情饰伪，张百成千，以万乘之尊下誉匹夫、匹妇之贱，殊非制体，宜加厘正。上从之。诏：自今诰敕务崇简实，不许竞饰浮辞，致亵制体。（《明世宗实录》卷九一，页2079）

嘉靖八年（1529）

世宗下诏：士有抄述老、庄、诸子、野史，逞博悬奇者，置勿阅。（霍韬《渭崖文集》卷五《会试录序后》）

嘉靖十年（1531）

闰六月：礼部言：皇上顷从行人薛侃议，将《论》、《孟》古义颁布天下，示以程式，诚得返朴还淳之机，但文章习尚久而后成。今科举在迩，行之天下，势不能遍，即使习学，未必如式，妄意模拟，必多迂诞，士子既不得以旧习自显其才，有司又不得以新格辨别贤否，一时科目或至失人。请暂令今岁科目不必尽拘格，俟明年会试行之，则风声所激，文体自变。臣等又窃见嘉靖八年会试录文，皆简古纯正，既不先祖宗之旧式，而于圣贤经义亦多发明，与古义无甚相远。或止以前录文体，颁行天下，一体更正。上是之。命照祖宗时科举文式行，务在崇雅黜浮，以验实学，罢古义不用。（《明世宗实录》卷一二

七,页3019)

十二月:御史杨宜言:迩者沙汰生员之令下,而督学使者奉行过刻,略无爱惜之意。其年少者以文词不工见黜,长者以齿貌近迈不容,甚则浪据毁誉……上然之,下礼部议,覆如其言,仍请申明:祖宗卧碑及今所降敕谕,榜之明伦堂,使师生永为遵守,毋庸更立条约,专事繁苛。命题不得破析经义,取文则当崇雅黜浮,而尤宜致重德行,其不率教者始与众共斥之。庶法令修明而人才辈出,诏从之。(《明世宗实录》卷一三三,页3158~3159)

嘉靖十一年(1532)

正月:礼部尚书夏言以岁当会试,条奏科场三事:一、变文体以正士习。言近年以来,文章日趋卑陋,往往剽剟模拟《国》、《左》等书,以相矜眩,不过以艰深之词饰浅近之见,用奇僻之字盖庸拙之词,而纯正博雅之体、优柔昌大之气荡然无存。自皇上登极以来,屡涣德音,黜浮崇雅。乃昨岁天下进呈录文类皆猥鄙不经,气格卑弱,背戾经旨,决裂程式。其刻意以为高者,则浮诞谲诡而不协于中。骋词以为辩者,则支离磔裂而不根于理。文体大坏,比昔尤甚。今年望敕考官,务取醇正典雅,温柔敦厚之文,一切驾虚翼伪,钩棘轧茁之习痛加黜落,庶几士知所向文体可变;二、责主司以定程式。言应试之士校于风簷寸晷之中,欲实录其文,可为程式者盖已绝无间有,所以试录文字多出主司之手,而两京会试皆馆阁儒臣所为,足为海内矜式。近令录士子本文,不必考官自作,所以各省试录文理纰缪,体裁庞杂。乞令考官今次会试所命三场题目,俱要冠冕正大,有关理道,不许截裂牵缀,徒事帖括及困以隐僻,有如覆射。若士子可录之文,仍令考官重加裁正,以示模范;三、简考官以重文衡。……上报曰:文运有关国运,所系不细。近来士子经义诡异艰深,大坏文体,诚为害治,其出榜晓谕。今年会试文卷必纯正典雅、明白通畅者方得中式,若有仍前钩棘奇僻,痛加黜落,甚则令主考官奏闻处治,余依拟。(《明世宗实录》卷一三四,页3177~3179)

嘉靖十二年(1533)

礼部题行乡试条约:场中所作文字俱要纯雅通畅,不用浮华险怪艰涩之词,策答不许引用谬误杂书,陈及时务须要斟酌得宜,便于实用,不许泛为夸大,及偏执私意,有乖醇厚之风,俱遵照本部题准正文体事例,著实举行。(俞汝楫《礼部志稿》卷七一)

嘉靖十六年(1537)

礼部言:迩年文体日坏,道术日微,宜敕会试取士,务求醇正典雅,合于程式者，钩棘茁轧之文悉宜黜落，其背戾经传，引用《庄》、《列》不经之言者，参奏除名。诏可，令出榜晓谕。（俞汝楫《礼部志稿》卷七四《会试敕耳文式》）

嘉靖十七年（1538）

世宗下诏：会试校文，务要醇正典雅，明白通畅，合于程式者方许取中，其中似前驾虚翼伪钩棘、轧茁之文必加黜落，仍听考试官摘出，不写经传本旨，不循体制，及引用《庄》、《列》背道不经之言，悖谬尤甚者，将试卷送出，以凭本部指实奏请除名，不许再试。（俞汝楫《礼部志稿》卷二三《凡文字格式》）

世宗诏曰："士大夫学术不正，邪伪乱真，以致人材卑下，文章政事，日趋诡异，而圣贤大学之道不明，关系治理，要非细故。朕历览近代诸儒，惟朱熹之学醇正可师，祖宗设科取士，经书义一以朱子传注为主。比年各处试录文字，往往诡诞支离，背戾经旨。此必有一等奸伪之徒，假道学之名，鼓其邪说，以惑士心，不可不禁。礼部便行与各该提学官及学校师生，今后若有创为异说、诡道背理、非毁朱子者，许科道官指名劾奏。"（《明世宗实录》卷二一八，页4485）

世宗下旨：令今后乡试进到试录，礼部详阅举奏，如有叛经离道，诡辞邪说，定将监临考试等官罪黜，取中举人，辨验公据得实，革退为民。（俞汝楫《礼部志稿》卷二三《凡文字格式》）

嘉靖十八年

十二月：丙戌，河南道御史闻人诠言：今时文体诡异已极，乞申饬。天下力崇古朴，其要在先责学校，使提督宪臣痛加黜罚。次责场屋，使考校等官公为品陟。上是其言，命自后遇乡试，礼部必详阅试录，与各生公据，有仍前离经叛道、诡辞邪说者，则治监临考校官之罪，而黜其中式者为民。（《明世宗实录》卷二三二，页4771）

嘉靖二十二年（1543）

此策内含讥讪……率意为文，叛经讪上，法当重治。（王世贞《弇山堂别集》卷八二《科试》）

嘉靖二十九年（1550）

闰六月：礼部覆给事中杨允才言：今提督学校之官，狃于词华而略于本实，是以学术不正，人才不古，宜慎选其人，使各砥砺名节分别劝惩，以称朝廷建学之意，有堕徇私者，罪之。上曰：提学官，士子表率，自今宜慎选，行

谊端方者为之，不得徒尚文艺，循资滥推。（《明世宗实录》卷三六二，页6456）

嘉靖四十三年（1564）

礼部复南道御史史官所陈两京乡试革弊事宜：中式之文，务崇简易，凡浮繁冗杂诡僻不经，悉行黜汰……。得旨：各乡试但照旧规。（王世贞《弇山堂别集》，页1580）

嘉靖四十四年（1565）

耿定向《申饬科场事宜以重选举以降圣化疏》："国初科场所取，初场经义多不过三百余字，故士得有余力以及于二、三场。当时不独人有实学、世有真才，而为主司者，亦有据凭，得以悉观其蕴。即嘉靖初年，曾申限字之法，一时文体尚有可观。近日场中所取多至千余字者，即少亦不下七、八百字，摽窃支蔓，音义无当。士方毕一生之精力以从事于无用之虚文，又何暇博习古今，晓练世务，以待国家异日之用也哉！此其为弊义浅鲜矣。近奉该部题准通行，考官阅卷，必文理纯正、简实方准中式。盖鉴于此，然窃谓须是严定限字之法，明示中外，使士人晓然，知有章程而后可。臣又惟先年限字之制，经义止是二、三百字，今积习已久，欲其卒改，一时难行，合无限定五百字，渐令复古，但过此一字，即为违式，不与誊红，如更能简洁者，尤当甄录。其论策亦量为程限，毋令浮冗，如此行之，逾时可使士习崇雅黜浮，不至虚费精力，而主司亦不至为浮靡之习所眩瞀矣。"（耿定向《耿天台先生文集》卷二）嘉靖皇帝御批："礼部议复，俱允行之。"（王世贞《弇山堂别集》，页1582）

嘉靖四十五年（1566）

礼科都给事中辛自修疏："迩来题奏章疏竞为缛艳，不惟九重清览难于偏详，而事体处分反以文晦。"世宗下令："以后章奏俱务简明切实，有如前欺，肆者，科臣以闻。"（徐学聚《国朝典汇》，页5374）

隆庆元年（1567）

三月：近来经书时义体制大坏，有浮蔓至千余字者，宜严立程式，一篇止许五百字以上、六百字以下，违式者不与誊录。（《明穆宗实录》卷六，页168~169）

隆庆二年（1568）

穆宗下旨："今后诸司章奏，务词语简明。"（徐学聚《国朝典汇》，页5376）

隆庆四年（1570）

七月：穆宗下诏："近来章奏委多繁词，且语涉肆慢，甚非人臣奏对之礼。着便通行严禁，有违的，部院该科参来处！"（高拱《高文襄公集》卷三《请禁章奏繁词以肃朝廷疏》）

隆庆六年（1572）

十二月：候选训导侯贵疏言学政六事：……今教官徒取充位，不获实用，或聚之书院倡为讲学，有类谈禅，名为主静，无异入定。圣如孔子，犹曰传学于文；贤如颜子，犹曰传我以文。今则以六经为糟粕，谓不立文字，直可超悟圣贤，千言万语皆从心上说来，中和位育之功皆自心上做出。今谓心亦不用，曰不思善，不思恶，但看本来面目，曰六经注我，非我注六经。以佛、老之似，乱孔、孟之真。及徐观其所以，则又人所深耻而不为者，分门主党，自谓圣学，而以举业为俗学。夫举业所学亦圣贤之义理也，以其既资出身，旋即弃之……近来时文漫失旧制，险怪钩棘，破析文义，冗长厌观，虽时加禁毕，难以猝改。"（《明神宗实录》卷八，页297～299）

万历元年（1573）

二月：科场四事：一曰慎应试之选，督学取士要以德为先，如徒工文辞，行简无耻者，勿使滥进场垒；二曰正序文之体，主考官试录序文必兴实简古，明白正大，不得妄加称讲、蹈浮靡之弊。（《明神宗实录》卷十，页360）

神宗下诏：士子经义文限六百字上下，冗长浮泛者不得中式。（俞汝楫《礼部志稿》卷二三《凡文字格式》）

万历四年（1576）

十月：礼部申饬："凡章奏俱要恪遵旧式，明白简直，如草率违式、及故为深文隐语，欺上不知，部科指实参处。"（《明神宗实录》卷五五，页1279）

十二月：后场当重，言设科简拔真才，必学有本源、识通古今而后可，以济实用。迩来，士子专务初场，故调难挽。今次分房官务虚心详阅，有二、三场扬确古今，条陈时事，非徒漫衍者，即初场稍疵，亦着量收录。其止工时义而后场空疏者概斥。下礼部，覆可从之。（《明神宗实录》卷五七，页1313）

万历七年（1579）

五月：礼部复礼科都给事中林景阳所奏实典事宜："一曰正文体，二曰核实学……命着实举行。"（《明神宗实录》卷八七，页1813～1814）

万历八年（1580）

神宗奏准：士子经义文"限五百字，过多者不许誊录"。（俞汝楫《礼部

志稿》卷二十三《凡文字格式》）

至于制命之词，贵在简严庄重乃得体。查得成化、弘治年间，诰敕叙本身履历功绩不过百余字，祖父母、父母及妻室不过六七十字，至于庆典覃恩，则其词尤简，善以恩例，概及此之考绩不同，故以赉被为荣，不必详其阅历，此制体也。近年以来，俗尚干求，词多浮靡，撰述官沿袭宿弊，往往不候进呈，先将文程传示于人，其中词语又过为夸侈，多至数百千言。或本无实行，虚为颂美；或事涉幽隐，极力宣扬。臣等方欲为之更实，而本官已先得稿登轴矣。夫诰敕者，朝廷所以告谕臣下者也。臣谀其君，犹谓之佞。况以上谀下，是何理乎？查得嘉靖十二年，该大学士张孚敬等题为重诰敕事奉进，宗肃皇帝圣旨："卿等所言足见敬慎至意。近年以来，委的诰词之文，浮泛夸誉，至于数百，甚非体制，甚非王言，今后都着删去浮词以存实体。钦此。"又改本官题为前事残论制敕房办事、大理寺评事岳梁撰拟，南京兵部尚书陶琰赠官诰文浮词夸诞，又不先选内阁看详，辄硬进呈等，因奉世宗肃皇帝圣旨，卿等另撰诰文来看，岳梁骋卖浮词，蔑视制词，不遵前旨，着法司提了问。钦此。比时嘉靖初年，诰敕之文，视成化、弘治，虽为稍繁，然未如近年之甚也。窃以礼贵从先，辞尚体要，况命令之辞，乃一代典制，传之四方，重之后世，所关非小，此系臣等执掌不容不为厘正。伏乞皇上念朝廷体统之当尊，国家典制之当守，敕下臣等戒谕各撰述官，自今后，凡为制诰，必须复古崇实，毋得徇情饰辞以坏体制，及文字未经进呈，亦毋得预行传示，以市私交如此。庶王言重，国体尊，而臣等亦得以守其常职矣。奉圣旨："卿等说的是，今后诰敕文字都着删去浮词，务崇本实，各官撰完送阁，卿等还要仔细看详改定，乃可进览，如有仍前徇情饰辞，乃不得进呈，强行传示的，照例参来处治，该部知道。（张居正《张太岳先生诗文集》，《明制体以重王言疏》，页 16～17）

议记录体制，照得今次记录，只以备异日之考求，俟后人之删述，所谓详核，不尚文辞，宜定著体式，凡有宣谕直书、天语、圣谕诏敕等项，备录本文，若诸司奏报一应事体，除琐屑无用，文义难通者，稍加删削润色外，其余事有关系，不妨尽载，原本语涉文移，不必改易他字，至于事由颠末，日月先后，务使明白，无致混淆，其间事迹可垂劝诫者，但据事直书，美恶自见，不得别以己意、及轻信传闻，妄为褒贬。（张居正《张太岳先生诗文集》卷三九《议处史职疏》）

国家明经取士，说书者以宋儒传注为宗，行文者以典实纯正为尚。今后务将颁降《四书》、《五经》、《性理大全》、《资治通鉴纲目》、《大学衍义》、

《历代名臣奏议》、《文章正宗》及当代诰律典制等书，课令生员诵习讲解，俾其通脱古今，适于世用。其有剽窃异端邪说，炫奇立异者，文虽工弗录。所出试题亦要明白正大，不得割裂文义以伤雅道。（张居正《张太岳先生诗文集》卷三九《请申旧章饬学政以振兴人才疏》）

万历十三年（1585）

题准程式文字就将士子中式试卷纯正典实者依制刊刻，不许主司代作。（《古今图书集成·文学典》，页77573）

试题大要明白正大，经书论策四篇而止。比照中式卷不堪相远，即准中式。其荒谬不堪，请旨斥落为民。（王世贞《弇山堂别集》卷八三《科试》）

万历十四年（1586）

三月：督察院左佥都御史赵焕题……申饬吏治，省繁文以崇实政。（《明神宗实录》卷一七二，页3130~3131）

万历十五年（1586）

自臣（沈鲤）等初习举业，见有用六经语者，其后以六经为滥套，而引用《左传》、《国语》矣，又数年以《左》、《国》为常谈，而引用《史记》、《汉书》矣。《史》、《汉》穷而用六子，六子穷而用百家，甚至取佛经道藏，摘其句法口语而用之。凿朴散淳，离经叛道，文章之流弊，至是极矣。乃文体耻循矩矱，喜创新格。以清虚不实讲为妙，以艰涩不可读为工，用眼底不常见字谓为博闻，道人间不必有之言谓为玄解。苟奇矣，理不必通；苟新矣，题不必合。断圣贤语脉，以就己之铺叙；出自己意见，以乱道之经常。及一一细与解明，则语语都无深识。白日青天之下，为杳冥魍魉之谈，此世间一怪异事也。夫出险僻奇怪之言，而谓其为正大光明之士；作玄虚浮蔓之语，而谓其为典雅笃实之人也，可乎？……如使胶庠之所养者，皆务为险僻奇怪之文；而开科取士之时，欲合乎平正通达之式。臣等窃知其无是理也。及往时止于科举年分，稍一申斥，其各省直小考，则任其变乱程式，置之不问，是谓浊以源而求其流之清也，不可得已。……如复前项，险僻奇怪，决裂绳尺，及于经义之中引用《庄》、《列》、《释》、《老》等书句语者，即使文采可观，亦不得甄录，且摘其甚者，痛加惩抑，以示法程。……初九日奉圣旨："是。近来文体轻浮险怪，大坏士习，依拟，著各该提学官痛革前弊，仍将考取优卷送部稽查，如有故违的，你部里摘出，开送内阁，从重参治。科场后参阅朱墨卷，节年题有定例，今后也要著实举行，毋事空言。钦此。"（王世贞《弇山堂别集》卷八四《科试》）

明代朝廷文艺法令史料表年

万历十六年（1587）

正月：该礼科题本部覆为《乞行申饬厘正文体敕旨以光科场盛典事》，内称："考过优卷已经题准解部，其到任近地里远者，限二月终旬题参。若文体违式，系提学官造士不端，宜从重参治，以重诏旨而信命令。"奉圣旨："这厘正文体事宜依议着实行，各官如有违明旨，沿袭旧套的，你部里及该科务要指名参治，钦此。"（俞汝楫《礼部志稿》卷四九《题乞正文体疏》）

十一月：辛酉，禁章奏浮冗（《明史》，页272）

礼部申斥：国家专以文取士，非徒欲炫奇吊诡，将因言以占其素蕴也。往年文体之弊，在于冗长，自限字之法行，则又流于空虚，甚且文以子、史粗疏之字，杂以异端隐僻之谈，而文体益坏矣。去岁已经本部申饬厘正，又经颁示正式，用为模范，所以挽浮诡而还之雅道者，已不遗余力，夫何士习日漓，积弊未祛？今都给事中苗朝阳等欲要经义论策，期于平正典雅，该博畅达，反是，虽工弗录；给事中李周策欲要初场限以五百字，论策限以千余字，其冗长怪诞及引用佛经等语，照辛未科例，摘发戒饬。俱与本部，先今题准事例相同相应再行申儆，合候命下，严行典试诸臣，力挽浇风，痛革夙弊。本部将前申饬文体章疏，大书告示，张挂贡院本部门首，俾应试举人，往来观览。如场中仍蹈前弊，不许誊红。或送内簾，考官不得取中。违者听该科参奏究治。其初场论策，遵照先年题准限字，不许冗长过限，其尤怪诞不经者，照辛未科以不得誊录例，摘发数卷送本部戒饬，庶文体渐复于古，而真才自是辈出矣。（王世贞《弇山堂别集》卷八十四《科试》）

万历十七年（1589）

二月：欲复弘、正以前之文体，则僻字险语量为戒饬……近年申饬甚严。总之，正文体、防奸弊而已，文体责在簾内，关防责在簾外。（《明神宗实录》，页3889～3890）

八月：壬寅，严匿名揭之禁。（《明史》，页273）

万历十九年（1591）

闰三月：礼部：其论文以典雅切实为主，片词只字不可苛求。（《明神宗实录》卷二三四，页4337～4338）

九月：宽文法以作敌忾之勇。（《明神宗实录》卷二四〇，页4454）

万历二十年（1592）

正月：神宗下旨："三考为国抡才，须文理纯正，经术通明，方许收录，其有文词险怪，背经离传者，场后卷发礼部戒饬，程文须用真卷，勿得改

拟。"(《明神宗实录》卷二四四,页4550~4551)

万历二十二年（1594）

礼部复御史薛继茂敷陈科场事宜,议外帘、简、编号、贴卷、卷式、试录、钱粮、捷报,凡八条,而以正文体为第一义,谓纯正典雅之词不出倾邪侧媚之口,怪诞险诐之说必非坦夷平直之衷。近日士习敝坏,皆繇主司不务崇雅黜浮,而奇诡获售,宜其从风而靡也。今后会试主考宜申饬分房,务取纯雅合式,不得杂收奇僻为海内标。其两京各省试录,硃、墨卷解到礼部逐一看议,如有仍踵弊风者,士子除名,试官参处。上是其议论。(《明神宗实录》卷二七五,页5087~5088)

万历二十四年（1596）

礼部尚书范谦疏:"使知近习在所必禁,坊间新刻诡异主意时文,转相蹈袭,惑乱初学,有妨士习。提学官即行查核,将板劈毁,勿得传布。本部仍行吏部,凡提学官升转,各以转移士习与否以为殿最,庶斯文之统纪不淆,祖宗之法纪愈肃,诸所得士必光明纯正,用以成人才、维世道,所裨益不浅矣。"万历皇帝批复:"近来文体险怪,屡经明旨申饬,全无改正,这所奏依拟着实举行。"(俞汝楫《礼部志稿》卷四十九《责成正文体疏》)

万历二十五年（1597）

焦竑主顺天乡试,举子曹蕃等九人文多险怪语,竑被劾,谪福宁州同知。(《明史》卷二百八十八《焦竑传》)

万历二十六年（1598）

礼部复议科场事宜五款:"议文体,大略务根朱注、本经传,禁佛、老之谈及影入时事……从之。"(《明神宗实录》卷三一八,页5928~5929)

万历二十七年（1599）

正月:却虚文以图实效。(《明神宗实录》卷三三〇,页6104)

万历三十年（1602）

六月:作文必依经傍注,参佛书者罚出……文体以弘、正年间为准……阅卷仍以正文体为主,房考有执迷者听主考参处。程式止润饰墨卷之优者,试官不得自创。各省直解硃、墨卷,听本部司官秉公简阅,送礼科详覈,用佛老者停科,多者革除黜,主司、房考并治。……凡书必有神经传者方许刊行,非圣叛道之书有禁。诏嘉纳之。(《明神宗实录》卷三七三,页6989~6990)

十二月:近来本章字画太细,不便观览,且易作洗改等弊。令通行体式与各省直遵守,如有参差者,该科参究。仰见皇上总览万机,留神披阅,然臣等犹有请焉。本章者，臣子所以陈于君父之前而输忠孝悃者也，取其足以达宸聪、通下情已耳。历代名臣奏议，皆明白正大，垂之至今。乃比来诸臣建白，往往有过于修饰，冗长奇僻、隐秘悁忿者，臣等以为皆宜禁。如作字必依正韵，不得间写古字。用语必出经史，不得引用子书及杂以小说俚语。荐举但论其行能政业之实，不得过于虚称。参劾但指其贪鄙昏谬之实，止用散文开列，不得牵合对偶文。致人罪，论人、论事必须明显，不得阴摘其人而隐其名姓，及不直斥其人而微阐其事。条陈利弊必须简切，有一字数语可了，不得敷演欤。……诏是之，曰："本章字画令查嘉靖八年体式刊印颁行，余依拟，严行申饬，违者参究。"（《明神宗实录》卷三七九，页7139~7140）

时士大夫多崇释氏教，士子作文每窃其绪言，鄙弃传注。前尚书余继登奏请约禁，然习尚如故。琦乃复极陈其弊，帝为下诏戒厉。（《明史·冯琦传》，页5705）

万历三十四年（1606）

十二月：神宗诏谕礼臣："文体敝坏，至今日而极，非独士习之陋，亦因阅卷官自繇此轨而进，相师相尚莫知其非，以此取士，士安得不靡然从之！今后房考官见有离经畔注、穿凿揣摩、及撦拾佛书俗语、隐讳怪诞者，必弃不取，甚者参罚，仍刊布谕旨预使闻知。"（《明神宗实录》卷四二八，页8069）

万历三十五年（1607）

二月：礼部题科场事宜，正文体等。务从之。（《明神宗实录》卷四三〇，页8111）

万历三十五年（1607）

正月：文体日卑，士习日竞。（《明神宗实录》卷四二九，页8092）

万历三十七年（1609）

三月：礼部侍郎吴道南疏："申饬科场事宜，严限字之制；重主考之任；慎择房之选；责成四所之官。"万历皇帝批复："科场文体屡经禁约，通不遵行，士风薄恶，法纪凌迟，一至于此，深可痛恨！今后取中文字，但有冒犯原禁、及字数过限者，该部科参来，将考官重处，其士子不分轻重，尽行黜革，如容隐不举，罪坐。"（《明神宗实录》卷四五六，页8608~8609）

万历三十九年（1611）

十月：南京、河南道御史张邦俊论学臣命题：割裂破碎，或牵撦扭搭，其于圣贤立言大旨甚相悖戾，恐文体日纤，世风日巧，因及于条约。礼部侍郎翁正春具复，列为三款：谓试卷宜解部。每岁试事，年终将真卷类解，其有文体险怪，出题穿凿者摘出参处；谓小试兼重后场。考较诸生，前《四书》义二，次经义一，而论表策必兼出，篇数不完者，即文可观不列优等。有文无论者，即列优等，不准封粮。庶乎士务实学，不以幸进；谓弊窦不可不严。传递之弊，千蹊百径，虽新奇，其题目亦何以异。学臣除一切关防，严密仍洗绝此弊。至条约，亦卧碑所载及先辈名督学规条，采择汇成一册，刊行颁布，如巡方总约，然令之永为遵守，则学臣既不烦区画，而士子亦便持循，不可不亟为议行也。上报可。仍谕科场文体诡怪日甚，屡禁不遵，科举在即，近部还详议申饬，务法在必行，以挽敝习。（《明神宗实录》卷四八八，页 9194~9196）

十一月：礼部上学政条约。上曰：教条既酌议停当者颁行遵守，以后提学官不许另撰。解到试卷，有文体险怪，不遵明禁，参来处治。（《明神宗实录》卷四八九，页 9216）

万历四十年（1612）

十二月：礼部复漕臣孙居相条摘场蠹四款："取文务求纯正典雅，其有吊诡挟奇、谈禅说偈等语，必黜无录。试卷到部严加查核，但有前弊，举子黜革，考官降斥。奉旨依议行。"（《明神宗实录》卷五〇三，页 9553）

万历四十三年（1615）

三月：取士在实学。二、三场果博古通今，如《性鉴纲目》、《大学衍义》诸书，凿有实见者，倘前场不甚悬绝，不妨拔取；……试录惟取墨文佳者，量加润饰，归之典实简古，候解日，部科比对，尽脱士子胎骨，及论策过一千五百字外者，参奏罚治。关节在审处。夫文体被摘，原无证据，惟有复试。……上命依议行。（《明神宗实录》卷五三〇，页 9970~9972）

十一月：戒冗晦。疏欲重瞳乐观而易晓，冗蔓则宸旒厌观。又或用古远奇字及隐晦语，虽宿儒犹未即晓畅，万一圣心留注，询及左右，或束机要封，则其渐将有不可言者。先尚书韩文曰："疏词不可多，又不可文，可为疏法矣"；二戒沿袭。如称辅臣，不曰王家屏、沈鲤，而曰山阴、归德；不曰高拱、张居正，而曰新郑、江陵。又或称官及地，不曰吏部尚书、礼部侍郎，而曰大冢宰、少宗伯。不曰户部郎中，工部员外，而曰度支、郎将。作官属不曰北直、南直、浙江、云、贵，而曰燕、吴、豫、章、越、滇、黔。诸如此类，沿袭已久，毕竟当以为戒。（《明神宗实录》卷五三九，页 10243~10244）

礼部题申饬会场事宜："申文禁，必尔雅纯粹科，平直通达，一一合先民典刑者始收，否则，虽才情可艳不录，最怪僻者贴出示戒，甚则仍议罚科。……上曰，这所奏申饬文禁诸款……俱依拟。"（《明神宗实录》卷五四

○，页 10278～10280）

天启元年（1621）

五月：礼科给事中周士朴疏。正章奏之体：戒浮靡，戒深晦，戒冗长，戒媒亵，戒誉佞，戒依附。得旨：章奏自有体式，这条议六款深切时弊，该部即与题明厘正。礼部左侍郎周道登覆奏，言：科臣所陈六款，曾经先臣礼部尚书冯琦条列，神宗皇帝依议申饬，乃今时流弊又有甚者，繁词累牍，谜语藏机，甚至以鄙俚亵宸聪，以滑稽尘睿览。且或疏穷而继之以揭，揭穷而更之以书。词强夺理，气胜违心。不知邸报为国事所关，岂宜混乱芜秽至此。乞申明严禁。得旨：章奏申明各款依议着实行，有不遵的，部科不时纠举，秘揭秘书一并严禁。（《明熹宗实录》，页534～535）

七月：礼部左侍郎周道登申明科场功令七款：曰正文体；重典试；择房考；戒徇情；公搜卷；慎学臣，严坊刻。报可。（《明熹宗实录》，页589）

崇祯（1628～1644）**初期**

江西右参议提督学政侯峒曾制定《江西学政申约》：提学官按临，生童毕集，多有射利棍徒，刊刻淫秽邪僻之书，如《金瓶梅》、《情闻别纪》等项，迷乱心志，败坏风俗，害人不小，今后但有卖者，提调官即时严拿书坊，究问何人成稿，何以发刻。申解提学官将正身从重治罪，原板当堂烧毁。如系生员，革退枷示。（侯峒曾《侯忠节公全集》卷一七）

房刻有文体怪诞的，各学臣即行毁板。夫房刻法非学臣所得问，尚严重如此，况似刻乎？今后尔士子不但妄刻窗稿，欺世自媒，概行禁绝！（侯峒曾《侯忠节公全集》卷一七）

崇祯十五年（1642）

六月：凡坊间家藏《浒传》并原板，尽令速行烧毁，不许隐匿。（东北图书馆编《明清内阁大库史料》上册四二九叶，转引自王利器《元明清三代禁毁小说戏曲史料》，页17）

朱由检下诏："近来章奏相习冗长，不便省览。苟论事切当可行，何必撺拾浮词。以后务宜简明，其字不过一千。如词意未尽，不妨另本再奏。着通政司饬行。"（孙承泽《山书》卷一《申饬章奏》）

朱由检谕礼部尚书："命题须明白正大，近理切时，庶得实学通才，以资任用，不得诡僻琐裂，有乖典制。违者部科参处。"（孙承泽《山书》卷六《申饬科场》）

主要引用书目

A

《安雅堂稿》，陈子龙，明末刻本

B

《八股文》，刘乾先，吉林人民出版社，2004 年
《八股文概说》，王凯符，中国和平出版社，1991 年
《八股文鉴赏》，龚笃清，岳麓书社，2006 年
《白苏斋类集》，袁宗道，上海古籍出版社，1989 年
《板桥杂记》，余怀，清康熙《说铃》本
《笔梦》，据梧子，民国六年初园丁氏精校铅印本
《边华泉集》，边贡，伟文图书出版社有限公司，1976 年
《般若波罗蜜多心经句解》，智谕，西莲净苑出版社，1990 年

C

《茶余客话》，阮葵生，清光绪十四年铅印本
《沧溟集》，李攀龙，伟文图书出版社有限公司，1976 年
《苍霞续草》，叶向高，明万历刻本
《苍霞余草》，叶向高，明万历刻本
《曹太史含斋先生文集》，曹大章，明万历二十八年刻增修本
《痴婆子传》，芙蓉主人辑，情痴子批校，日本明治年间刊本
《初谭集》，李贽，中华书局，1974 年
《春明梦余录》，孙承泽，北京古籍出版社，1992 年
《赐闲堂集》，申时行，明万历刻本
《从先维俗议》，管志道，明万历三十年徐学文刻本

D

《大泌山房集》，李维桢，万历三十九年刻本
《大明律》，刘惟谦，明嘉靖范永銮刻本
《大明宣宗皇帝御制集》，朱瞻基，明内府钞本

《甔甀洞稿》，吴国伦，伟文图书出版社有限公司，1976年
《迪功集》，徐祯卿，伟文图书出版社有限公司，1976年
《典故纪闻》，余继登，中华书局，1981年
《调象庵稿》，邹迪光，明万历刻本
《东里集》，杨士奇，文渊阁《四库全书》本
《东里续集》，杨士奇，清文渊阁《四库全书》补配清文津阁《四库全书》本
《东里文集》，杨士奇，中华书局，1998年
《对山文集》，康海，伟文图书出版社有限公司，1976年

E

《二刻拍案惊奇》，凌濛初撰，章培恒整理，上海古籍出版社，1983年

F

《封神演义》，许仲琳，上海古籍出版社，2005年
《佛教大辞典》，任继愈，江苏古籍出版社，2002年

G

《高文襄公集》，高拱，明万历刻本
《耿天台先生文集》，耿定向，明万历二十六年刘元卿刻本
《古本小说丛刊》，刘世德等主编，中华书局，1991年
《古本小说集成》，古本小说集成编辑委员会，上海古籍出版社，1991年
《古今图书集成》，陈梦雷原辑、蒋廷锡重辑，中华书局、巴蜀书社，1986年
《穀山笔麈》，于慎行，明万历于纬刻本
《鼓掌绝尘》，金木散人编著，刘葳校点，江苏古籍出版社，1990年
《归先生文集》，归有光，明万历四年翁良瑜雨金堂刻本
《桂州先生奏议》，夏言，明忠礼书院刻本
《国朝典汇》，徐学聚，北京大学出版社，1993年
《国榷》，谈迁，清抄本

H

《韩昌黎文集注释》，韩愈著，阎琦校注，三秦出版社，2004年版
《翰林记》，黄佐，清同治道光间刻岭南遗书本
《汉书》，班固，中华书局，1962年
《何大复集》，何景明，中州古籍出版社，1989年
《侯忠节公全集》，侯峒曾，民国二十五年铅印本
《皇明大政纪》，雷礼，明万历刻本
《皇明嘉隆疏抄》，张卤，明万历刻本
《皇明经世文编》，陈子龙，明崇祯平露堂刻本
《皇明历朝四书程墨同文录》，杨廷枢，明崇祯间书坊金阊叶氏刻本

《皇明留台奏议》，朱吾弼，明万历三十三年刻本

《皇明疏议辑略》，张翰，明嘉靖三十年大名府刻本

《皇明政要》，娄性，明嘉靖五年戴金刻本

J

《鲒琦亭集》，全祖望，四部丛刊景清刻姚江借树山房本

(嘉靖)《河间府志》，樊深，明嘉靖刻本

《嘉靖皇帝大传》，林延清，辽宁教育出版社，1993年

《嘉靖以来首辅传》，王世贞，明抄本

《嘉靖尉氏县志》，《天一阁藏明代方志选刊》，上海古籍书店，1963年

《嘉靖传》，胡凡，人民出版社，2004年

《甲秀园集》，费元禄，明万历刻本

《甲乙记政录》，徐肇台，明崇祯刻本

《江盈科集》，江盈科著，黄仁生辑校，岳麓书社，1997年

《戒庵老人漫笔》，李诩，中华书局，1982年

《金鳌退食笔记》，高士奇，文渊阁《四库全书》本

《烬宫遗录》，佚名，民国适园从书本

《今古奇观》，明刻本

《金陵梵刹志》，葛寅亮，明万历刻天启引本

《金陵琐事》，周晖，文学古籍刊行社，1955年

《金瓶梅资料汇编》，朱一玄，南开大学出版社，1985年

《今言》，郑晓，中华书局，2004年

《晋录》，沈思孝，清道光学海类编本

《静志居诗话》，朱彝尊，清嘉庆扶荔山房刻本

《剧说》，焦循，稿本

K

《珂雪斋集》，袁中道，上海古籍出版社，1989年

《珂雪斋近集》，袁中道，上海书店，1982年

《客座赘语》，顾起元，中华书局，1987年

《空同集》，李梦阳，明嘉靖刻本

《空同子》，李梦阳，民国百子全书本

《快雪堂集》，冯梦祯，万历四十四年黄汝亨、朱之蕃刻本

L

《兰台奏疏》，马从聘，清光绪五年谦德堂刻《畿辅丛书》本

《兰汀存稿》，梁有誉，伟文图书出版社有限公司，1976年

《琅嬛文集》，张岱著，云告点校，岳麓书社，1985年

主要引用书目

《礼部志稿》，俞汝楫，文渊阁《四库全书》本
《李东阳集》，李东阳，岳麓书社，1985年
《李开先全集》，李开先，文化艺术出版社，2004年
《历代金殿殿试鼎甲朱卷》，仲光军、尚玉恒、冀南生等编，花山文艺出版社，1995年
《历代纪事本末》，中华书局，1997年
《列朝诗集小传》，钱谦益，上海古籍出版社，1959年
《林次崖先生文集》，林希元，清乾隆十八年陈胪声诒燕堂刻本
《留青日札》，田艺蘅，明万历刻本
《六十种曲》，毛晋，中华书局，1958年
《刘子威集》，刘凤，明万历刻本
《柳宗元全集》，柳宗元，上海古籍出版社，1997年
《陆文裕公行远集》，陆深，明刻清康熙六十一年补修本
《罗近溪先生全集》，罗汝芳，明万历四十六年序刻本
《绿窗女史》，王稚登，天一出版社，1985年
《吕公实政录》，吕坤，明末影抄本

M

《茅鹿门先生文集》，茅坤，明万历刻本
《眉公见闻录》，陈继儒，伟文图书出版社有限公司，1977年
《渼陂集》，王九思，伟文图书出版社有限公司，1976年
《梦虹奏议》，邓显麟，清道光二十七年刻本
《孟子节文》，刘三吾，明初刻本
《闽部疏》，王世懋，明万历纪录汇编本
《民歌集三种注解》，冯梦龙，中华书局，2005年
《明朝史话》，娄曾泉、颜章炮，北京出版社，1984年
《明代八股文论评试探》，潘峰，复旦大学2003届博士论文
《明代笔记小说大观》，上海古籍出版社，2005年
《明代后期士人心态研究》，罗宗强，南开大学出版社，2006年
《明代儒学生员与地方社会》，陈宝良，中国社会科学出版社，2005年
《明代社会经济初探》，韩大成，人民出版社，1986年
《明代小说》，黄霖等，安徽教育出版社，2001年
《明代小说辑刊》，侯忠义，巴蜀书社，1993年
《明代小说史》，齐裕焜，浙江古籍出版社，1997年
《明代小说史》，陈大康，人民文学出版社，2007年
《明会典》，申时行等，中华书局，1989年
《明经世文编》，陈子龙等，中华书局，1962年

《明末清初文人结社研究》，何宗美，南开大学出版社，2003年
《明清传奇综录》，郭英德，河北教育出版社，1997年
《明清家乐研究》，刘水云，上海古籍出版社，2005年
《明清善本小说丛刊》，天一出版社，1985年
《明清文人传奇研究》，郭英德，北京师范大学出版社，1992年
《明儒学案》，黄宗羲著，沈芝盈点校，中华书局，1985年
《名山藏》，何乔远，明崇祯刻本
《明史》，张廷玉等，中华书局，1974年
《明史管见》，黄冕堂，齐鲁书社，1985年
《明诗纪事》，陈田，上海古籍出版社，1993年
《明实录》，中央研究院历史语言研究所校印本
《明太祖平胡录》（外七种），毛奇龄，北京古籍出版社，2002年
《明通鉴》，夏燮，清同治刻本
《牡丹亭》，汤显祖，人民文学出版社，1963年

N

《廿二史札记校证》，赵翼著，王树民校证，中华书局，1984年

P

《拍案惊奇》，凌濛初著，章培恒整理，上海古籍出版社，1985年

Q

《祁彪佳文稿》，祁彪佳，书目文献出版社，1991年
《岐海琐谭集》，姜淮，民国二十五年排印本
《七录斋诗文合集》，张溥，明崇祯九年刻本
（乾隆）《震泽县志》，陈和志，清光绪重刻本
《钦定续文献通考》，嵇璜，文渊阁《四库全书》本
《全明诗》，章培恒，上海古籍出版社，1992年
《全明文》，钱伯城，上海古籍出版社，1992年

R

《日知录》，顾炎武，清乾隆刻本
《榕村语录》，李光地，文渊阁《四库全书》本

S

《山书》，孙承泽，清抄本
《山志》，王弘，中华书局，1999年
《圣典》，朱睦㮮，明万历四十一年刻本
《世经堂集》，徐阶，明万历间徐氏刻本
《17世纪白话小说的创作与传播》，许振东，中国社会科学出版社，2005年

《识小录》，徐树丕，民国五年印本
《菽园杂记》，陆容，中华书局，1985年
《水东日记》，叶盛，中华书局，1980年
《四库全书总目》，永瑢等，中华书局，1965年
《思陵典礼录》，孙承泽，丛书集成初编本，1936年
《四溟山人全集》，谢榛，明代论著丛刊，1976年
《四书或问》，朱熹，上海古籍出版社、安徽教育出版社，2001年
《四友斋丛说》，何良俊，中华书局，1959年
《松窗梦语》，张瀚，中华书局，1985年
《宋濂全集》，宋濂，浙江古籍出版社，1999年
《宋明理学史》，侯外庐，人民出版社，1984年

T

《泰昌朝记事》，李逊之，清抄本
《太函集》，汪道昆，明万历刻本
《谭友夏合集》，谭元春，明崇祯六年刻本
《汤显祖全集》，汤显祖著、徐朔方笺校，北京古籍出版社，1999年
《唐文恪公文集》，唐文献，明刻本
《条麓堂集》，张四维，明万历二十三年张泰徵刻本
《陶庵梦忆》，张岱，上海古籍出版社，1982年

W

《万历邸钞》，国立中央图书馆，1982年
《万历墨卷选》，明末刻本
《万历疏钞》，吴亮，明万历三十七年刻本
《万历野获编》，沈德符，中华书局，1959年
《王百谷集》，王稚登，明刻本
《王氏家藏集》，王廷相，伟文图书出版社有限公司，1976年
《王文肃公集》，王锡爵，明万历刻本
《渭崖文集》，霍韬，明万历四年刻本
《文敏集》，杨荣，文渊阁《四库全书》本
《吴江县志》，乾隆十二年修，石印重印本

X

《西厢记图》，天津美术出版社，1991年
《夏桂州先生文集》，夏言，明崇祯十一年吴一璘刻本
《贤博编》，叶权，中华书局，1987年
《湘真阁稿》，陈子龙，明末刻本

《详注昌黎先生文集》，韩愈撰，文谠注，宋刻本
《小渔先生遗稿》，唐汝辑，明万历四十三年刻本
《歇庵集》，陶望龄，伟文图书出版社有限公司，1976年
《新编全像通俗演义隋炀帝艳史》，齐东野人，明人瑞堂刊本
《新刊荆川先生文集》，唐顺之，四部丛刊景明本
《新刻绣像批评金瓶梅词话》，笑笑生，明万历刻本
《新刻张太岳先生诗文集》，张居正，明万历四十年唐国达刻本
《新刻震川先生全集》，归有光，四部丛刊景清康熙本
《绣榻野史》，情颠主人著，民国四年上海图书馆排印本
《续南雍志》，黄儒炳，伟文图书出版社有限公司，1976年
《徐天目先生集》，徐中行，伟文图书出版社有限公司，1976年
《学古绪言》，娄坚，文渊阁《四库全书》本

Y

《颜钧集》，颜钧著，黄宜民校点整理，中国社会科学出版社，1996年
《弇山堂别集》，王世贞，中华书局，1985年
《弇州山人四部稿》，王世贞，伟文图书出版社有限公司，1976年
《杨全甫谏草》，杨天民，明刻本
《杨文定公诗集》，杨溥，明钞本
《杨文敏集》，杨荣，明正德刻本
《因树屋书影》，周亮工，清康熙六年刻本
《隐秀轩集》，钟惺，上海古籍出版社，1992年
《游居柿录》，袁中道，青岛出版社，2005年
《御龙子集》，范守己，明万历十八年侯廷珮刻
《寓圃杂记》，王锜，清钞本
《余文敏公文集》，余有丁，明万历刻本
《袁宏道集校笺》，袁宏道著，钱伯城笺校，上海古籍出版社，1981年
《元明清三代禁毁小说戏曲史料》，王利器，上海古籍出版社，1981年
《元史》，宋濂，中华书局，1976年
《袁中郎全集》，袁宏道，伟文图书出版社有限公司，1976年
《岳归堂合集》，谭元春，明刻本

Z

《则天皇后如意君传》，徐昌龄著，日本旧刻本
《赵忠毅公诗文集》，赵南星，明崇祯十一年范景文等刻本
《赵文肃公文集》，赵贞吉，明万历十三年赵德仲刻本
（正德）《姑苏志》，王鏊，明正德刻嘉靖续修本

《正德皇帝大传》，李洵，辽宁教育出版社，1993年
《知畏堂诗文存》，张采，清康熙刻本
《制艺丛话》，梁章钜著、陈居渊校点，上海书店出版社，2001年
《中国娼妓史》，王书奴，上海三联书店，1988年
《中国出版史料》，宋原放，湖北教育出版社、山东教育出版社，2004年
《中国古代戏曲序跋集》，吴毓华，中国戏剧出版社，1990年
《中国古代文学通论》（明代卷），傅璇琮等主编，辽宁人民出版社，2005年
《中国古典戏曲论著集成》，中国戏曲研究院编，中国戏剧出版社，1959年
《中国古艳稀品丛刊》，台湾联经出版事业公司影印本
《中国经济通史》（明代经济卷），王毓铨，经济日报出版社，2000年
《中国历代小说序跋集》，丁锡根，人民文学出版社，1996年
《中国文祸史》，胡奇光，上海人民出版社，1993年
《中国文学批评史新编》，王运熙等，复旦大学出版社，2001年
《中国文学史》，袁行霈主编，高等教育出版社，2005年
《中华野史》，车吉心，泰山出版社，2000年
《朱元璋传》，李屹寰，远方出版社，2002年
《朱子全书》，朱傑人，上海古籍出版社、安徽教育出版社，2002年
《朱子语类》，黎靖德，中华书局，1986年
《庄渠遗书》，魏校，文渊阁《四库全书》本
《庄氏史案本末》，傅以礼，清钞本
《庄子集释》，郭庆藩，中华书局，1961年
《宗子相集》，宗臣，伟文图书出版社有限公司，1976年
《遵严先生文集》，王慎中，明隆庆五年邵廉刻本